Das Restekochbu

KARL KIRSCH

DAS RESTEKOCHBUCH

ERSTKLASSIG KOCHEN MIT ZUFÄLLIGEN ZUTATEN

EICHBORN.

1 2 3 4 05 04 03

Lektorat: Oliver Thomas Domzalski
Redaktion: Dorothee Wahl
Umschlaggestaltung: Moni Port unter Verwendung einer Fotografie von J. Westrich © zefa
Layout, Satz, Illustration: Cosima Schneider
Druck und Bindung: Fuldaer Verlagsagentur, Fulda
ISBN 3-8218-3966-X

Verlagsverzeichnis schickt gern:
Eichborn Verlag, Kaiserstr. 66, D – 60329 Frankfurt am Main
www.eichborn.de

Essbar liegt das Universum euch zu Füßen!

(Brillat-Savarin)

Einführung

Ein Restekochbuch setzt bei dem, der es benutzt, einiges voraus. Zuerst, dass er Reste hat. Das heißt, dass er kocht, dass er eine Küche hat, einkauft und Dinge wie Mehl, Zucker, Salz vorrätig hält. Über das Zustandekommen der ersten Mahlzeit, ihr Wie und Was, findet sich in einem Restekochbuch seiner Voraussetzung nach nichts. Aber kein Gericht, in dem sich Reste verarbeiten lassen, ist ausschließlich ein Restegericht. Insofern gebe ich in diesem Buch auch immer wieder Grundrezepte und allgemeine Hinweise zu bestimmten Zutaten. Vielleicht sogar mehr als in anderen Kochbüchern, weil ich lediglich einander ähnliche Situationen, nie aber punktgenau wiederholbare behandele und von daher umso eingehender beschreiben muss, wie meine Zutaten sich unter bestimmten Umständen verhalten.
Ob Grundrezept oder nicht, meine Kochanweisungen müssen ohne genauere Mengenangaben auskommen. Stehen dennoch Grammzahlen dabei, dienen sie zur Orientierung. Der Rohstoff Rest erlaubt nicht viel anderes. Übrig habe ich nicht 350g Hühnerfleisch, sondern ein halb abgenagtes Brathähnchen. Das überdies weg muss, bevor es trocken oder muffig wird. Was mir verbietet, die in einem Rezept geforderten 350g einfach abzuwiegen. Denn was mache ich mit dem Rest von dem Rest? Oder was geschieht, wenn ich die 350g nicht zusammen bekomme?
Das ist die nächste Voraussetzung, die ein Restekochbuch notwendigerweise hat: Es hat wenig Wert für Hobbyköche, die Schritt für Schritt nach Rezept vorgehen müssen. Wer es benutzt, braucht so viel alltägliche Kocherfahrung, dass ihm allgemeine Richtungsangaben genügen. Davon ausgehend habe ich mich oft beschränkt, nur stichpunktartig Hinweise auf Rezeptvarianten, Kombinationsmöglichkeiten mit verschiedenen Zutaten und andere Verfahrensweisen zu geben. Vielfach geschieht das auch über einen mit ➔ gekennzeichneten Verweis auf ein anderes Kapitel.

Doch ohne Mengenangaben und mit keinem anderen Know-how als Erfahrung und ein paar Tipps im Hinterkopf entstehen wahrscheinlich die allermeisten heimischen warmen Mahlzeiten. Auf keine andere Situation möchte ich eingehen: tagtägliches Kochen zwischen Tür und Angel, Windeln und Schularbeiten, nach Feierabend, auf Vorrat. Die Frage, die ich so genau wie möglich zu beantworten versuche, ist: Wie behandele ich Schritt für Schritt die so entstehenden Reste, dass sie nicht einfach vermanscht werden, sondern eine neue appetitliche und gute Mahlzeit abgeben? Zu diesem Konzept gehört, von niemandes Kücheneinrichtung Wunder zu verlangen. Ein großer, ein kleiner Topf, eine große, eine kleine Pfanne, eine Kastenform, eine Springform, eine Auflaufform, ein Backblech, ein Abtropfsieb, ein Küchensieb, ein Kochlöffel, ein Bratenwender, ein kleines und ein größeres Messer, ein Schälmesser, damit käme ich aus, wenn ich nur einen Backofen und zwei Herdflammen hätte. Das einzige Elektrogerät, das ich in der Küche, abgesehen vom Kühlschrank mit Eisfach, fast unverzichtbar finde, ist ein Pürierstab, das einzige vielleicht nicht überall verbreitete Küchenutensil, das ich regelmäßig benutze, ist ein Mörser.
Die Anordnung der möglichen Reste nach dem Alphabet erspart ein Rezept- bzw. Zutatenregister. Sehr viele Artikel beschreiben Zutaten (z. B. Kartoffeln, Tomaten, Zwiebeln) und was mit ihnen als Resten anzufangen ist bzw. wie ich mit ihrer Hilfe andere Reste wärme, verändere, umforme. Eine ähnlich große Anzahl Stichwörter beschreibt Gerichte, die besonders geeignet sind, Reste aufzunehmen: Auflauf, Pizza, Risotto. Mit in diese Gruppe gehören auch Stichwörter, die Dinge beschreiben, die zwar keine Gerichte sind, aber aus oder mit denen sich eine Vielzahl von Speisen zubereiten lassen: Brühe, Füllungen, Hefeteig. Seltener erscheint ein traditionelles Gericht: Königsberger Klopse, Sauerbraten – meist dann, wenn es besondere Zutaten enthält, die seine Weiterverwendung schwierig machen.
Mein Werdegang, meine Jahre in Spanien, meine Erfahrungen am Küchenherd, der Babybrei für meine Kinder, sie werden zu einer ganz eigenen Auswahl von Stichwörtern und Schwerpunkten geführt haben. Und es wird in der Res-

teküche eine Unzahl anderer Lösungen geben als die hier vorgeschlagenen – selbst wenn andere Leute ihren Kindern ebenfalls Brei kochen und die mediterran gefärbte Küche vor allem in den größeren Städten praktisch die Norm geworden ist. Genau deshalb befindet sich neben allen Artikeln ein breiter Rand: für Notizen zu eigenen Varianten, Tricks, besonders gelungenen Kombinationen. So kann jeder sein Exemplar des Buchs nach seinen Notwendigkeiten individuell ergänzen.

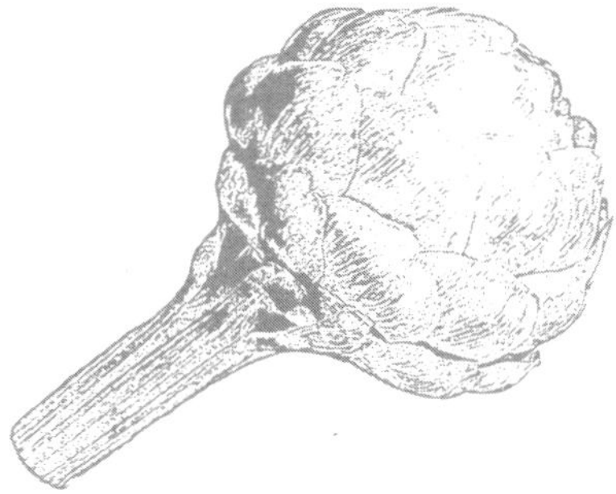

A

Aal. Aale in der Resteküche? Eine viel zu teure Zutat. Die alphabetische Ordnung hat ihre Nachteile. Sie zwingt mich, mit lauter Albernheiten anzufangen. Besser hätten es da meine spanischen Übersetzer, bei ihnen ginge es mit →Öl (aceite), gefolgt von →Mangold (acelga), gleich zur Sache. Übrigens: Das beste Aalrezept, das ich kenne, steht in Rumohrs *Geist der Kochkunst*. Für Reste siehe →Fisch. Für den unwahrscheinlichen Fall eines Zuviels an Räucheraal: →Räucherfisch.

Algen. Manche Meeralgen sind essbar, aber ich bekomme sie in Europa nur schwer. Nur wenn die japanische Freundin sie in meinem Kühlschrank vergisst, habe ich welche. Reste von Algen müssten sich aber wie Reste von →Spinat verwenden lassen, ideal sicherlich mit Fisch kombiniert: durch Mehl und Ei gerollt und mit Semmelbröseln paniert gebraten, im Reis oder in Frikadellen aus Getreide und Gemüse, in Teigtaschen und Gemüsekuchen, im Omelett oder in einer Nudelsoße (z. B. für chinesische Eiernudeln).

Ameisen. Das Gerücht, Ameisen seien eine Art sechsbeiniger Dreikugelkaviar, war nie sehr verbreitet, aber merkwürdigerweise auch nie ganz weg. Die Tatsache, dass sie ihre Nester immer gleich in rauen Mengen bewohnen, muss bei manchen Menschen den Appetit auf sie wecken. Dabei ist es bestimmt so, dass der kleine Beutel Ameisensäure, den jedes Exemplar mit sich herumträgt, den Verzehr heimischer Sorten ausschließt. Auch finde ich nirgends Informationen darüber, wie der Kribbelkaviar denn in genügend rauen Mengen einzufangen wäre. Andere Köche wissen das. So habe ich einen Bekannten, der schon gebratene Ameisen gegessen hat. Er fand das Gericht aber so unangenehm ölig, dass er nichts über seine Zubereitung erfragt hat. Geschweige denn, was mit einem eventuellen Rest gebratener Ameisen anzufangen sei. Mein Tipp: Omelett. Oder: das aus den Ameisen ausgelassene Öl abgießen, Semmelbrösel darin bräunen und die gebratenen Ameisen zum Schluss darunter mischen als knusprige Zutat zu gedämpftem Gemüse.

Ananas. Übrig gebliebene Ananas, egal ob aus der Dose oder eine halb gegessene Frucht, ist leicht zu verwenden. Bis zum Überdruss bekannt ist der Hawaii-Toast, also ein Stück geröstetes Weißbrot mit Ketschup oder Tomatensoße beschmiert, mit Schinken und Ananas belegt und mit Käse überbacken. Dergleichen Hawaii-Einfälle auf Pizza, Rouladen und alles Mögliche mehr übertragen, waren eine Zeit lang auf jeder dritten Speisekarte zu finden. Nur Hirn-Hawaii habe ich noch nirgends entdeckt. Ebenfalls bekannt ist, dass Ananas ins Hühnerfrikassee gehört sowie in einen Salat, der aus gekochtem Sellerie, Äpfeln, Nüssen und einer Soße aus Joghurt oder Mayonnaise zubereitet und manchmal Waldorfsalat genannt wird. In den gleichen Salat passt auch immer ein Rest Geflügel. Der gleiche Geflügelrest, aber auch anderes Fleisch wie Schwein oder Rind, selbst Tofu oder Sojafleisch, gehackt und mit Stücken von Ananas vermengt, mit Knoblauch und Currypulver abgeschmeckt, löffelweise in Pfannkuchenteig getunkt und in der Pfanne ausgebacken als Imbiss. Ferner: Ananas in Ringen paniert und gebraten als Nachtisch. Oder als Zutat im ➔Curry. Oder auch zu Leber, z. B. in einer Zubereitung in der Pfanne aus Paprika, Knoblauch und vielleicht etwas Nussigem. Außerdem natürlich zu vielen Süßsauer-Gerichten der chinesischen Küche, die man aber besser als bei mir in entsprechenden Kochbüchern nachschlagen kann. Ferner: zu Süßspeisen wie ➔Quark, ➔Pudding usw. Bei der Verwendung von ➔Gelatine muss man wissen, dass frische Ananas deren Gelierfähigkeit beeinträchtigt. Ananas aus der Dose, in Trinkgläsern mit in Orangensaft gelöster Gelatine übergossen und kalt gestellt, ist ein angenehmer und schnell improvisierter Nachtisch.

Aniskekse. Alte oder lappig gewordene Aniskekse lassen sich wegen ihres leichten Hustenbonbongeschmacks nicht umstandslos wie andere Keks- oder Kuchenreste benutzen. Zerstoßen in geringen Dosen unter Semmelbrösel gemischt und in Öl oder Butter gebräunt, auch zusätzlich mit Käse vermischt (dann auch zum Gratinieren gut), können Aniskekse an gedämpftem Blumenkohl, angebratenem und dann gar gezogenem Fenchel oder Chicorée, sogar an weißfleischigen Fischen wie Seelachs, Kabeljau etc. angenehm schmecken. Im Fall von Fenchel gebe ich zum Schluss auch das gehackte Fenchelkraut mit an die Zubereitung. Ferner: zum Sämigmachen würziger Soßen wie einer zart mit Kumin, Koriander oder Currypulver abgeschmeckten Senfsoße, die ich z. B. zu hart gekochten Eiern essen kann; ich darf nur keinen süßlichen Senf zu ihrer Bereitung nehmen. Außerdem: zu ➔Linsen oder in ➔Currys. Siehe auch: ➔Lebkuchen.

Äpfel. Äpfel kommen in der Resteküche in der Form von Mus, Kompott oder Bratäpfeln vor. Für den Fall von zu vielen Äpfeln verweise ich nur kurz darauf, dass Äpfel (plus unter Umständen etwas Brühe) meistens mit Glück da einzusetzen gehen, wo ein Rezept ➔Wein vorschreibt. Sie passen z. B. vorzüglich zu Gerichten mit Geflügel oder Kaninchen, aber auch zu anderen Fleischsorten – immer dann, wenn ein kleiner Zugewinn an Süße nicht stört. Nur bei Fisch wäre ich zurückhaltender. Da Äpfel beim Kochen meistens zerfallen, wird die so gewonnene Soße sämiger sein als bei der Verwendung von Wein. Die Reste eines mit Äpfeln bereiteten Fleischgerichts kann ich deshalb nur schwer in einem ➔Risotto oder einer ➔Fideuà weiter verarbeiten. Eine Apfel-Fleisch-Soße lässt sich aber gut zusammen mit Tomaten einkochen und schmeckt z. B. mit Oregano und Kumin abgeschmeckt zu Reis oder Kuskus. Zwiebeln und Knoblauch, die zusammen mit dem Fleisch und den Äpfeln gegart wurden, lasse ich dabei mit einkochen, festere Gemüse wie Möhren oder Petersilienwurzeln schneide ich, wie den Fleischrest selbst, klein und wärme sie in der fertigen Soße nur auf (siehe dazu auch: ➔Fleisch, ➔Ragout). Eine Zutat geschmorter Paprika gibt dieser Soße aus Eingekochtem und Aufgewärmten eine frische Komponente. **Apfelmus** (und auch **Kompott**), das schon gesüßt ist, verwende ich manchmal im ➔Curry, lasse dann aber meistens eine andere süßende Zutat wie Banane, Rosinen oder Sweet-Mango-Chutney fort. Apfelmus ist allerdings nur in Currys passend, in denen es auch das erwähnte Mango-Chutney wäre; in Currys hingegen, die mit Kokos bereitet werden, meiner Erfahrung nach eher nicht. Süßes Apfelmus lässt sich auch ganz einfach auf einen Kuchenboden aus Hefeteig verteilen und mit Streuseln oder einem Gitter aus Teigstreifen garniert zu Kuchen verbacken. Ist das Mus nicht allzu süß, mische ich es mit Kartoffelbrei und erhalte so ein klassisches Arme-Leute-Gericht, das sich nach den Erdäpfeln und Nicht-Erdäpfeln Himmel und Erde nennt. Zu Himmel und Erde esse ich gebräunte Zwiebeln, wenn ich habe mit Speck oder einem klein geschnittenen Zipfel gebräunter Wurst; auch Leber, Bratwurst oder frische Wurst passen dazu. Reste von Himmel und Erde sind in einer Linsensuppe (➔Linsen) bestimmt gut angebracht. **Bratäpfel**, die mit Trockenfrüchten wie Datteln, Rosinen, Nüssen etc., Zimt und Zucker oder Honig und Butter gebacken worden sind, befreie ich von ihrer Schale, zerkleinere sie mitsamt der Füllung und verbacke sie in ➔Teigtaschen oder im gedeckten Kuchen aus Mürbeteig. Das Fleisch ungefüllt gegarter Bratäpfel kann ich an jedes Essen geben, an das ich Äpfel auch roh geben würde. Ich gebe sie lediglich erst gegen Ende des Kochvorgangs mit in den Topf.

Aprikosen. Für fehlgekaufte grüne Aprikosen suche ich mir ein Rezept für grüne Mangos heraus. Finde ich keines, schäle und entsteine ich die Früchte, um sie mit Knoblauch anzubraten und gar zu schmoren. Scharf abgeschmeckt mit Chili und Ingwer, auch mit Pfeffer und Minze, kann daraus eine brauchbare Soße für Rindfleisch, Kroketten oder vegetarische Teigtaschen werden. Ein größeres Problem sind Aprikosen, die ungegessen liegen bleiben, weil sie in Kammern gereift sind und daher mehlig und wässrig zugleich schmecken. Zu solchen Früchten fällt auch mir nichts weiter ein, außer vielleicht, sie mit Stein und Wein und Zucker einzukochen. Nach einem Jahr im Einweckglas könnten sie mit Glück ein bisschen besser schmecken. Wahrscheinlich lassen sie sich aber auch im →Quark mit Früchten oder im Obstsalat verstecken als eine Art geschmacksneutraler Füllmasse. Aprikosenkompott eignet sich wie Aprikosenmarmelade für die Bereitung süßer →Chutneys. Einzelne Früchte vom Kompott schwimmen sicher auch mit einem angenehmen Effekt in brauner Soße, z. B. zum Rinderbraten, verkocht passen sie wie die Marmelade gut zu Rotkohl. Ferner: →Marmelade in Süßspeisen, zwischen Keksen usw., wie in einer Vielzahl von Rezepten angegeben.

Artischocken. In Deutschland kommen Artischocken höchst selten und dann meistens für ein sehr umständliches und langwieriges Essen auf den Tisch, das nicht einmal satt macht: eine Riesenblüte in Wasser gekocht, die dann gemeinschaftlich gerupft und blütenblattweise ausgelutscht wird. Das Kochwasser, das dabei übrig bleibt, ist allerdings sehr gut, um →Reis (vor allem im Ofen) zuzubereiten, gäbe aber natürlich auch einer Gemüsesuppe Geschmack (siehe auch: →Brühe). Ist mehr als nur das Wasser übrig, zerkleinere ich die Reste mit dem Mixer und sortiere alles Hartfaserige aus, indem ich das vom Mixer Bearbeitete durch ein Abtropfsieb gebe. Hieraus mache ich eine Suppe, die ich mit etwas Sahne oder einem hineingequirlten Ei andicke. So eine Artischockencremesuppe ist sehr mild und lässt sich bedenkenlos in fast allen Situationen verkochen, wo eine dicklich-milchige Flüssigkeit gebraucht wird, z. B. fürs →Frikassee, für Königsberger Klopse, sogar im Auflauf- oder Pfannkuchenteig anstelle von Milch. Habe ich nur so wenig Artischocke übrig, dass es für ein Suppe nicht reicht: →Omelett. Übrig gebliebene Artischockenherzen aus der Dose, auch gekochte Artischockenböden sind paniert und gebraten eine gute Vorspeise.

Aspik. →Gelatine, →Gelee, →Gräten, →Knochen, →Wein.

Auberginen. Was sich füllen lässt, kann Essensreste aufnehmen. Im Fall von Auberginen wird es sich allerdings nur um kleine Mengen handeln, denn gefüllte Auberginen nehmen vor allem ihr eigenes Fruchtfleisch wieder auf, vermischt mit einigen wenigen Zutaten zur Veränderung von dessen Konsistenz und zum Würzen: Käse, eine Zubereitung aus Hackfleisch oder aus gehäckselten Gemüsen, Getreide und Ei. Saftiger gerät dieses Gericht übrigens, wenn ich die gefüllten Hälften vor dem Backen mit Béchamel bestreiche. Scheiben oder Stücke von **gebratenen Auberginen**, auch in Mehl gewälzte und frittierte, hacke ich, gebe sie mit etwas klein gewiegtem Knoblauch in die Pfanne, bräune sie sanft unter mehrmaligem Wenden, würze dann mit Salz, Kumin, Oregano und Paprika, auch mit frischen Kräutern und erhalte auf diese Weise einen köstlichen Brotaufstrich. Neues Öl brauche ich dabei meistens nicht zuvor in die Pfanne geben, denn nur in Ausnahmefällen sind übrige Auberginen nicht mit Öl vollgesogen. Genau deswegen sind sie auch vorzüglich geeignet, einen ➔Pilaw oder einen gebackenen ➔Reis aufzubessern, besonders dann, wenn ich diesen ohne Fleisch und auch sonst mit nur wenigen Zutaten zubereiten muss. Übrige geschält **verkochte Auberginen**, etwa aus einem Fleischtopf, sind ein hervorragender Soßengrundstoff, sie machen die Soße dick, aber nicht schwer, passen z. B. mit frischen Kräutern gut zu Nudeln. Dasselbe gilt für als ganze Frucht gebackene Auberginen, die allerdings auch mit reichlich Knoblauch und in Öl eingelegt lecker sind. Griechischer Auberginensalat besteht aus pürierten geschmorten Auberginen und zerstampften gekochten Kartoffeln oder auch gegartem Grieß, mit Öl, Zitrone, Knoblauch und Gewürzen abgeschmeckt. Ein Rest davon verschwindet ohne Probleme in jeder dicklichen Suppe, schmeckt aber auch mit Ei und Käse verquirlt als ➔Auflauf. Ebenfalls aus Griechenland kommt die **Moussaka**, ein Ofengericht, bei dem zuunterst rohe Kartoffelscheiben (es gehen auch Scheiben von rohen Möhren, Pastinaken oder Sellerie), dann eine Zubereitung aus Hackfleisch und Tomaten vom Typ ➔Bolognese, dann Scheiben gebratener Auberginen und zuoberst Béchamel in eine feuerfeste flache Form gegeben und gebacken werden. Dieses Gericht nimmt Reste so gut auf wie alle mit ➔Béchamel überbackenen Zubereitungen. Ich muss allerdings darauf achten, dass die Fleischschicht nicht gemüsig und auf keinen Fall zu feucht wird, wenn ich den Reiz des Gerichtes erhalten möchte. Am besten verarbeite ich Gemüsereste in einer Moussaka nur, indem ich sie abwechselnd mit den Auberginen auf das Fleisch lege. Moussaka wärme ich mit ein wenig frisch gemachter Béchamel oder mit in Ei verquirltem geriebenen Käse im Ofen auf.

Auflauf.

Auflauf – in diesem Buch verstanden als Überbleibsel, die in einem eihaltigen Teig verbacken werden – ist einer der Resteschlucker par excellence. Ich kenne zwei Sorten Auflaufteig. Bei der ersten weiche ich klein geschnittenes altbackenes Brot in heißer Milch, auch heißer Brühe oder Wasser ein, gebe gequirltes Ei hinzu und backe das Ganze aus. Bei der zweiten besteht der Teig hingegen aus einem Milchprodukt wie Quark oder geriebenem Käse und Ei oder auch Eischnee. Die Zutaten beider Teigsorten lassen sich aber auch vermischen, z. B. Brot (auch in Form von Semmelbröseln), Milch mit Reibekäse und Ei. Oder Brot, Milch mit Quark und Ei. Den ersten Teig werde ich verwenden, wenn ich Gemüse- oder Obstreste, den zweiten, wenn ich außerdem stärkehaltige Überbleibsel habe, seien es Nudeln, Knödel aller Art, Gnocchi, Streifen von Pfannkuchen oder gegartes Getreide. Reste oder kleine Zutaten von Wurst oder Schinken sind in beiden Teigen gut aufgehoben, genau wie Speck oder Fettstreifen vom Schinken, mit denen ich die Backform auslege, bevor ich die anderen Zutaten und den Teig hinzugebe. Zu Gemüseaufläufen, insbesondere von grünen Gemüsen wie Brokkoli, passt immer eine fischige Note, gerade auch in der Kombination mit Käse. Während ich Reste von Räucherfisch, um sie saftig zu erhalten, besser mit in den Teig oder zwischen Teigschichten gebe, lege ich Sardellenfilets als Dekoration vor dem Backen obendrauf, damit sie nicht zerfallen. **Auflaufreste** der hier beschriebenen Typen kann ich mit einer Mischung aus gequirltem Ei und Reibekäse, auch nur mit Reibekäse, überbacken oder einfach in fingerdicke Scheiben schneiden und braten. Ein Sonderfall des Auflaufs ist das norddeutsche Birnen und Teig, für das ich eine Auflaufform mit Speck auslege, Birnenviertel hineinlege und mit einem flüssigen, mit viel Ei gemachten Hefeteig übergieße und backe. Diese Formel, eiig-hefig-speckig plus Birne, lässt sich sicherlich zu eiig-hefig-(speckig) plus alles Mögliche abwandeln. Ein

Rest von grünen Bohnen und Fisch, wie Hering, Makrele, auch Lachs oder Forelle, brächte mich in Versuchung, es auszuprobieren. Der Vorteil dieses Hefeteigauflaufs wäre, dass ich ihn – in eine flache Form gebracht – bei hohen Temperaturen nur relativ kurz backen müsste. Mit ➜Béchamel überbackene Speisen und ➜Gratins sind keine Aufläufe, aber ihnen durch die Art ihrer Bereitung in mancher Hinsicht verwandt. Siehe außerdem: ➜Brot, ➜Ei, ➜Nudeln, ➜Scheiterhaufen.

Austern. Über die Rolle der Auster in der Ernährung der Armen ist in Tschechows Erzählung *Die Austern* alles zu Sagende gesagt. Aber ach – es ist zum Verzweifeln: Während für die Konservativen der Schutz öffentlicher Bibliotheken darin besteht, vier von fünf zu schließen und für die letzte private Sponsoren zu suchen, setzen die Sozialdemokraten darauf, das Sortiment aller Bibliotheken auf ein Fünftel zu reduzieren und allgemeine Benutzergebühren zu erheben. Wie also kann ich auf Tschechow verweisen, wenn der allgemeine Zugang zu Büchern so behindert wird? Was die wenigen Wohlhabenderen unter meinen Lesern betrifft, so werden diese ganz sicher wissen, dass die Auster nur dann ein Leckerbissen ist, wenn sie absolut frisch gegessen wird. Bei Austern, die dieses Kriterium nicht mehr erfüllen, ohne deshalb gleich verdorben zu sein: Gut, ich habe den Fall noch nicht gehabt und werde ihn in absehbarer Zeit wohl auch nicht haben, aber ich würde nicht eine Sekunde zögern, sie in einem Topf unter Wasser zu setzen, um Fischbrühe zu gewinnen (➜Fisch).

Avocados. Avocadocreme bleibt länger angenehm grün, wenn ich den Kern nicht in die Komposttonne werfe, sondern ihn, als hätte mir ein Dekorationseinfall dazwischengefunkt, mitten in die Creme stecke. Trotzdem kann es sein, dass ich das Mus nicht essen mag. Dann bleibt mir noch folgendes Rezept: Ich verquirle die Avocadozubereitung bzw. ihr gemustes Fruchtfleisch mit Eiern (drei mittlere auf eine mittelgroße Frucht), rühre ein bisschen Backpulver hinein und backe diesen Teig im Ofen aus. Ein richtiges Essen wird daraus allerdings erst, wenn ich noch einen anderen Gemüserest habe, am besten einen andersfarbigen. Also: gegarte Möhren ebenfalls musen und mit Ei verquirlen und die beiden Zubereitungen in zwei Schichten übereinander in die Form geben und backen. Dieser Pudding gewinnt, wenn ich die Form mit Schinken oder gestreiften Speck auslege. Es versteht sich, dass dieses Gericht sehr langsam und bei geringer Hitze gegart werden muss. Wenn man keinen Ofen hat, der stabil eine Temperatur von etwas über hundert Grad hält, sollte das Gericht im Wasserbad im Ofen ausbacken. Der Teig geht sehr auf, fällt aber beim Abkühlen wieder zusammen und ist gar, wenn an einem Stäbchen, das ich hineinstecke, kein Schmier mehr hängen bleibt. Dieser fertig schnittfeste Pudding wird ein wenig auswässern. Wer sich daran stört, der kann beim Teiganrühren behutsam mit etwas Speisestärke gegensteuern. Ist die Teigzubereitung sehr flüssig, etwa durch einen Zusatz von Quark, höheren Anteil von Ei als gewöhnlich u. Ä., kann man auch ein wenig Mehl hineingeben. Dieses setzt sich beim Backen ab und gibt dem Pudding eine Andeutung von Boden. Es ist klar, dass es sich bei diesem Rezept um ein Grundrezept handelt, das auch mit vielen anderen Gemüsen und auch mit Fisch funktioniert (den ich hierfür allerdings nur zerkleinern, nicht pürieren würde). Es ist aber so ziemlich das einzige Rezept, mit dem es gelingt, den zarten Avocadogeschmack zu erhalten. Natürlich kann ich die Avocadocreme überall mit hineinrühren, in jede Suppe, Soße, Füllung. Doch schmecken wird man meistens nicht mehr viel von ihr. Für eine weitere Anregung siehe: →Schinken und Speck.

B

Babybrei.

Wie ich es auch anstelle, der Babybrei landet auch in meinem eigenen Mund. Um zu prüfen, ob er nicht zu heiß ist, stecke ich die Zunge hinein. Ehe der Tropfen vom Löffel fällt, schlecke ich ihn lieber weg. Und den Finger, mit dem ich das Kinn des Babys abwische, den lecke ich schnell wieder sauber. Es ist unter diesen Umständen schon besser, wenn ich den Brei auch mag. Ich werde also keine Gläschen kaufen, die niemals, auch dem Baby nicht, so gut schmecken können wie etwas frisch Gemachtes. Sondern ich werde die Zubereitung und Weiterverwendung des Breis zur Grundlage auch meiner eigenen Mahlzeiten machen. Was nicht zuletzt sehr viel billiger ist. Die **erste Breimahlzeit** besteht aus nicht blähenden pürierten Gemüsen, vor allem Möhren, im Laufe der Wochen kommen Kartoffeln, Butter oder gutes Öl, schließlich Fleisch- oder Fischbrühe und auch etwas Fleisch oder Fisch selbst hinzu. Alle in Frage kommenden Gemüse koche ich nicht, sondern gare sie schonend in Dampf. Das gedämpfte Gemüse zerkleinere ich, je nach Umständen auch zusammen mit einer kleinen Zutat von gekochtem Fleisch oder Fisch. Zum Verdünnen benutze ich das Wasser oder die Brühe, die sich nach dem Dämpfen im Topf befindet. Der so entstandene Brei wird mit ein bis zwei Teelöffeln Öl oder einer kleinen Nuss Butter abgeschmeckt und fällt als Rest an, wenn ich mich mit den Mengen vertue oder mein Baby nicht essen mag. Ein Rest **Gemüsebrei,** mit Milch und/oder Brühe verlängert, mit frischen Kräutern abgeschmeckt, mit einem Schuss Sahne oder einem gequirlten Ei verfeinert, ergibt immer eine schnell zubereitete köstliche Suppe. Unverdünnt, mit Gewürzen, Kräutern und Käse vermischt, taugt Gemüsebrei auch zum Überbacken, besonders von Fischfilet. Hierfür lege ich das Filet in eine gefettete Auflaufform, wenn ich mag auf ein Bett von Scheiben gekochter Kartoffeln, decke es sorgfältig mit der Breizubereitung ab und backe es im heißen Ofen möglichst kurze Zeit, je nach Größe und Dicke des Filets ca. fünfzehn Minuten. Variante: Zwiebeln mit ein paar Streifen Zitronenschale oder Zitronenstückchen dünsten, mit Salz, in dem einige Safranfäden zerrieben sind, würzen und zusammen mit dem Breirest über den Fisch geben. Dieses Rezept ist besonders für Gemüsebrei aus gekochten Kartoffeln und Fenchel geeignet. Ferner, wie unter den entsprechenden Stichwörtern eingehender beschrieben: zum Andicken von Soßen, z. B. ➔Currys, geringe Mengen im Teig von ➔Gnocchi, ➔Puffern, ➔Pfannkuchen, vegetarische Füllungen für ➔Paprika, kurz überall, wo ein Gemüsegeschmack willkommen ist und die Veränderung der Konsistenz – Flüssiges dicker und Dickes flüssiger – nicht schadet oder sich mit Brühe bzw. mit Ei, Grieß, Semmelbröseln oder Mehl auffangen lässt. Um aber **mehr als nur Breireste** im engeren Sinne zu benutzen, rate ich an, jeweils genug Gemüse für die ganze Familie zu dämpfen und die Rationen für das Baby davon abzunehmen. Auf diese Weise kann ich ohne große Zeitverluste beides, Babybrei und Mittagessen, zubereiten. Denn mit gegartem Gemüse als Ausgangsstoff lassen sich immer schnell und abwechslungsreich Mahlzeiten herstellen (➔Gemüse). Eingeschränkter ist die Verwendung von den als Zweitbrei eingeführten **Obst-Getreide-Breien**. Diese bestehen zuerst aus Hirse, Reisschrot oder Maisschrot, alles in Wasser gegart; ab einem bestimmten Alter des Kindes kommen auch Weizen, Roggen- und Gerstengrieß in Frage sowie verkochte weiche Haferflocken. Vermischt wird mit gedämpftem oder geschmortem Obst, vor allem Äpfeln, aber auch Banane, Birne, Pfirsich, je nach Angebot. Sehr gut eignet sich das Fleisch sonnenreifer kleiner Kürbisse, das eine angenehme Süße ohne jede Säure an den Brei bringt. Verbessern kann ich den Geschmack dieses Breis durch kleine Zutaten von Zimt, Butter oder Sahne. Das beste Rezept für eine Familie mit mehreren Kindern ist sicherlich, den Brei mit Nussmehl, auch gemahlenem Blaumohn oder aber mit Ei und Quark zu vermengen, ein wenig mit Honig oder Zucker nachzusüßen sowie mit Zimt, Zitronenschale, Vanille oder was sonst zur Hand ist und passt abzuschmecken und dieses Mus als Füllung für einen Hefezopf (➔Hefeteig), kleine ➔Teigtaschen oder anderes gefülltes Gebäck zu benutzen (siehe auch: ➔Grieß). Um dem vielen Süßen zu entfliehen, habe ich Obst-Getreide-Brei allerdings auch schon in den Brötchenteig getan. Das gelingt mit Vollkornmehl besser, wenn auch niemals wirklich gut. Anstatt aufzugehen, verläuft der Teig in die Breite. Das Ergebnis sind fingerdicke Fladen, die sich mit Butter und Käse gut essen lassen. Weitere Anwendungen: im Pfannkuchenteig (➔Pfannkuchen, auch: ➔Müsli), in süßlichen Suppen wie in der mancherorts üblichen Buttermilchsuppe, gut püriert zum Eindicken von Fleischsoßen. Im

Übrigen empfehle ich auch hier, ➔Getreide und ➔Obst immer für zwei Tage und immer getrennt zuzubereiten, für Baby oder Essen von beidem nur abzunehmen, was ich aktuell brauche. Das getrennte Garen der Zutaten ist auch dann von Vorteil, wenn ich dem Baby ein paar Wochen später eine **dritte feste Mahlzeit** geben kann, dafür aber nicht noch einmal längere Zeit am Herd stehen möchte. Ich kombiniere dann neu mit den Dingen, die ich habe: Joghurt und gegartes Obst als Frühstück oder Nachmittagsimbiss, Gemüse und Getreide als Variation des Mittagessens oder Abendbrotes. Bei der Einführung einer dritten festen Mahlzeit wird das Baby im Regelfall sich für Nahrungsmittel interessieren, die es in die Hand nehmen kann: ein Stück Brot, Apfel, gekochte Kartoffel usw. Das bedeutet, dass ich ihm ab jetzt auch von den Produkten geben kann, die ich aus oder mit den Breiresten zubereite (z. B. ➔Frikadellen, ➔Gnocchi, ➔Puffer etc.), solange ich kein Salz und scharfe Gewürze benutze. Von hier aus ist es nur noch ein kleiner Schritt, bis das Kind einfach mitisst. Resteküche ist im Übrigen immer gute Kinderküche: viele Mehlspeisen, Aufläufe, Pfannkuchen und durch das ständige Untermischen von einer Zutat unter die nächste ausgewogene, milde Geschmäcker. Hätte ich nicht die Angewohnheit, mich ungefragt auch zu Ameisen, Bibliotheken, Menschen und Mäusen zu äußern, mein Buch wäre der perfekte Ratgeber für glückliche, auf ihr Häuschen sparende junge Eltern.

Backobst. Wird in manchen Gegenden über Nacht eingeweicht, im Einweichwasser gar gekocht und zu Kartoffelklößen gegessen. Das klingt nach einem billigen Essen für große Familien. Es ist aber viel zu sättigend, um von Kindern mit Bewegungsmangel zwischen den Pommes und Donuts noch verdrückt zu werden. Und auch das mit dem Billig ist so eine Sache. Während sich die Kartoffelklöße ohne Probleme einfach aufbraten und zu Salat essen lassen, schreit der Backobstrest förmlich danach, als Füllung in einem seltenen Vogel zu enden, selbstredend viel lieber in Gans oder Ente als nur in einem schnöden Huhn. Wie auch immer, in einem gebratenen Vogel ist das Backobst richtig. Und die sirupartige Backobstbrühe kann ich mit dem Bratensaft zu einer süß-würzigen Tunke umkochen. Eine Füllung kann außer aus Backobst aus allem Möglichen bestehen, wie Äpfeln, Maronen, Nüssen, Schinkenwürfeln oder Hackfleisch. Sie wird von Ei oder von in Milch und Ei eingeweichtem Brot zusammengehalten (Ausnahme: Äpfel, Birnen) und sollte nach dem Braten eine Konsistenz zwischen schnittfest wie Hackbraten und bröckelig-weich wie grobe Leberwurst aufweisen. Um sie herzustellen, folge ich keinen anderen Rezepten als denen für Brotauflauf, für Hackfleischzubereitungen wie Bratklops, falscher Hase oder Füllmasse für Paprika (siehe vor allem: →Brot, →Füllungen). Ferner: Backobst im →Chutney, gemust im allduldenden →Curry. Oder gemust und mit einer Gewürznelke eingekocht als Brotaufstrich, dem Pflaumenmus nicht unähnlich. Die gleiche Zubereitung mit etwas Zitronensaft gesäuert in mürbem Kuchen wie Linzer Torte bzw. auf einem Kuchenboden aus →Keks- und Kuchenkrümeln mit einer Deckschicht aus Streuseln (dazu: →Marmelade). Das **Kochwasser von Backobst** etwas eingedickt und umgewürzt zusammen mit Bambussprossen und Ananasstückchen zu in Bierteig frittiertem Schweinefleisch (als häuslich unchinesische Nachahmung vom unchinesischen »Schweinefleisch, süßsauer« des Eckchinesen). Zum Umwürzen eignen sich in diesem Fall die sonst eher unbrauchbaren fertigen Würzmischungen, etwa eine für Nasi Goreng. Und natürlich: Sojasoße, Ingwer, Knoblauch. Dazu auch: →Sauerbraten.

Backwaren.

Genauer: Altbackene süßliche oder auch entschieden süße (Hefe-)Gebäcke – Schnecken, Krapfen, Rohrnudeln, Kuchenbrötchen, Croissants – wandern normalerweise in den Teig für süße Aufläufe, in denen säuerliche Obstsorten, wie Rhabarber, Sauerkirschen, bestimmte Äpfel (z. B. Falläpfel), Aprikosen, auch Johannisbeeren, einen guten Kontrast abgeben. Für Hinweise zu ihrer Bereitung siehe unter →Auflauf und unter →Brot. Im Fall von Kuchenbrötchen, sofern sie nicht zu weich und krümelig sind, kann ich auch Arme Ritter machen, dazu siehe ebenfalls unter →Brot. Bestimmte Zutaten zu den Backwaren schränken ihre Weiterverwendung jedoch sehr ein, etwa weil sie feucht sind und schimmeln würden, wenn ich sie aufhöbe, um sie später zu verarbeiten, oder weil sie einen zu starken Eigengeschmack aufweisen, um in einem Auflauf immer zu gefallen. Der Bäckermeister, der seinen Laden günstigerweise genau auf der Hälfte meines Schulwegs hatte, behalf sich, indem er seine unverkauften gefüllten Schnecken, Cremeschnitten, Kuchenränder etc. klein schnitt und bröckelte, die Brocken mit etwas Rum beträufelte, um sie mit Kakaopulver vermischt zu hühnereigroßen Bällchen zu formen, die er zum Schluss durch Schokostreusel rollte. Diese Rumkugeln waren ebenso billig wie gehaltvoll. Ich kann sie guten Gewissens nur für Kinder empfehlen, für die Rumkugeln in erster Linie ein Verb ist. Für alle anderen süßen Backwaren, die nicht in einen Auflauf passten, aber jederzeit ohne Probleme eintrocknen würden: ➔Keks- und Kuchenkrümel.

Bananen. Auf Kuba schneidet man überreife Bananen gegen Ende der Kochzeit in eine Linsensuppe (➔Linsen), die mit Tomaten und pikanter Wurst zubereitet wird, und lässt sie darin gar ziehen. Der Kontrast zwischen der Schärfe der Suppe und der Süße der Bananen ist sehr angenehm. Auch in süßlichen ➔Currys lassen sich Früchte, die ich roh nicht mehr essen mag, gut verkochen. Sie verändern natürlich die Konsistenz des Gerichts ins Musige, was die Gefahr des Anbrennens erhöht. Im ➔Auflauf oder ➔Kuchen machen Bananen die Teigmasse schwer und feucht, außerdem schmecken sie oft sehr hervor. Beides muss nicht immer ein Nachteil sein. Ich persönlich finde sie allerdings in ➔Pfannkuchen angenehmer als in den meisten anderen Süßspeisen. Sie süßen ferner Obst, besonders Erdbeeren, anstelle von Zucker, genauso wie einen Milchshake, Joghurt oder ➔Quark. Unreife grüne Bananen schneide ich in fingerdicke Scheiben, drücke sie vorsichtig platt und backe sie in siedendem Öl, bis sie goldbraun sind. Solche frittierten Bananen bereichern einen ➔Pilaw, insbesondere dann, wenn ich sonst nicht viel zu seiner Bereitung zur Hand habe, etwa nur Linsen, Möhren und Zwiebeln. Ebenfalls in Kuba isst man sie aber auch einfach als Beilage zu Reisgerichten, gegrilltem Fleisch und allem Möglichen mehr.

Basilikum. ➔Kräuter, ➔Pesto.

Béchamel. Das Blubbern dicker Soßen ist von Franz Josef Degenhardt als fester Bestandteil des sonntäglichen Kleinstadthorrors besungen worden. Das ist bestimmt dreißig Jahre her, die dicken Soßen blubbern jedoch Sonntag für Sonntag weiter, des vernichtenden Liedes ungeachtet. Das hat immerhin einen Vorteil: Es werden nicht wenige sein, die wissen, wie man so eine Soße macht. Und wer das weiß, der weiß auch, wie eine Béchamel gemacht wird. Denn sie ist auch nichts anderes als eine dicke Soße, nur dass bei ihr die Mehlschwitze anstatt mit Bratensaft mit Milch aufgegossen und cremig gerührt wird. Das Originalrezept geht für das Fett von Butter aus (50g auf 50g Mehl auf einen halben Liter Milch), es funktioniert aber auch mit Öl. Gewürz: Muskatnuss. Béchamelsoße benutze ich zum Wärmen von Speisen im Ofen. Ich gebe den Rest in eine flache, gefettete Form, gieße die Soße obenauf und backe alles, bis die Béchamel leicht gebräunt ist. Zum **Beispiel** einen Rest von Pellkartoffeln und etwas Blattspinat: Hierzu schneide ich die Kartoffeln in Scheiben, um mit ihnen die Form auszulegen, verteile den Spinat auf ihnen und decke alles wieder mit Kartoffeln und dann mit der Soße zu. Dieses Gericht gewinnt, wenn ich ein Ei verquirle und es zwischen die Kartoffelscheiben gieße, bevor ich den Spinat hinzufüge, denn so erhalte ich eine Kruste, während sich gleichzeitig die Gemüsezutat saftiger erhält. Genau so: Reste von ➔Nudeln und Fleischsoße, Nudeln und ➔Gemüsen, Nudeln, ➔Fisch und Gemüse. Zum Überbacken kann ich die Béchamel je nach Bedarf variieren, etwa indem ich ein Ei unterrühre und/oder geriebenen ➔Käse, Schimmelkäse, Senf etc. Kleine Reste, eine halbe Schüssel voll Fleischfitzchen, Schinken-, Wurst- oder Käsereste und ähnliche Dinge mehr lassen sich auch mit Hilfe von Béchamel in etwas Neues verwandeln, nämlich in ➔Kroketten. Siehe außerdem: ➔Auberginen, ➔Champignons, ➔Feldsalat, ➔Fett, ➔Gratin, ➔Gulasch, ➔Gurken, ➔Hackfleisch, ➔Lauch, ➔Leberwurst, ➔Mais, ➔Maultaschen, ➔Nieren, ➔Sardellenfilets, ➔Spinat.

Beerenobst. Eingezuckert und immer noch als zu sauer verschmäht, schmecken die meisten Beeren wunderbar püriert und als Soße für Eiscreme, Pudding, Milchreis etc., aber auch mit

Quark oder Joghurt vermischt. In einem Obstsalat dagegen gehen sie leicht unter. Nicht püriert sind Beeren gerade wegen ihrer Säure in einem ➛Auflauf aus alten Brötchen und/oder Quark köstlich. Hier fragt sich allerdings, was mit ihrem ausgelaufenen, gezuckerten und oft kräftig färbenden Saft passieren soll, der in den Teig gerührt das ganze Essen hässlich graurosa machen würde. Man gibt ihn am besten in das Schälchen der Zitronenpresse, sticht dann mit einem Messer in den Teig – ob im Rohzustand oder im ausgebackenen, entscheide man je nach Situation – und lässt den Saft am Messer vorsichtig in den Teig einsickern; dieselbe Operation wiederhole man an verschiedenen Stellen des Auflaufs. Auf diese Weise färbt man nur einzelne Regionen der Speise, was einen hübschen Effekt hat. Siehe außerdem: ➛Gelatine, ➛Marmelade, ➛Obstgrütze.

Bier. Mit seiner malzigen und ein wenig bitteren Note passt Bier zu allem leicht Süßlichen und Angebratenen, zum Beispiel zu Schwein, Kaninchen oder Geflügel – gebräunt, mit Zwiebeln, Äpfeln, Kastanien etc. und später im Bierrest geschmort. Ebenfalls: Leber, Nieren, Karpfen. Aber auch ein fleischloser Eintopf aus angebrätelten Möhren, Petersilienwurzeln, Zwiebeln, Knoblauch, Wirsing oder Weißkohl kann durch eine Gabe schalen Biers gewinnen, vor allem, wenn man vorhat, ihn auf derben Stücken gebratenen Graubrots zu servieren. Gewürze, die zu Bier passen, sind alle die, die auch in einem Lebkuchen gut wären. Kräuter (Oregano, Bohnenkraut, Kerbel, Salbei) heben die bittere Note des Getränks. Abraten würde ich von Zutaten, die stark ins Säuerliche gehen, wie Tomaten, Paprika oder saures Obst, obwohl es da vielleicht auf Versuche ankäme. Gar nicht gelingen kann mit schalem Bier der berühmte Bierteig. Für seine Bereitung ist es unerlässlich, dass das Getränk noch schäumt. Siehe außerdem: ➛Bratensaft, ➛Brühe, ➛Kaltschale, ➛Kwass.

Birnen. Obwohl sie kaum Säure hat, paart die Birne sich auch mit Fisch, insbesondere mit gebratener Forelle. Der Grund dafür ist, dass Birnen sich ausgesprochen glücklich mit Speck kombinieren, mit seinem feineren Verwandten, dem rohen

Schinken, natürlich ebenfalls und, da wir gerade beim Prassen sind, auch mit Blauschimmelkäse: alles Zutaten, die auch zu Fettfischen (Makrele, Hering, Forelle, Lachs) passen. Da ist es nicht unpraktisch, Zufall schon gar nicht, dass es gleich zwei Gerichte mit Birnen gibt, von denen mir Reste bleiben können, die mit Speck zubereitet werden: Birnen und Teig (Hinweise zum Grundrezept siehe: ➔Auflauf) und Birnen, Bohnen, Speck. Bei letzterem Essen ist der Name schon die halbe Kochanleitung: die Birnen bleiben ganz, die Bohnen ungebrochen, der Speck ein ungewürfeltes derbes Stück. Das Ganze setze ich in einem Topf unter Wasser und aufs Feuer, um es möglichst langsam gar zu kochen. Sicherlich ließe sich das viele Wasser auch durch Zwiebeln ersetzen, selbst mit Zwiebeln eingekochte Tomaten kämen in Frage, wenn ich nicht gerade so viel Speck dazugebe, dass später alles versalzen ist. Wie auch immer, genau so würde ich einen Rest verwenden für Beilagen zu Fisch: Zwiebeln in Öl weich dünsten, Tomaten darauf einkochen, den klein geschnittenen Speck und die Bohnen darin wärmen. Die Birnen schneide ich in Scheiben oder Achtel, tupfe sie mit Küchenpapier trocken und bräune sie kurz in dem gut erhitzten Fett, in dem ich zuvor die erwähnten passenden Fische gebraten habe. Die Brühe hebe ich auf. Wegen ihres süßlich-speckigen Tons passt sie später gut zu einem Kaninchen, das ich, in kleine Stücke zerteilt, erst anbrate und dann mit besagter Brühe angieße und koche, evtl. mit Kartoffeln oder anderen Gemüsen. Dasselbe, nur in einer Pfanne und im Ofen und anstelle von Kartoffeln mit Reis, wie unter ➔Reis beschrieben. **Birnen und Teig** schneide ich in Scheiben, röste es mit Butter in einer Pfanne und esse es zu Fischen der genannten Sorten, selbst zu Brathering, aber auch zu Fleisch und Gemüsen mit brauner Soße – meistens allerdings esse ich dazu nichts als Salat. Was alle anderen Anwendungen von Birnen angeht, verfahre ich mit ihnen, trotz aller angeblicher Unvergleichbarkeit der beiden Früchte, umstandslos wie mit ➔Äpfeln, lediglich die dort empfohlene Mischung mit Kartoffelbrei gerät mit Birnen nicht. Bei der Verwendung von **Birnenkompott** für Gebäck gleiche ich fehlende Säure mit etwas Zitronensaft aus (➔Kompott). Entscheidender Nachteil der Birne ist, dass sie im Gegensatz zum Bratapfel als **Bratbirne** nicht vorkommt. Ich rate sehr, das zu ändern und alle möglichen Sorten von Birnen, vor allem unbekannte, probeweise in den Backofen zu schieben. Man kann da Glück haben.

Blätterteig. Ist der Teig, den ich bevorzugen würde, um Reste von Löffeldesserts, sprich Vanillepudding, grüne oder rote Grütze, selbst Cremespeisen zu verbacken – wenn ich nicht fürchten muss, sie würden sofort auseinander laufen. Das liegt an der Konsistenz des Blätterteigs. Er ist luftig und leicht, während die Löffeldesserts, um Löffeldesserts zu sein, immer etwas angedickt sein müssen – was zu keinem anderen Teig als zu Blätterteig einen vergleichbar angenehmen Kontrast machen würde. Selbstverständlich ist Blätterteiggebäck auch sonst als Resteschlucker zu gebrauchen, siehe dazu: ➔Teigtaschen, ➔Pasteten, auch: ➔Füllungen. Für Reste von Blätterteiggebäck siehe: ➔Auflauf, ➔Brot sowie ➔Keks- und Kuchenkrümel.

Blaubeeren. ➔Beerenobst, ➔Marmelade, ➔Obstgrütze, ➔Obst.

Blumenkohl und Brokkoli. Mögen so verschieden sein, wie sie wollen – nicht aufgegessen ereilt sie das gleiche Schicksal. Nicht zu weich gedämpft, sind sie hervorragend als Salat. Aber während der im Geschmack kräftigere Brokkoli mit einer einfachen Salatsoße aus (gutem) Essig, (Oliven-)Öl und ein wenig Knoblauch auskommt, entfalten sich die Qualitäten des Blumenkohls erst, wenn ich etwas subtiler vorgehe: Ich bereite ihn ja gern nur mit Essig und Öl zu, aber es sollten schon Himbeeressig und Walnussöl sein. Doch weder das eine noch das andere habe ich jemals im Haus, sonst müsste ich kein Restekochbuch schreiben. Immerhin gibt mein Wunschrezept die Richtung an. Die Vinaigrette für den Blumenkohl sollte eine fruchtige und eine nussige Komponente erhalten: Ich zerstoße im Mörser ein paar Erdnüsse oder Walnusskrümel zusammen mit einer kleinen Zehe Knoblauch, einer nicht zu klein bemessenen Messerspitze roter oder schwarzer Marmelade und füge dann Öl und Essig hinzu. Ferner: als Gemüsezutat im Brotauflauf (➔Auflauf) sowie in beiden unter ➔Nudeln beschriebenen Aufläufen.

Oder: Stücke vom Blumenkohl oder Brokkoli paniert gebraten; dasselbe, aber statt in Panade in einem flüssigen Teig wie Bierteig. In beiden Fällen kann ich mir aus Käseresten einen Brei herstellen, indem ich den Käse reibe und mit Ei oder ein paar Tropfen Milch oder Sahne oder auch einem Rest Frischkäse verrühre. Die fertige Masse drücke ich zwischen Blütenstängel des Kohls, bevor ich die Stücke paniere oder in den Teig gebe. Variante, insbesondere bei Blumenkohl: eine Mischung aus Frischkäse, geriebenem Ingwer und einem Hauch Curry, dann aber besser im Teig als in der Panade.

Blut.

Sofern Sie beim Stichwort Blut an →Blutwurst denken (und Blutpudding ist auch bloß Blutwurst, nur eben unverstopfte, nicht umdarmte): Schauen Sie dort nach, ich verweise Sie dann schon weiter. Im Fall von menschlichem Blut: →Wein.

Blutwurst.

→Wurst. Frische Blutwurst →Leberwurst. Sofern Sie beim Stichwort Blutwurst allerdings an Rache denken, schicke ich Sie sofort wieder zurück zu Blut: Sie haben es mit dem dort erwähnten Fall von menschlichem Blut zu tun. Ich fürchte nur, ohne dass Sie auch meinen Artikel →Mensch lesen, bleibt Ihnen mein unter Blut zu findender Hinweis auf →Wein vollkommen unverständlich. Außerdem: →Rotkohl.

Bohnen.

Keine Furcht vor Bohnen: Es kommt wirklich niemand zu Schaden, der sein Haushaltsgeld listig mit einem Bohneneintopf streckt, der sich dankenswerterweise immer weiter strecken lässt. Zum Beispiel so: Sind die Bohnen nicht so weit verkocht, dass sie ins Breiige übergehen, ist ein gebackener Reis eine gute Weiterverwendung. Ich fische dafür den Fleischrest aus der Suppe, säubere ihn und schneide ihn in Würfel. Diese Würfel brate ich mit Knoblauch in einer ofenfesten weiten und offenen Form, gebe Tomate geschält und gehackt hinzu. Ist ihr Saft verkocht, kommt der Reis, ist der glasig, kommen mit der heißen Brühe die Bohnen und der Rest der Gemüse hinzu. Ich gare alles 20 Minuten im Ofen. Als Würze empfehle ich Petersilie, Paprika, evtl. Safran und Lorbeer (ausführlicher: →Reis). Alternative für kleinere Mengen gekochter Bohnen: ein

Salat. Für den werde ich die Bohnen allerdings abspülen müssen, bevor ich sie in eine am besten recht ölige Vinaigrette lege. Alle gekochten Bohnen (selbst breiig verkochte), mit oder ohne Fleisch gegart, ergeben, wenn sie in wenig Flüssigkeit schwimmen, gestampft, mit Reibekäse, Kräutern, Gewürzen (Kumin, Paprika) und Ei verknetet, paniert, auch lediglich in Mehl oder Semmelbrösel gewälzt gute ➔Frikadellen. Reste des oben erwähnten Reisgerichts übrigens ebenfalls. Mit gehackter frischer Tomate, Nüssen, gewiegter Petersilie, Kumin, etwas Zimt, Zitrone und Öl vermischt, werden die gestampften Bohnen zu einem gehaltvollen Salat, der im Kaukasus typisch ist, dort allerdings mit grüner Minze bereitet wird. Sind die Bohnen halb zerfallen, dabei aber sehr nass, püriere ich sie zu einer cremigen ➔Suppe. Weitere Möglichkeit: mit ein wenig geschmorter Tomate und anderen zufälligen Zutaten wie Wurst- oder Schinkenresten vermischen und mit Käse überbacken. Natürlich ließen sich Bohnen, wenn auch nicht gerade mit Fleisch bereitete, aber durchaus solche mit leichtem Speckgeschmack, in einer Tomaten-Weißwein-Soße wärmen, in der auch ein paar Stücke Tintenfisch, Krabbenschwänze oder Muscheln schwimmen. Viele Kochbücher raten diese Kombination jedenfalls ausdrücklich an. Wer ein Gericht sucht, um seine unmögliche Familie billig abzufüttern, am nächsten Tag aber essen möchte, was er der Bagage niemals gönnte, der behalte diese Rezeptidee im Hinterkopf. Siehe außerdem: ➔Fisch, ➔Linsen, ➔Kichererbsen, ➔Erbsen. Für ➔grüne Bohnen siehe ebendort, für Chili con Carne ➔Hackfleisch. Außerdem: ➔Saubohnen.

Bolognese. Der Unterschied von einer Bolognese zu einer Tomatensoße mit Hackfleisch ist, dass bei Bolognese der Saft der geschmorten Tomate fast vollständig verkocht ist. Sie ist also saftig, ohne dass die Fleischzubereitung in Soße schwimmt. Für ihre Verwendung als Rest siehe: ➔Hackfleisch, auch: ➔Nudeln, ➔Reis, ➔Scheiterhaufen, ➔Teigtaschen. Schwimmen aber bei Ihnen, liebe Leserin, lieber Leser, die Hackfleischbröckchen wie in flüssigem Ketschup: Öffnen Sie eine kleine Büchse Mais und eine mit roten Bohnen, geben Sie den Inhalt beider Büchsen erst in ein Sieb, dann zu der Soße in den Topf, würzen Sie alles kräftig mit Knoblauch, Cayennepfeffer und Kumin und das Ganze geht als Chili con Carne durch.

Bonbons.

Und anderer Süßkram zum Lutschen. Zu lang gelagerte Bonbons und Lutscher ziehen Wasser, lösen sich deshalb um ihren Kern herum zu einer sirupartigen Masse auf, die fest mit dem Einwickelpapier verklebt. Kinder essen zwar alles, ist es nur süß genug, und angeweichte Bonbons sind sogar einfacher zu zerkauen, so dass man sie viel schneller essen kann als harte. Aber nichts ist in Krisenzeiten so sehr in Frage gestellt wie die kostenfreie zahnärztliche Versorgung des Nachwuchses: Wohin also mit den schmierig-weichen Bonbons? In die Schublade mit den Zutaten für die Weihnachtsbäckerei, sage ich. Im Advent dann die Sauerei von den Kindern auswickeln lassen – du sollst dem Ochsen, der da drischt, nicht das Maul verbinden, drei darf jeder haben –, mit dem Mixer zerstoßen und wie Zucker im Plätzchenteig verwenden. Geschmacklich könnte eine Zutat von Melasse helfen, die Bonbonaromen einzubinden, sowie sehr fein geschnittenes Orangeat und Zitronat. Man halte sich im Übrigen in etwa an die Rezepte von Honigkuchenplätzchen (siehe: ➔Lebkuchen). Hat man nicht allzu viele Bonbons und/oder ist das klebrige Bonbonpulver ordentlich bunt, verwende man es besser für die Dekoration des Backwerks. Zuckerersatz aus klebrigen **Pfefferminzbonbons** ist weniger in Plätzchen als in Eiscreme gut untergebracht. Schokostreusel machen dieses erfrischende Eis für Kinder attraktiver. Siehe ferner: ➔Lakritze.

Rezept

Pfefferminzeis

1/2 Liter Milch
1 Prise Salz
7 Esslöffel Bonbonpulver aus Pfefferminzbonbons
2 Esslöffel Zucker
4 Eigelb
1 Teelöffel Speisestärke
Schokoladenstreusel
2 Eiweiß

– Die Milch mit dem Salz, der Hälfte der zerstoßenen Bonbons und des Zuckers kochen, bis sich alle Zutaten vollständig in ihr gelöst haben.
– In einem anderen Topf die Eigelb mit dem Rest des Zuckers, den Bonbons und der Speisestärke schaumig schlagen.
– Unter Rühren die heiße Milch hinzugeben und vorsichtig auf dem Herd (oder im Wasserbad) erhitzen, bis die Flüssigkeit zu verdicken beginnt.
– Erkalten lassen, die Schokostreusel, dann die zu Schnee geschlagenen Eiweiß unterziehen und gefrieren lassen.

Börek. Frittierte oder gebratene gefüllte daumendicke Röllchen aus sehr dünnem Nudelteig, den man fertig kaufen kann. Die Füllmasse besteht meistens aus nicht viel mehr als ein paar Brocken Schafskäse, Hackfleisch oder ein wenig angedünstetem Spinat, lässt sich aber für die Belange der Resteküche hundertfach variieren. Siehe dazu: ➔Frischkäse, ➔Füllungen, auch: ➔Oblaten, ➔Teigtaschen.

Bowle. Gesüßter aromatisierter Wein oder Sekt und darin schwimmende Früchte – ich würde es gerade mal aus Höflichkeit probieren. Eine Bowle wäre nicht schlecht in einem Sorbet: Ich koche Wasser mit Zucker, bis es sirupartig wird, etwas zäher als der in einer Dose Pfirsichhälften. Von diesem Sirup brauche ich etwa eine Tasse – ein Rezept für vier Portionen Sorbet sähe für mittelzähen Sirup 8 Esslöffel Zucker auf 8 Esslöffel Flüssigkeit vor, die 5 Minuten zu kochen wären. Den erkalteten Sirup mische ich gut mit der Bowle und den pürierten Früchten, für vier Portionen einen guten halben Liter und gieße es in eine flache Form, die ich zuvor gewaschen, aber nicht getrocknet habe. Ich stelle sie in das Eisfach. Ist die Mischung nahezu fest, rühre ich sie mit der Gabel oder dem Mixer durch, hebe zwei steif geschlagene Eiweiß darunter und lasse sie völlig gefrieren. Alternative: eine Art Bowlengötterspeise, indem ich die Bowle ohne Früchte etwas einkoche und mit ➔Gelatine binde. Oder in einer ➔Kaltschale. Auch: Früchte aus der Bowle püriert als Soße für Eiscreme.

Bratenfett. Das aus einem Braten ausgelaufene Fett ist geschmacklich eigentlich nur bei Schweine- oder Gänsebraten gut genug, um zu Schmalz verfeinert, z. B. gemischt mit gebräunten Zwiebeln und geschmorten Äpfeln, als Brotaufstrich gegessen zu werden. Wer aber Schmalz auf Brot nicht mag, sollte es als Zutat zum Pizzateig versuchen, an Stelle von Olivenöl. Schmalz ist aber auch ein gutes Fett, um Eintöpfe mit Wintergemüse, vor allem mit Kohl, zuzubereiten. Ferner: für Rotkohl. Den Geschmack anderer Bratenfette, z. B. vom Rind oder Lamm, fand ich stets zu unangenehm, um damit viele Versuche anzustellen. Jedoch ein Pizzateig, den ich vorhabe, wie eine türkische Pizza mit Lamm- oder Rinderhack zu belegen, verträgt die Zutat bestimmt. Siehe auch: ➔Bratensaft, ➔Niere.

Bratensaft. Wird in Deutschland traditionell mit Mehl gebunden zu einer braunen Soße verarbeitet. Ich esse ihn lieber ohne diese Behandlung, einfach so, mit einem Knödel oder Kuskus. Oder: in ein wenig Öl oder Bratenfett einige Blätter frischen Salbeis kross braten, mit einem kleinen Glas Süßwein ablöschen und zusammen mit dem Bratensaft etwas einkochen. Ähnliches geht auch z. B. mit Wein, Bier, mit angebräteltem Knoblauch oder Koriandersaat. Verlängern kann ich mit flüssiger Sahne, verdicken, indem ich die Sahne einkoche. Legieren lässt sich mit Sahne oder saurer Sahne – dann darf ich nicht mehr aufkochen –, mit Eigelb und flöckchenweise hineingerührter kalter Butter, wobei auch im Fall der beiden letztgenannten Bereitungen die Soße eine bestimmte Temperatur nicht überschreiten darf, soll das Eigelb nicht gerinnen. Sie werden daher oft im Wasserbad gerührt. Bratensaft lohnt sich immer zu verwenden. Wenn er nicht zum Braten gegessen wird, ist er in jeder Suppe, jedem Reis, jeder Nudelpfanne gut aufgehoben. Siehe auch: ➔Brühe, ➔Knochen.

Brokkoli. ➔Blumenkohl und Brokkoli.

Brombeere. ➔Beerenobst, ➔Marmelade, ➔Obst, ➔Obstgrütze.

Brot. Ist einer der am häufigsten anfallenden Reste überhaupt, aber zum Glück auch einer der am einfachsten zu verwendenden. Gut, ich schränke ein: Auf altbackenes Weißbrot trifft dies zu. Je dunkler und grobkörniger ein Brot ist und je härter und trockener der Rest, desto eingeschränkter ist der Rahmen, in dem ich es als Zutat gebrauchen kann. Das soll nicht heißen, ein steinhartes, kiloschweres Stück **Schwarzbrot** sei zu nichts mehr zu gebrauchen: Fragen Sie nur Ihren russischen Nachbarn nach einem Rezept für ➔Kwass. Außerdem: Ein harter Kanten Schwarzbrot wird mancherorts auch an den ➔Sauerbraten getan. Trockenes **Weißbrot**, auch mildes Graubrot, mit siedendem Wasser übergossen, eingeweicht und ausgedrückt, als Masse zur Verlängerung von Hackfleischzubereitungen (Füllungen, Frikadellen, Hackbraten) zu nehmen, ist ein allgemein bekanntes Verfahren. Mit in diesen Hackteig gehört auch ein Ei, soll er gegart nicht wieder auseinander fallen. Überhaupt ist Ei die wichtigste Zutat, um altes Brot wieder genießbar zu machen. Das in Milch, Brühe oder Wasser eingeweichte Brot wird mit Ei beispielsweise zu einem Teig verrührt, süß oder salzig abgeschmeckt, um dann mit anderen Zutaten zusammen ausgebacken zu werden, wie unter ➔Auflauf beschrieben. **Scheiben geschnittenen Brotes,** mit gesüßter heißer Milch getränkt und in geschlagenem Ei gewälzt ausgebacken, heißen arme Ritter. Es gibt keinen Grund, die gleiche Technik nicht für ein Mittagessen anzuwenden: Man salze und würze die heiße Milch und brate das Eibrot in einer Pfanne mit Zwiebeln und/oder Speck. Habe ich feine Scheiben Brot, oder lässt sich das Brot noch fein schneiden, kann ich noch raffinierter werden. Ich lege zwischen jeweils zwei eingeweichten Stücken Brot Käse, Schinken, Tomate, Kräuter, Senf etc., bevor ich sie in das Ei tunke und brate; dasselbe ist mit Graubrot möglich. Variante für eine ganze Familie: eine große flache Form oder ein Backblech fetten, ganz mit in gesalzener Milch oder Brühe getränkten Brotscheiben auslegen, diese mit geschlagenem Ei übergießen und den so entstandenen Teigboden wie eine Pizza mit geschälten gehackten Tomaten, Käse, Oregano, Gemüseresten etc. belegen und backen. Ein Auflauf aus mit Eiermilch eingeweichten Brotscheiben ist der ➔Scheiterhaufen. **Brotkrü-**

mel oder auch grobe Brotreste, die sich nur noch krümeln lassen, röste ich mit Butter oder Öl in einer Pfanne, manchmal zusammen mit etwas Knoblauch, um sie über gedämpftes oder nach kurzem Anbraten gar gezogenes Gemüse wie Fenchel, Chicorée, China- oder Wirsingkohl zu geben. Diese Zutat gewinnt durch Reibekäse, den ich aber erst nachträglich hinzufügen kann. In der Pfanne würde er zäh verklumpen. Wenn ich anstatt der Krümel derbe Batzen **Graubrot** anbrate, habe ich einen verwandten Geschmack, aber auf der Zunge eine andere Konsistenz. Ich gebe sie in eine Terrine, um einen Eintopf über ihnen anzurichten, in dem auch das Gemüse (Wirsing, Wurzelgemüse etc.), vielleicht bis auf eine Zutat gehackter Tomate, in möglichst groben, langsam durchgegarten Stücken erscheint. Das in Öl oder Butter gebräunte Brot ist in so einem winterlichen Eintopf ein guter Fleischersatz (zu diesem Eintopf auch: ➔Bier). Sonst: **in kleinen Würfeln geröstetes Brot** als Einlage in klaren und cremigen Suppen (siehe z. B.: ➔Fisch, ➔Gemüse, ➔Brühe, auch: ➔Babybrei). Die hier an dieser Stelle noch nicht eingehender erwähnten aus altem Brot gewonnenen ➔Semmelbrösel lohnen, wie auch der berühmte ➔Semmelknödel, jeweils ein Kapitel für sich.

Rezept

Spanische Knoblauchsuppe

3 Knoblauchzehen
2 Esslöffel Olivenöl
Altes Weißbrot (z. B. 2 alte Brötchen) in Stücken
Süßes Paprikapulver
Kumin und Salz

– Den Knoblauch in Scheibchen im Olivenöl leicht anrösten, Brot hinzugeben, erhitzen und würzen.
– Unmittelbar danach mit Wasser bedecken, aufkochen und einige Minuten kochen lassen.

Diese »Sopa de Ajo« wird in ganz Spanien in vielen Varianten gegessen, z. B. indem zusammen mit dem Knoblauch Schinkenstückchen mit angebraten werden. Oder indem zum Schluss ein Ei hineingerührt, auch pro Esser ein ganzes Ei in der fertigen, vom Feuer genommenen

Suppe bei geschlossenem Deckel gar gezogen wird. Manchmal wird das ursprüngliche Gebrätel aus Brot, Öl und Knoblauch mit Tomate angereichert, etwas eingekocht und püriert, bevor es mit Wasser aufgegossen wird.

Brühe, Sud und Kochwasser. Sind sowohl die wässrig-klaren Flüssigkeiten, in denen ich etwas gare, als auch die, die mir nach dem Garen von etwas übrig bleiben. Schon diese kurze Definition macht klar, dass in der Resteküche, mit Ausnahme natürlich jener trüben Wässer, in denen Nudeln, Gnocchi, Klöße, kurz Mehlspeisen garten, es eigentlich keinen Schluck Wasser im Topf gibt, der nach Gebrauch nicht wieder Rohstoff werden könnte. Bestimmte Gemüsearten, wie Artischocken oder Salat, teilen dem Kochwasser allerdings manchmal ihre Bitterstoffe mit und machen es ungenießbar. In der Regel jedoch stellen die dem Wasser mitgeteilten Geschmacksstoffe eine Bereicherung für jede andere im selben Wasser gegarte Zutat dar. Ich werde also, wenn ich an anderer Stelle des Kochvorgangs einen Bedarf an Flüssigkeit habe, solcherart geschmacklich eingefärbtes Wasser bevorzugt verwenden, und wenn es nur das am Boden des Topfs unter dem Dämpfeinsatz wäre. Ob es dagegen lohnt, jeden Schluck Wasser, in dem Gemüse gegart wurde, in ein Glas zu füllen und aufzuheben, ist eine andere Sache. Wenn ich nicht gerade am nächsten Tag Reis oder Nudeln zubereiten will, hebe ich lediglich auf, was besonders gut und intensiv schmeckt. **Brühen**, die man durch Sieden von Fleisch, Fisch und/oder Gemüse gewinnt, werden meistens zu bestimmten Zwecken, z. B. für Reisgerichte oder Suppen, hergestellt und sind von daher kaum ein typischer Rest. Habe ich doch einmal mehr davon, als ich im Moment gebrauchen kann, friere ich das Zuviel einfach ein. Habe ich jedoch bislang nicht gesalzen, darf mein Eisschrank ruhig kaputt sein: Ich nehme das Fleisch (bzw. den Fisch oder das Gemüse) aus dem Wasser, stelle unter dem Topf die Flamme groß und lasse verdampfen, was ich nicht haben will. Für eine wirklich gute Soße ist es kein Schaden, zwei Liter Flüssigkeit auf die Menge einer Tasse zu reduzieren, einen Viertelliter Sahne dazuzugießen und noch einmal, jetzt aber unter Rühren, bis auf die Menge einer Tasse verkochen zu lassen, denn die

Aromen konzentrieren sich einfach. Überhaupt ist es ratsam, bei der Herstellung von Brühen mit Salz zu sparen oder es ganz fortzulassen. Auch bei Gerichten wie ➔Risotto oder ➔Fideuà, kommt es darauf an, dass möglichst viel der Brühe verdampft. Außerdem kann ich keine ➔Hülsenfrüchte in gesalzener Brühe garen. Ihren hervorragenden Platz in der Resteküche nimmt die **Brühe** aber weniger als verwendeter Rest, sondern wegen der Möglichkeiten ein, **in ihr Reste** zu **verarbeiten**. Und zwar die allerersten, die beim Zubereiten von Speisen anfallen, das Unbrauchbare, Unappetitliche, Aussortierte, kurz den vermeintlichen Müll: die im Kühlschrank verschrumpelte Möhre, die ins Kraut geschossene Zwiebel, die bräunlich angetrocknete Knoblauchzehe, die äußeren Blätter vom Salat, das Herz vom Kohl, gesäuberte Schalen und Abschnitte aller Gemüse, der steinharte Zipfel Wurst, die Speckschwarte, Hühnerhals, -füße und -innereien, die Knochen, das schale Bier, der kalte Kräutertee. Ich tue alles in einen Topf, fülle ihn mit Wasser auf, setze ihn aufs Feuer, bringe ihn zum Kochen, schäume ihn ab, gieße nach einer Stunde die fertige Brühe durch ein Sieb in einen zweiten Topf und habe damit schon mal die halbe Suppe. Solche Brühen sind ohne frische tierische Zutaten hauptsächlich zum Weiterverwenden (siehe oben) geeignet, weniger als klare Tischsuppe mit Einlage. Hühnerklein, Knochen oder auch Fischabfälle (siehe: ➔Fisch) ergeben aber durchaus Brühen, an denen nichts zur Suppe fehlt. Viele Knochen, lange gekocht und die Brühe etwas reduziert, ergeben einen Fond oder eine Jus, siehe dazu eingehender unter: ➔Knochen. Außerdem: ➔Äpfel, ➔Artischocken, ➔Babybrei, ➔Birnen, ➔Brot, ➔Gemüse, ➔Kürbis, ➔Quenelles, ➔Salat, ➔Suppe.

Brühwürfel und Instantbrühen.

Stehen mit einigem Recht im Ruf, einen uniformen Geschmack an alle Gerichte zu bringen, weswegen ein Koch, der auf sich hält, über sie die Nase rümpft. Beim Verarbeiten von Resten kann aber genau dieser uniformierende Effekt der Instantbrühe ein erwünschter sein, denn er bindet geschmacklich Disparates zusammen (siehe auch: ➔Cola) und mildert ein Zuviel an Säure. Ferner erlaubt mir der Gebrauch solcher Produkte, Zubereitungen aus Resten zu verlängern und geschmacklich zu intensivieren, etwa im Fall von püriertem Gemüse vom Vortag, das ich mit Milch zu einer Suppe aufgieße (➔Gemüse, ➔Suppe sowie ➔Babybrei). Auch die im Kapitel ➔Brühe geschilderten Kochwässer oder die Sparbrühen aus Küchenabfällen werden durch einen Brühwürfel in vielen Fällen abgerundet. Die Gefahr, dass durch diese Gaben später alles gleich schmecke, ist bei demjenigen, der regelmäßig seine Reste vom Vortag im Essen für heute verarbeitet, äußerst gering, da dies ihn über weite Strecken zwingt, Gerichte neu zu erfinden. Wichtig ist allerdings, eine geschmacklich wirklich hervorragende Fertigbrühe zu suchen. Ich halte mich meistens an Gemüsebrühen auf Hefebasis, von denen einige sehr gut sind. Gemüsebrühen aber auch deswegen, weil sie neutraler sind und eine wenig intensive Fischbrühe genauso verbessern wie eine Nudelpfanne, für die ich gerade mal eine Tasse voll mit Fleischresten habe.

Bulgur. ➔Grieß, ➔Kuskus, auch: ➔Paprika, ➔Kroketten.

Bündnerfleisch. ➔Wurst, ➔Schinken und Speck.

Butter. Die warm und glasig geworden ist, eignet sich meistens dennoch für Backwerk, zum Bräunen von Semmelbröseln, zerschmolzen mit gehackter Petersilie zu Pellkartoffeln etc. Hat die Butter ihren Geschmack jedoch schon stärker verändert oder im Kühlschrank einen unangenehmen Geruch absorbiert, ist sie nur noch als Fett gut, um damit Zwiebeln oder Knoblauch oder andere kräftig schmeckende Gemüse zu schmoren. Der Beigeschmack verliert sich auf diese Weise sicher. Ist sie jedoch käsig geworden, kann ich diesen Ton nur noch durch eine einzige Zutat neutralisieren: die von Käse.

Buttermilch. Wie ➔Joghurt oder Kefir zu Marinaden.

C

Champagner. Ob ich Weißwein oder Champagner verwende, fiele am ehesten noch bei Soßen auf, bei denen ich die Grundflüssigkeiten stark reduziere (für das Verfahren siehe: ➔Brühe). Aber bitte, wie kommt in meinen Kühlschrank eine offene Flasche Champagner und steht dort so lange herum, bis ihr sämtliche feine Kohlensäure durch den Flaschenhals und flöten gegangen ist? Das ist noch nicht einmal theoretisch denkbar, dass die dort so lange stände! Also halten Sie mich nicht auf und fragen mich Unsinn zu Champagner, sehen Sie besser unter ➔Wein nach.

Champignons. Besonders große, entstielt und wie flache Schälchen auf ein gefettetes Backblech gesetzt, nehmen gare, halb gare oder schnell gare Reste (wie z. B. ein paar Kleckse Spinat) auf und lassen sich mit denen zusammen zu einer köstlichen Vorspeise verbacken. Mit in die Mischung kommen selbstverständlich die gehackten Stiele der Pilze. Und es sollte wenigstens eine Zutat dabei sein, die das Gehäcksel bindet, wie Ei, Eigelb, Käse, Béchamel, auch Hackfleisch oder Mett. Es ist dies das rechte Gericht, wenn man außer den Pilzen fast gar nichts mehr im Haus hat, was man einem hereingeschneiten Besuch anbieten könnte, z. B. just der Person, in die man sich so hoffnungslos verguckt hat und mit der man aus strategischen Gründen nicht ins Restaurant will, weil da das Bett so weit weg steht. Selbst Frischkäse, mit nichts anderem als Schnittlauch verrührt, macht sich noch gut als Füllung, ein paar Späne eines harten Eckchens Emmentaler heben ungemein, mit den Stückchen vom angetrockneten Schinken schmeckt es fast schon himmlisch und mit etwas Muskat und Thymian ist es eine Delikatesse. Was mit Champignons geht, funktioniert im Prinzip auch mit anderen Lamellenpilzen, die man dafür aber extra sammeln gehen müsste. Dies jedoch erfordert, anders als bei Röhrenpilzen, gute Kenntnisse. Siehe auch: ➔Pilze.

Chicorée. Aus Chicorée mache ich einen Salat, den ich immer aufesse, schon deshalb weil mir seit Jahren nicht einfällt, wie er in der Resteküche unterzubringen sei: Ich lasse Speck aus, bräune ihn zusammen mit Rosinen, vermische gebröckelten Blauschimmelkäse mit dem geschnittenen Chicorée, netze etwas mit mildem Essig und gebe dann halbwarm das ausgelassene Fett mit dem Speck und den Rosinen hinzu. Wären die Rosinen nicht, häckselte ich den Salat, gäbe u. U. grob geriebenen buttrigen Käse dazu, um die Mischung in eine Auflaufform auf ein Fischfilet zu geben und den Fisch darunter im Ofen zu garen. Aber mit den Rosinen? Ich stoße hier an meine Grenzen. Für alle Fälle, mit Fisch kombiniert ist ein Chicoréerest am glücklichsten verwendet, gedünsteter Chicorée mit weißem Fisch, so wie unter ➔Aniskekse beschrieben, Salatreste mit Thunfisch im ➔Omelett. Sonst: ➔Endivie, ➔Gemüse, ➔Salat.

Chili con Carne. ➔Hackfleisch.

Chinakohl. Ein Gewächs auf der Mitte zwischen Römersalat und Wirsing, geschmacklich wie Kohl gewordene Sojasprossen: Für eine Chinakohlcremesuppe hat ein Rest davon fast zu wenig Geschmack. Fädig geschnitten in kräftiger, auch pikant gewürzter Brühe, gefällt er mir besser. Außerdem: in ➔Teigtaschen mit Hackfleisch oder anderen Gemüsen vermischt. Dasselbe, mit Sojasoße chinisiert, zu Reis. Für ganzen gefüllten Chinakohl folge man im Groben dem unter ➔Kopfsalat angeführten Rezept, für Rouladen dem unter ➔Krautwickel. Siehe auch: ➔Gemüse, ➔Salat.

Chutney. Besteht meist aus Obst, das mit Zwiebeln, Knoblauch, Essig, Zucker, Salz und Gewürzen zu einer scharfen, breiig-stückigen Soße eingekocht wurde, die zu Gebratenem, aber auch zu Teigtaschen oder in Teig Frittiertem passt. Es lässt sich darin jeder Obstrest – auch bereits gesüßte und gegarte Zubereitungen wie Kompotte oder Marmeladen – verarbeiten, den man nicht in eine rote Grütze tun würde: Ein Hagebutten-Chutney kann ich mir vorstellen, eines aus Himbeeren nur schwer – es wäre wohl auch ein wenig schade um diese zarten und seltenen Früchte. Pflaumen sind hier der Grenzfall, mit etwas Geschick sind sie in beiden, Grütze und Chutney, gut angewandt. Die Bereitung eines Chutneys ist denkbar einfach. Ich schmore Zwiebeln und Knoblauch in Öl, würze mit Curry, gebe das Obst, wenn ich will auch noch Tomate und/oder Paprikaschote hinzu, dann Zucker, den ich etwas ankaramellisieren lasse, lösche mit reichlich Essig, u. U. zugleich auch mit dem Saft des verarbeiteten Kompotts ab und koche die Mischung unter gelegentlichem Rühren ein. Klein gehackte saure Gurken oder Mixed Pickles wären in so einem Chutney nicht falsch untergebracht. Ich würde sie aber nicht länger als ein, zwei Minuten mitköcheln lassen. Durch den vielen Essig, Zucker, Zwiebeln, Knoblauch und die Gewürze hält ein Glas Chutney im Kühlschrank mindestens so lange wie Marmelade. Ebenso gut kann ich mir aber auch ein wenig Chutney aus drei herumliegenden angebissenen Stücken Obst, Zwiebeln etc. für den sofortigen Verbrauch zusammenkochen, dann brauche ich nicht so viel Essig.

Coca.

➔Hefeteig, auch: ➔Pizza.

Cola.

Ich sah es in einer Fernsehwerbung, ein junger Mann, erst ratlos, springt plötzlich dümmlich grinsend auf, wirft zwei filetierte Hühnerbrüstchen in die Pfanne, brät sie goldbraun, nimmt dann die Flasche mit der bekannten koffeinhaltigen Limonade, gießt von ihrem Inhalt ungefähr ein Glas voll auf das Fleisch, würzt – es war eine Brühwürfelwerbung – mit einem zerriebenen Brühwürfel und serviert's seiner staunenden Freundin. Es kann sein, dass ich es im spanischen Fernsehen gesehen habe. Trotzdem, auch in Spanien wird kein Brühwürfelhersteller zur besten Sendezeit Rezeptvorschläge machen, die den Massengeschmack irritieren oder völlig an ihm vorbeigehen könnten, ein Rest des allbeliebten braunen Getränks wird mit gebratenem Fleisch schon irgendwie zu kombinieren sein. Ich bitte aber um Verständnis, dass ich es dennoch nicht ausprobiert habe. Siehe auch: ➔Brühwürfel.

Cornflakes. Was mich als Restekoch an dem in gezuckerter Milch eingeweichten Frühstück in erster Linie interessiert, ist die gezuckerte Milch. Da in ihr aber komische, suppige Teile schwimmen, die sie eindicken und schleimig machen, werde ich sie kaum für etwas anderes nehmen können als für teigige Zubereitungen und von denen am ehesten die von ➔Pfannkuchen oder von ➔Auflauf.

Crevetten. ➔Garnelen.

Curry. Das Standardcurry meiner Kindheit ging so: eine Hand voll Schweinefleisch in Würfeln anbraten sowie ein paar Möhren, dann zwei Esslöffel deutschen Haushaltcurrys dazu und einen Esslöffel Cayennepfeffer, mit einem krautsalatklein geschnittenen Weißkohlkopf und zwei Hand voll Kokosraspeln vermischen, alles mit Milch aufgießen und bei kleiner Hitze garen. Manchmal kamen auch noch Kartoffeln mit in den Topf. Geerbt hatte meine Familie diesen exotisch-unexotischen Eintopf von einem russisch-ceylonesischen Ehepaar aus dem Freundeskreis: ein billiges Essen für Studenten der Lomonossow-Universität, dessen Zutaten im Moskau der sechziger und siebziger Jahre leicht zu bekommen waren. Bis auf die Gewürze und den Kokos. Aber von diesen Zutaten braucht auch derjenige, der sein Curry sehr scharf isst, kaum mehr als ein Kilo pro Jahr, einen Vorrat davon konnten sich die Freunde im Handgepäck von Besuchern mitbringen lassen. Auch alle anderen Currys funktionieren so: was anzubraten ist, beginnend mit Fleisch, Zwiebeln und Knoblauch, anbraten, Currypulver oder -paste hinein, kurz mitbraten, Flüssigkeit hinzugeben, in der dann das Curry mit allen weiteren Zutaten fertig gekocht wird. Im Fall von ➔Thaicurry wird die Flüssigkeit meist Kokosmilch sein. In den meisten anderen Fällen ist es Wasser, manchmal Milch oder Brühe, auch Joghurt – wer nicht herumexperimentieren mag, halte sich an das, was an Anweisungen auf vielen Currydosen abgedruckt ist. Unterscheiden lassen sich die **Currys** grob in **mildere süßlich-scharfe** und pikantere. Die ersten sind optimal zum Verarbeiten von Obstresten, braunen Bananen, Apfelmus, Kompott etc. Ihnen tut eine Zutat gemahlener Mandeln gut, die ich allerdings erst leicht rösten und dann in Milch aufkochen muss, damit ihr Geschmack sich durchsetzt. Diese Mandelmilch kommt zum Schluss an das Essen, wenn alle anderen Zutaten fast gar sind. Ebenso verfeinern Rosinen, die ich, kurz bevor ich das Currypulver und die Flüssigkeit in den Topf gebe, mitbrate. **Pikante Currys** eignen sich zum Verkochen oder Aufwärmen bereits garer Gemüse. Sie geraten gut mit Kokosflocken oder Kokosmilch (➔Kokos), auch mit Brühe oder Milch, in der ich etwas Erdnussbutter aufgelöst habe. Entscheiden muss ich mich bei **allen Currys** zuvor, welche Zutaten ich verkochen lassen und welche ich als ganze, knackig bissfeste Stücke in der möglichst homogenen, je nachdem verschieden dickflüssigen, würzigen Soße haben will. Diese dürfen dann nicht mit dem Fleisch, Zwiebeln, Äpfeln, Bananen, Kartoffeln, Tomaten etc. mitgedünstet werden, sondern müssen bis fast zum Ende der Kochzeit warten. Das gilt erst recht für schon Gegartes, das, wenn es nicht zum Verkochen taugt, lediglich im Curry schonend gewärmt werden sollte. Außerdem: einfache Currysaucen aus wenig mehr als Zwiebeln, Knoblauch, Gewürz und Flüssigkeit zum Wärmen von Fisch oder um darin eine mit einem Reis- oder Kuskusrest gefüllte ➔Paprika zuzubereiten. **Zutaten, die nicht recht in ein Curry passen**, sind rar, aber selbstverständlich sind es die, deren Geschmäcker für die europäischen Küchen prägend sind: Wein und Brände, Geräuchertes, Wurst und Schinken sowie die meisten Käse außer den ganz milden buttrigen. Vorsichtig wäre ich auch mit Wal- und Haselnüssen, ebenso mit allen Früchten, die ich nicht in einem ➔Chutney verkochen würde. **Reste von süßlichen Currys** habe ich schon an Linsensuppe getan. Currys lassen sich auch sehr gut immer wieder verlängern. Für ein vegetarisches Curry mit selbst gemachtem Frischkäse siehe: ➔Milch. Außerdem: ➔Ananas, ➔Aniskekse, ➔Äpfel, ➔Backobst, ➔Bananen, ➔Blumenkohl, ➔Gemüse, ➔Melone, ➔Obst, ➔Papaya, ➔Salat.

Currywurst.

Bei dieser Berliner Spezialität handelt es sich um eine ganz normale unschuldige Bratwurst, die von einem grausamen Imbissbudenbesitzer in unsinnig vielem Ketschup ertränkt und zu allem Überfluss mit einer halben Puderdose billigen Currypulvers bestäubt wurde. Dazu gibt es ein kleines rundes, recht trockenes Brötchen, das allerdings meistens bei der ersten Bewegung vom Pappteller und in den Dreck kullern wird. Wie das so ist, haben selbst Menschen, die gerne essen, manchmal Appetit auf eine Currywurst, binden sich zwei bis drei Euro ans Bein und erstehen eine. Auf dem Weihnachtsmarkt sind drei Euro noch halb geschenkt. Aber umgerechnet in Pellkartoffeln mit Butter und Petersilie sind sie eine Menge Schotter, und so kann es vorkommen, dass unser Mensch, nach dem ersten Bissen seines Appetits beraubt, die Wurst unter leichtem Ekeln nach Hause trägt. Was aber dann? Das Restekochbuch lässt ihn nicht im Stich: Kleine Linsen sind in klarem Wasser in dreißig Minuten gekocht, größere in vierzig, Zwiebel, Knoblauch, Tomate schnell geschmort: alles vermischen, die klein geschnittene Currywurst samt Ketschup und gelbem Pulver hinein, mit Salz, Kräutern, Kräutersalz, auch Fertigbrühe abschmecken. Und gerettet sind drei Euro. Und der Tag. Siehe auch: →Linsen, →Bananen.

D

Dachhase. →Katze.

Dampfnudeln. →Backwaren, auch →Brot. Oder einfach in Scheiben in Butter aufbraten.

Därme. Ich kenne ein einziges Gericht, in dem Därme nicht als Pelle um der Wurst auf den Tisch kommen: Ein Snack aus der Gegend um die spanische Stadt Cuenca, für den lange Enden vom Dünndarm eines Lamms kinderfaustdick um ein Ästchen gewickelt und gegrillt werden. Ich hoffe, wenn Sie Besuch aus Cuenca haben, sind Sie nicht so unhöflich, die mitgebrachten Lammdarmspießchen zu verabscheuen. Denn wenn Sie Ihren Ekel nicht überwinden, haben Sie auch nichts von meinem Restetipp: Ich würde den Darmwickel vom Stöckchen schneiden, klein wiegen und für eine Nudelsoße benutzen. Siehe: ➔Fleisch.

Datteln. Sind sicherlich von allen Trockenfrüchten die, welche am entschiedensten süßen und am wenigsten anfeuchten. Entsteint zum Süßen von Früchtebrot, zerkleinert auch zum Süßen von allen festen, würzigen Gebäcken wie Pfefferkuchen oder auch im Tortenboden aus ➔Keks- und Kuchenkrümeln. Ganze Datteln: in allen Fleischgerichten, die ich auch mit Rosinen essen würde.

Dessertwein. ➔Süßwein, auch: ➔Bratensaft.

Dickmilch. Ein Fall von Enteignung ist anzuklagen. Es gab eine Bakterie in den gemäßigt kühleren Zonen des Planeten, die war umsonst, die gehörte jedem, der sie brauchte. Sie siedelte in der Milch, die einer stehen ließ, und verwandelte das Getränk in eine angenehm säuerlich schmeckende Speise, die glasig abschnitt, wenn man mit dem Löffel in sie drang, und die überdies Quark wurde, wenn man sie in eine Baumwollwindel gab, um die Molke ablaufen zu lassen. Aber die Molkereien manipulierten die Milch und vertrieben den einzelligen Nützling aus unseren Küchen, schaumig wurde die Milch jetzt, wenn sie gerann, bitter trieb sie auf bitterer Molke, übelriechend und ungenießbar. Ein Millionengeschäft zogen sich die Enteigner mit diesem Handstreich an Land, Joghurt müssen wir seitdem kaufen und Quark können wir keinen mehr machen. Immerhin, wenn wir wollen, mehr ➔Joghurt, denn auch der ist das Produkt einer Bakterie, die allen gehört, selbst wenn das den Molkereien nicht passt. Sie ist aber nicht ganz so leicht zu handhaben wie die der Dickmilch. Für ein Rezept, wie sich aus ➔Milch ein anderer Weißkäse gewinnen lässt als Quark, siehe dort.

Dill. ➔Kräuter, ➔Pesto.

Döner Kebab.

Döner Kebab

2 Döner Kebabs vom Vortag
1/4 Liter Milch oder Brühe (circa)
2 große oder 3 kleine Eier
3 mittelgroße Tomaten
etwas Schafskäse Typ Feta
2 Knoblauchzehen oder etwas gehackte Zwiebel
Fett oder Öl
Salz und Pfeffer, nach Geschmack auch etwas Paprika und/oder Kumin
Petersilie

– Kalte durchgesuppte Kebabs aus dem Alupapier wickeln und nach Bestandteilen trennen. Falls das nachfolgende Rezept nicht gefällt, für den einen Haufen unter ➔Fleisch, für den zweiten unter ➔Salat, für den dritten unter ➔Brot nach anderen Anregungen suchen. Sonst:

– Brot grob würfeln, den Boden einer gefetteten flachen Form mit den Würfeln bedecken, ohne dass Lücken bleiben. Mit heißer Milch oder Brühe beträufeln (dabei nicht zu sehr nässen!) und durchziehen lassen.

– Das durchgefeuchtete Brot mit dem verquirlten Ei übergießen.

– Salatbeilage sehr klein wiegen, mit einer Zehe Knoblauch in Öl dünsten, geschälte und gehackte Tomaten hinzugeben und etwas reduzieren, evtl. auch mit dem Mixer pürieren. Mit Salz etc. abschmecken und leicht abkühlen lassen. Die fertige Soße auf den Brot-Ei-Boden verteilen.

– Fleisch in dünne Streifen schneiden, in etwas Öl zusammen mit der anderen Hälfte des gehackten Knoblauchs kurz anbraten. Auf die Tomatensoße streuen.

– Mit klein zerbröckeltem Schafskäse und gewiegter Petersilie dekorieren und gut 20 Minuten im Ofen backen.

Siehe auch: ➔Gyros.

E

Ei. Eigentlich sollte es genügen, unter dem Stichwort Ei auf alle Stichworte zu verweisen, unter denen Ei erwähnt wird. Warum muss es immer ein →Hund oder eine →Katze sein? Halten Sie sich eine Ente oder ein Huhn! Es lohnt. Gibt es überhaupt Stichworte, unter denen ich das Ei nicht erwähnt habe? **Ganze, rohe Eie**r, meist als Mittel, eine teigige oder soßige Zubereitung stocken zu lassen, kommen unter anderem in den Artikeln zu →Auflauf, →Avocado, →Frikadellen, →Füllungen, →Gemüse, →Gemüsekuchen oder →Puffer vor, am prominentesten ist dabei die Rolle des Eis im Artikel →Brot. Als Bestandteil der →Panade siehe z. B. unter: →Frikadellen und unter den meisten Gemüsesorten. Manchmal dient die Zutat Ei auch nur dazu, eine schöne Kruste auf oder unter einer Speise entstehen zu lassen, dazu siehe: →Béchamel, →Kartoffeln, →Nudeln, →Reis. **Eiweiß** lockert steif geschlagen einen Teig auf, siehe dazu unter: →Quark, oder: →Schokolade. Es verhindert das Entstehen von Eiskristallen bei Gefrorenem, dazu unter →Bowle oder →Bonbons. Und es verklebt die Ränder von →Teigtaschen und →Maultaschen. Manchmal bleibt Eiweiß aber auch übrig, weil es nicht das Gelbe vom Ei ist. Hat man viel davon, ist das Problem leichter zu lösen: Es existieren eine Unzahl von Süßspeisen, in denen geschlagenes Eiweiß und kein Eigelb verwendet wird. Eine davon findet sich in diesem Buch unter →Pudding. Mein Standardrezept ist ein Drei-Reste-Schlucker: ein Kuchenboden aus Keks- und Kuchenkrümeln, darauf ein Rest rote Grütze oder ein etwas angedicktes übriges Kompott, im Ofen mit Eischneehaube gebacken. Ärgerlicher ist, wenn ich nur ein Eiweiß übrig habe. Aber das auch nur so lange, wie ich nicht weiß, dass ich aufgetautes Eiweiß wie frisches benutzen kann. **Eigelb** bindet →Soßen (siehe auch: →Bratensaft) und ist in vielen Süßspeisen unerlässlich, siehe z. B.: ➔Pudding. **Hart gekochte Eier** kommen in vielen Salaten unter, aber auch in ➔Kroketten. Sie sind gehackt eine gute Suppeneinlage, wie z. B. unter ➔Fisch beschrieben, auf cremige Suppen aus Tomaten oder Brokkoli kann ich sie streuen, ebenso wie auf in ganzen Stücken gekochte Gemüse. Sie sind aber wie übriges ➔**Rührei** auch einfach eine Zutat fürs Butterbrot oder als Ergänzung eines Gehäcksels in einer ➔Teigtasche gut aufgehoben. Auch zur Herstellung einer ➔Remoulade benötige ich hart gekochte Eier. Kalte **Spiegeleier** oder auch pochierte Eier auf einem Teller in feine Streifen schneiden und mit dem herauslaufenden Eigelb unmittelbar vor dem Verzehr in eine klare, heiße Brühe geben. Für den größeren Hunger: dasselbe, aber statt in eine Brühe unter heiße Nudeln rühren, die ich bereits mit Butter oder Öl, Kräutern und/oder Knoblauch gewürzt habe, siehe dazu unter: ➔Nudeln, auch unter: ➔Sardellenfilet. Ausgesprochene Eierspeisen sind, außer dem bereits erwähnten ➔Auflauf, auch das ➔Omelett, der ➔Pfannkuchen, das ➔Rührei und der ➔Semmelknödel. Für Eierstich siehe: ➔Verlorenes Huhn.

Eicheln. Ja, man findet Rezepte für Eicheln. Und zwar leider nicht in Dokumenten über das mythische und sagenhaft friedliche goldene Zeitalter, sondern, ganz im Gegenteil, in unappetitlichen Durchhaltebroschüren für die deutsche Hausfrau am Ende des II. Weltkriegs. Rainer Horbelt und Sonja Spindler zitieren drei davon in ihrem lesenswerten Buch *Die deutsche Küche im 20. Jahrhundert.* Schade, dass die Wirklichkeit immer so hässlich ist und ich ab nun das Verspeisen von Eicheln statt einzig mit selig mampfenden Halbgöttern in schattigen Hainen immer auch mit dem Endsiegfanatismus der deutschen Volksgemeinschaft assoziieren werde. Von mir aus hätte die Eichelnahrung für alle Ewigkeit ausschließlich paradiesischen Epochen angehören sollen. Zumal ich für mein ganz persönliches goldenes Zeitalter schon wüsste, in welcher Form mir die schwer verdaulichen harten Früchte auf den Tisch kämen: als Fleisch, Schinken und Speck vom Cerdo ibérico, dem meines Wissens einzigen Schwein Europas, das noch heute zur Eichelmast in die Wälder getrieben wird. Unerschwinglich. Rezepte über die

Weiterverwendung von Resten aus Produkten und Gerichten vom Cerdo ibérico gehören in das Fach der Näscherei, in ein Restekochbuch gehören sie nicht. Siehe für alle Fälle unter: →Fleisch, →Schinken und Speck, →Wurst. Sowie: →Schwein.

Eierlikör.

Ich mag ihn nicht. Aber in einem Käsekuchen verbacken, würde er mich nicht stören. Sparvariante, in Ermangelung von zusätzlichen Eiern, Quark, Sahne, Joghurt: den Likör mit wenig feinem Weizengrieß verrühren und mit oder ohne Boden im Ofen ausbacken. Müsste klappen, wenn man ein wenig Gespür für die Mengenverhältnisse mitbringt. Gut mit einer Zutat Sauerkirschen aus dem Glas. Hinweise zum Käsekuchen siehe unter: →Milch, →Joghurt, →Quark; für den Kuchenboden unter: →Keks- und Kuchenkrümel, für Kuchen ohne Boden: →Gemüsekuchen. Alternative: in einem →Pudding aus Biskuitkrümeln und Ei.

Eingelegter Fisch.

Ist etwas, was sich gut verlängern lässt. In Mayonnaise oder in Sahnesoße eingelegter Fisch verbessert einen Kartoffelsalat. Das Gleiche gilt für in Wein oder sauer eingelegte Fische. Übrige oder für viele Esser zu wenige Fische und Meeresfrüchte in Tomatensoße, aber auch einen Rest Bratheringe, zerdrücke ich mit einer Gabel, vermenge sie mit fein gewiegten Zwiebeln, unter Umständen auch mit einer gekochten Kartoffel, würze mit Kräutern, Paprikapulver, wenn ich mag etwas Cayenne, und erhalte so einen Brotaufstrich, der besonders auf warmem Toast schmeckt. Weitere mögliche Zutaten für die Paste: Kapern, hart gekochtes gehacktes Ei, gehackte saure Gurken. Zu diesem Gehäcksel siehe auch: →Salat. Die einfachste **Methode, Fisch einzulegen,** ist für die Resteküche auch gleich die interessanteste. Sie ist besonders geeignet für alle Fische aus der Heringsfamilie, und zwar immer dann, wenn ich solche Fische in Mehl gewälzt und in Öl gebraten übrig habe: In demselben Öl brate ich etwas Knoblauch an, gebe dann Paprika dazu, lösche, bevor das Gewürz mir anbrennt, mit Essig und Wasser zu gleichen Teilen, salze, lasse die Mischung mit einem Lorbeerblatt aufkochen, dann abkühlen und gebe sie über den Rest Fisch in eine flache Form. Variante ohne Öl in der

Pfanne: Knoblauch mit Salz zerdrücken, Paprika hinzufügen, mit Öl, Essig, Wasser verrühren, über die Fische geben, zwischen die ich einige Lorbeerblätter gelegt habe. Bedeckt von der aufgekochten Soße, hält so eingelegter Fisch sich sogar bei Raumtemperatur recht lange. Das erklärt, warum der Brathering in kühlschranklosen Zeiten häufig auf den Tisch kam. Die zweite Methode wähle ich, wenn ich den Fisch am nächsten Tag oder auch nur ein paar Stunden später essen will. Meine Gewürzmischung ist eine spanische, es geht genauso mit Zwiebeln, Senfkörnern, Pfeffer, Essig und Wein oder auch mit Pfeffer, Nelken, Essig und Rotwein sowie etwas Zucker, vielleicht sogar Zimt. Nur auf den Lorbeer würde ich in keiner Variante verzichten wollen.

Eintopf. Ist alles, was ich in einem Topf koche, ein Eintopf, eine mehr oder minder flüssige Suppe? Was im Deutschen fehlt, ist ein Wort für »stew«, »stufato«, »estofado«, das mehr als auf den Topf auf die Methode zielt, mit der ich im Topf etwas gare: Ein Eintopf Typ »estofado« entsteht, wenn ich alle Zutaten kurz nacheinander oder miteinander roh in den Topf gebe, um sie zusammen in Öl oder anderem Fett zuerst zu erhitzen und dann im eigenen Saft oder einem je nach Art der Zutaten unterschiedlichen Minimum an Flüssigkeit garen zu lassen. Bei einem Eintopf im Sinne von Suppe jedoch kommt es hauptsächlich auf das Garen in reichlich Wasser oder Brühe an. Die Gerichte, obwohl beide jeweils in nur einem Topf gekocht, könnten nicht verschiedener sein. Und jetzt kommt die Antiklimax: Dem Restekoch sind diese Unterschiede zwischen beiden Eintopfarten oft ziemlich wurscht. Er sortiert, was er im Topf vorfindet, und reflektiert. Ist das Fleisch fad ausgekocht, ist die Brühe umso schmackhafter; ist das Fleisch saftig und hocharomatisch, muss er wahrscheinlich den Sud verwässern: In einem gebackenen ➔Reis (auch: ➔Bohnen), in einem ➔Risotto, in einer Nudelpfanne, der ➔Fideuà, gliche sich das aus. Zwischen Nudelpfanne und Reis entscheidet er nach einem ganz anderen Kriterium: Wie verkocht sind die Zutaten bereits? Der Reis bäckt zwanzig Minuten, wird aber nicht gerührt. Er ist gut für weiche, größere Stücke. Und für alle Hülsenfrüchte. Die Nudelpfanne für Gemüse in kleinen festen Stücken, aber auch für recht weiches, klein zerfasertes Fleisch. Risotto bereite ich bei klarer Brühe und nur wenig verkochten Zutaten. Bei Eintopfresten, die zu klein für eine ganze Reis- oder Nudelpfanne oder ein Risotto sind, gibt es dann doch wieder Unterschiede. Ein paar Esslöffel Estofado werden sich mit großer Wahrscheinlichkeit mit ➔Tomate und/oder ➔Sahne verlängert in ein ➔Ragout oder eine Nudelsoße verwandeln, ein Schüsselchen Suppe aber am ehesten wieder in ➔Suppe: durchpüriert, verfeinert, als Cremesuppe mit gerösteten Brotstückchen zu essen. Siehe dazu: ➔Nudeln, ➔Babybrei, außerdem: ➔Gemüse, ➔Fleisch, ➔Kichererbsen, ➔Salpicón.

Eis.

Verschmähtes Eis ist geschmolzenes Eis, im Fall von wässrigem Eis mit Frucht- oder Bonbongeschmack eine sirupklebrige saftartige, im Fall von Eiscreme eine trübe Flüssigkeit von der ungefähren Konsistenz einer Vanillesoße aus dem Karton. Die erste Sorte kann man ohne viel Verluste wieder einfrieren, z. B. in der Form für Eiswürfel. Pfirsichsaft ist hier sehr gut zum Verlängern, denn er bleibt auch eingefroren einigermaßen weich. Brauche ich Stiele, stecke ich vor dem Wiedereinfrieren in jedes Eiswürfelfach einen Zahnstocher. Um **geschmolzene Eiscreme**, wenn sie von guter Qualität ist, täte es mir viel mehr leid als um das Kinder-Wassereis, aber wieder einfrieren kann ich sie nicht, ihre wässrigen Anteile würden kristallisieren. Erhitzen kann ich sie auch nicht so einfach, sehr wahrscheinlich würde sie gerinnen. Doch Gerinnung ist oft genug ein Prozess, auf den der Koch es anlegt. Ich habe schon den Eierlikör in den Käsekuchen gekippt, ich würde es auch mit manchen Eiscremesorten tun, mögen sie dort mit Quark und Ei geschmacksbelebend mitstocken. Andere Anwendung: anstelle von Milch im Rührteig. Alternative besonders für **Schokoladeneis**: in einem Brötchenauflauf verarbeiten. Die geschmolzene Eiscreme aber bitte nicht mit der Milch erhitzen, mit der die Brötchen übergossen werden, sondern erst mit oder sogar nach dem Ei in den Teig rühren. Würzen mit Orangenschale oder Ähnlichem. Siehe: ➔Eierlikör, ➔Joghurt, ➔Kirschen, ➔Milch, ➔Quark, ➔Auflauf und ➔Brot. Auch: ➔Gelatine.

Eiskaffee.

Werde ich dann nicht wegkippen, wenn ich vorhabe, Tiramisu zu machen. Da das Eis den Kaffee aber süß macht, mische ich ihn nicht, wie im Originalrezept mit Mandellikör, bevor ich ihn auf die Kekse träufle, sondern nehme einen Cognac oder Rum. Weil das Eis den Kaffee überdies milchig macht, nehme ich dunklere Kekse als vorgesehen. Ansonsten: anstelle von Milch im Rührteig, ergibt Mokkakuchen.

Eistorte. →Eis, Stichwort Schokoladeneis.

Endivie. In allen mir bekannten Rezepten für Endivie, die nicht Salatrezepte sind, werden die Blätter gekocht oder gedünstet, gehackt und das Ganze mit Mehlschwitze und/oder Béchamel und/oder Sahne und/oder Sauerrahm gebunden. Ich esse gekochte Endivie allerdings auch ohne Soße, nämlich so wie unter →Aniskekse für Chicorée und Fenchel beschrieben. Dann gibt es noch die Endiviencremesuppe, lecker mit geröstetem Brot darauf und geriebenem Käse. Und auf genau die läuft natürlich alles hinaus, wenn mir von den oben erwähnten Endivien russisch, Endivien à la crème und Endivien à l'Aniskeks etwas bleibt. Für die Weiterverwendung von Cremesuppe siehe unter: →Artischocken, für Endiviensalat unter: →Salat.

Erbsen. Sollte man mich zwingen, mehr als einmal im Jahr getrocknete Erbsen zu verwenden, ich glaube – reich mir doch eben mal ein passendes Stück Land rüber – ich säte sie aus und äße sie jung und grün aus der Schote. Aber das gilt nicht. Und ich kriege ja doch kein Land geschenkt. Ich weiche sie also ein, gare sie mit Gewürzen (Lorbeer, Kreuzkümmel, Paprika, Zwiebeln, Knoblauch, Sellerie, Kräuter) in ungesalzenem Wasser, esse von ihnen einmal, z. B. mit gebratenen Zwiebeln und Speck, vermischt mit in Tomaten geschmorten Fleisch- oder Wurstüberresten, und verwende sie dann wieder und wieder, im gebackenen Reis, als kaltes gekräutertes Püree, in Frikadellen, als Suppe, ganz wie unter →Bohnen beschrieben. Nur bei Erbsen zu Fisch hätte ich Vorbehalte, dafür keine bei einem Erbsencurry. Doch halt! Dürfen die Erbsen auch →Kichererbsen sein? Jeden Tag, von mir aus! Gegarte grüne Erbsen vermusen leicht und dürfen deshalb, wenn sie ganz bleiben sollen, in kein Gericht, das ich viel rühren muss, wie etwa in ein Risotto. Sehr gut sind sie in geschmorter Tomatensoße gewärmt, noch besser, es gibt ja auch solche Tage, mit etwas Tintenfisch und Tomaten. Oder in einer ➔Teigtasche mit ein wenig in Zwiebeln gebratener Wurst, auch Blutwurst oder Speck – eine winzige Spur Zimt tut nicht schlecht. Schon vermust ergeben sie eine cremige Suppe (➔Suppe, ➔Babybrei).

Erdbeeren. Eingezuckert und vermatscht, pürieren oder auch nicht und ab in Quark oder Joghurt damit. Oder übers Eis, einen Pudding etc. als Soße. Alternative: unpüriert in die ➔Obstgrütze. Oder in eine ➔Gelatine aus Orangensaft. Für Erdbeermarmelade siehe: ➔Marmelade.

Erdnüsse. Eine würzende Zutat, die sich gut mit etwas Schärfe und Tomate verbindet. Erdnüsse verwende ich grob gehackt, um sie zu gedämpftem Blattgemüse zu geben, etwa zu geviertelten in etwas Tomate und Zwiebeln gar gezogenem Wirsing, zu Fenchel, Lauch und anderen Gemüsen. Auch als Dekoration auf einem Gemüsekuchen. Gemahlene und geröstete Erdnüsse sowie Erdnussbutter binden eine scharfe Soße – z. B. aus Zwiebeln, Knoblauch; Tomaten, rotem ➔Thaicurry und Milch – und machen sie durch ihr Fett milder und sahniger. Ansonsten: mit Knoblauch, Kräutern (Thymian), Salz, Zucker, Senfkörnern im Mörser zerstoßen als Grundlage für eine Vinaigrette, die zu gegartem Gemüse passt, das kalt als Salat aufgetragen werden soll; siehe dazu auch: ➔Blumenkohl. Ferner: ➔Curry.

Essig. In billigen Essig kann man Gurken und anderes einlegen, schön und gut. Der Essig wird dafür mit Gewürzen, Salz und Zucker aufgekocht, die eingelegten Gemüse mildern ihn zusätzlich – für einen Kartoffelsalat kann ich Essig aus dem Gurkenglas ohne Schaden benutzen. Auch um ein ➔Chutney zu bereiten, nehme ich Gurkenessig. Aber wofür billigen Essig im Laden kaufen, wenn es nicht ums Einmachen geht? Um Kalk in den Sieben der Wasserhähne zu entfernen! Für alles andere kommt billiger Essig zu teuer. Er verdirbt mir nämlich jeden Salat durch seinen stechenden Geruch und brennend sauren Geschmack. Auf den Salat kann ich aber als Restekoch und Resteesser nicht verzichten. Mehrfach Gewärmtes ist vitaminarme Kost, Salat, viel Salat, ist die logische Ergänzung. Ein guter Sherryessig beispielsweise ist leicht zehnmal so teuer wie einer aus der Plastikflasche, aber so aromatisch, dass ich ihn nur tropfenweise verwenden muss. Das macht ihn billig. Ich halte die Flaschenöffnung mit den Fingerspitzen zu, wenn ich ihn in das Öl für die Salatsoße gebe, und lecke mir die Finger danach ab. Einen Essig, bei dem das kein ausgesprochenes Vergnügen bereitet, nehme ich weder für Salat noch eine andere Speise. Dann lieber gar keinen. Denn auch das ist ein Irrtum, der wert wäre, im Lexikon der populären Irrtümer abgehandelt zu werden: dass an Salat Essig & Öl gehöre, und zwar, wie das & suggeriert, zu gleichen Teilen. Nein. Salz gehört an den Salat. Öl in vielen Fällen. Wenn aber durchaus Essig & Öl, dann Öl im Verhältnis zum Essig reichlich und Essig im Verhältnis zum Öl in Spuren. Siehe auch: →Öl.

Essiggurken. Bessern manches auf, das auch Kapern aufbessern würden. Bei der Restepizza etwa, die ich kurz vor meinem Urlaub bereitete, um Käse- und Wurstreste loszuwerden, täte ich die letzten zwei Gurken im Glas auch mit hinzu. Da die Gurke in solchen Fällen ein Gewürz ist, empfiehlt es sich, sie klein geschnitten zu verwenden. Sonst: zu weißen Soßen, in der Klöpschen aus →Fisch oder →Fleisch schwimmen, oder in Tomatensoßen mit Rindfleisch- oder Fischresten. In Gehäckseln, dafür siehe: →Salat. Außerdem: →Chutney.

F

Falafel. →Kichererbsen.

Fallobst. Siehe unter den einzelnen Obstsorten. Weil Fallobst meist in großen Mengen anfällt und sofort verarbeitet werden muss, Sie aber nicht wissen, was später mit so viel →Kompott anzufangen sei, siehe auch dort. Anregungen außerdem bei ➔Chutney, ➔Curry, ➔Obstgrütze.

Farcen.

➔Füllungen.

Feigen.

Getrocknete Feigen kann der, der sie nicht mag, seiner Küche zurückgewinnen, indem er sie zu Kompott verarbeitet: über Nacht einweichen lassen, im Einweichwasser mit einem Stück Zitronenschale kochen, je nach Geschmack auch andere Gewürze (Stangenzimt, Nelke, Vanille) hinzugeben, abschmecken mit Zucker, Zitronensaft, Weinbrand, was zur Hand ist. Feigen aus diesem Feigenkompott dicht an dicht auf einen Kuchenboden aus gemahlenen Mandeln, Butter und ➔Keks- und Kuchenkrümel gesetzt und gebacken, ergeben einen hervorragenden Nachtisch. Dasselbe, nur zusätzlich mit einer süßen Quark- oder Sahne- und Eimischung übergossen. Ferner: Feigenkompott im ➔Chutney. Siehe außerdem: ➔Backobst.

Feldsalat.

Nichts ist ärgerlicher, als halb verwelkten, halb matschig gewordenen Feldsalat auf noch verwendbare Blättchen abzusuchen. Man verzichtet also auf den Feldsalat. Gut gespült in Wasser aufgekocht, bringt er allenfalls noch Farbe und etwas Geschmack an einen Reis, sonst nichts. Angemachten und unappetitlich weich gezogenen Feldsalat abtropfen lassen, mit eingeweichten, nicht zu nassen Brocken Weißbrot vermengen, nachsalzen, nachwürzen (Knoblauch, Muskat), Semmelbrösel zugeben, bis der Teig formbar ist, durch Ei und Semmelbrösel geben und in Fett schwimmend goldbraun braten. Dasselbe nur mit einer steifen Béchamelsoße, statt mit Brotteig, wie unter ➔Kroketten beschrieben. Siehe zusätzlich: ➔Salat, ➔Spinat.

Fenchel.

Fenchel gehört zu den Gemüsen, die ich füllen kann, wenn das auch bei diesen Knollen noch umständlicher ist als bei Schmorgurken oder Zucchini. Ich muss den Wurzelansatz unterhalb der Knolle vorsichtig säubern, ohne zu viel abzuschneiden, dann die Knolle hälften, die inneren Blätter vom Wurzelansatz abschneiden und herauslösen, zum Schluss füllen und mit einem Faden so gut umwickeln wie eine

Kohlroulade. Der Geschmack von Fenchel ist zart, dabei sehr charakteristisch. Er eignet sich also für entsprechend zarte Füllungen, insbesondere für solche, in denen ich Reste von Fisch und Meeresfrüchten verwende, etwa zusammen mit Semmelbröseln, Ei, dem gehackten Fenchelkraut und evtl. sehr wenig fein geschnittenem rohen Schinken. Aber auch ein Rest Hackfleisch, vermischt mit grob geraspeltem buttrigen Käse, ist eine hervorragende Füllung, auch wenn in diesem Fall der Käse ein wenig aus den Knollen austreten und sich mit der Soße mischen sollte. Die wiederum besteht am besten aus nichts als aus dem Fett, in dem ich den Fenchel angebraten habe, und ein wenig Brühe. Nach dem Garen im geschlossenen Topf kann ich mit Sahne verfeinern. **Gedämpften und geschmorten Fenchel** kann ich in jedem Gericht verwenden, das Gemüsereste aufnimmt, ideal aber im ➔Pilaw, da sich hier sein Eigengeschmack nicht verliert, sondern das Gewürzhafte des Gerichts unterstreicht. Auch: in einem Backteig frittiert – eine hervorragende Vorspeise. Übriger **Fenchelsalat** passt wegen seiner säuerlichen Note von der Vinaigrette besser in einen Eintopf von Hülsenfrüchten. Ist er noch sehr knackig, dämpfe ich ihn dafür kurz in etwas Wasser. Siehe zudem: ➔Babybrei. Auch: ➔Aniskekse.

Fertigmahlzeiten. (Aus der Kühltruhe) Während Gourmets mein Buch teils mit wohligem, teils mit von leichtem Ekel untermischtem Grusel lesen werden, verursacht es bei Food-Designern wahrscheinlich öfter heftigen Abscheu. Es wäre nur logisch. Die tiefgekühlte Fertigmahlzeiten produzierende Industrie kennt außer dem Mund des Konsumenten nur noch drei andere Klappen, hinter oder unter denen ihre Produkte in einem modernen Haushalt verschwinden können und sollen: die Tür des Eisschranks, die der Mikrowelle und den Mülleimerdeckel. Topf- und Pfannendeckel oder Ofenklappen sind dagegen nicht vorgesehen – das Verändern des Produkts durch den Konsumenten, es gar als Basis für die Zubereitung einer nächsten Mahlzeit zu nehmen, noch viel weniger. Es ist auch nicht anzunehmen, dass eine Behandlung mit Flammen- oder Elektroplattenwärme oder der des Ofens diesen Speisen sonderlich gut täte. Krustengeschmack beispielsweise ist ihnen oft als Aroma beigegeben, wer weiß, wie so ein synthetischer Nasenschmeichler sich verhält, wenn ein Wagemutiger beim Umkochen an ein solches Essen eine wirkliche Kruste zaubert. Ausprobiert habe ich es nicht, der Rohstoff war mir immer zu teuer. Außerdem ist meine Versuchsküche die bescheidenste, die man sich denken kann, es fehlt darin so ziemlich alles, was gut, neu und überaus praktisch ist. Genau deshalb beherrsche ich sämtliche nur vorstellbare Techniken eines die Speisen moderierenden Aufwärmens. Aber das zeitgemäße Wärmen in der Mikrowelle eben genau nicht.

Fett.

Bei meinen Recherchen habe ich mich gefragt, warum die traditionelle Arme-Leute-Küche in Nordeuropa so deprimierend, in Südeuropa aber vergleichsweise schmackhaft ist. Liest man die allereinfachsten Rezepte und geht die Schritte ihrer Zubereitung durch, fällt auf, worin der Unterschied besteht: Im Süden wächst das Fett an den Bäumen. Wo in Nordeuropa das Brot lediglich mit heißem Wasser übergossen wird, röstet man es in Südeuropa zuvor in Olivenöl. Fettmangel war es mithin, was die Armenküche im Norden zur Fadheit verurteilt und somit weitgehend dem Vergessenwerden überantwortet hat. Dass Fettmangel und Armut zusammengehören, hat sich inzwischen gründlich geändert. Mitte der siebziger Jahre zog der Kopenhagener Journalist Jakob Holt mit einer erschütternden Diashow, *Bilder aus Amerika,* über das soziale Elend in den USA durch die Städte Europas. »Woran erkennt man«, fragte er und zeigte entsprechende Fotos, »dass man sich in einem Hungernotstandsgebiet befindet? Daran, dass die Leute übergewichtig sind, die Straßenhunde aber bis aufs Skelett abgemagert.« Denn aus Fett und Kohlenhydraten besteht in den reichen Ländern der Welt der Billigfraß, den die wirklich Verarmten in sich hineinstopfen müssen, um darüber das lebensnotwendige Minimum an Eiweiß, Mineralien und Vitaminen zu sich zu nehmen. Auf diese Extremsituation gibt mein Buch selbstverständlich keine Antwort, eine geahnte Krise ist noch keine Not. Und dennoch tappe ich mit den meisten meiner Vorschläge schon in genau dieselbe Falle: Immer neues Fett, Öl zum zweiten und dritten Anbraten, immer neue Kohlenhydrate, Béchamel, Teige aus Brot, Panaden muss ich an das geben, was ich mir nicht leisten kann, fortzuwerfen. Selbst für den, der sich noch trickreich wehren kann und versucht, sich alle Genüsse zu bewahren, gilt mithin: Ärmer werden ist ungesund. Siehe zu dieser Thematik auch: ➔Essig, ➔Margarine, sowie: ➔Mangold. Zum Thema Fett, küchentechnisch: ➔Bratenfett, ➔Butter, ➔Öl.

Fideuà. Ein Grundrezept: Öl in einer großen flachen zweihenkeligen Eisenpfanne erhitzen und feingehackten Knoblauch ganz leicht darin anbräunen. Geschälte und geschnittene Tomate dazugeben, etwas anschmoren lassen, süßes Paprikapulver hinzu, bevor dies verbrennt, auch die Nudeln (Gabelspaghetti, Zentimetermakkaroni, alles, was nicht zu lang und nicht zu hohl ist), erhitzen, mit kochender Brühe übergießen, bis die Flüssigkeit doppelt so hoch in der Pfanne steht wie die Nudeln. Mit ➔Safran (Luxusausgabe) oder Kurkuma (normale Edition) färben und auf großer Flamme so lange heftig kochen, bis keine Brühe mehr über den Nudeln steht. Danach das Feuer reduzieren und die Nudeln gar kochen. Es sollte dabei zum Schluss keine Flüssigkeit mehr in der Pfanne übrig und die Nudeln etwas am Boden angebacken sein. Vor dem Servieren stellt man dann die Flamme ab, deckt die Pfanne mit Zeitungspapier zu und lässt sie ein paar Minuten ausdampfen. Im **Originalrezept** wird damit begonnen, Fisch, Krabben und Meeresfrüchte zu braten. Bevor es mit Knoblauch und Tomate weitergeht, werden Fisch, Krabben und Meeresfrüchte beiseite getan, bis die Brühe, im Original Fischbrühe, weitgehend eingekocht und aufgesaugt ist und die Hitze reduziert werden kann. Es liegt jedoch auf der Hand, dass ich auch mit kleinen Stücken Fleisch, Wurst und Gemüse beginnen kann, die ich in diesem Fall mit den Nudeln und der Brühe zusammen koche, ohne sie beiseite zu tun. Und es liegt ebenso auf der Hand, dass ich jede auf ihren Punkt gegarte Zutat zu einem späteren Zeitpunkt, nämlich bevor die Brühe ganz verkocht ist, in die Pfanne geben kann, übrigens sehr gut auch geriebenen Käse – die Fideuà gibt es, wenn man nur will, in tausend Varianten. Und spätestens hier schalten meine Leserinnen und Leser, warum diese Nudelpfanne für den Nudelfan in der Resteküche fast unersetzlich ist: Es gibt praktisch keine stückigen Speisereste, kalte Nudeln eingeschlossen, außerdem kein Kochwasser (u. U. aufgemuskelt durch einen Brühwürfel), keine Brühe, die hier nicht gut angebracht wären. Die Art der Bereitung, bei der durch das vollständige Verdampfen und das Einsaugen der Flüssigkeit der Geschmack intensiviert wird und am Boden eine leckere Kruste entsteht, lässt aus den einfachsten Zutaten eine Delikatesse werden. Nicht in eine Fideuà passen panierte Reste, die Panade würde matschig werden; Kartoffeln gäben zu Reis einen besseren Kontrast ab. Dito: Hülsenfrüchte. Drei Tipps: Übriges Fleisch, das ich für die Fideuà verwende, brate ich in kleine Stücke geschnitten noch einmal an und lege es nicht beiseite. Es verkocht dann unter Umständen ziemlich, aber der Geschmack ist besser. Zweiter Tipp: Vollkornnudeln. Dritter Tipp: Für zwei bis drei Personen kann man das Gericht auch in der großen Bratpfanne machen. Für vier Personen tut in Ermangelung einer Paellapfanne ein Backblech den Dienst. Man beginnt in einem flachen Topf auf dem Herd und gibt die Nudeln auf das Blech, nachdem man mit Brühe aufgegossen und etwas reduziert hat. Siehe außerdem: ➔Brühe, ➔Brühwürfel, ➔Eintopf, ➔Fisch, ➔Fleisch, ➔Haut, ➔Tomaten.

Fisch und Meeresfrüchte.

»Wetten, vom Fisch bleiben nur die Gräten«, erinnere ich einen Reim, der sich kaum reimte, in einem meiner Kinderbücher: Sind ja nur Gretten für Kinder, wird sich der Autor gedacht haben, was wäten wir? Inhaltlich ist die Aussage leider auch nicht ganz wasserdicht, vom Fisch bleiben außerdem noch die Köpfe, und von den Eingeweiden sind Milch und Rogen ebenfalls zu schade für den Mülleimer. All das, Gräten, Köpfe, Rogen, Milch, erst recht Krabbenschalen und -köpfe, Krebsgebein, Muschelhälften, in denen Strunk noch klebt, mit dem das Tier sich an seinem Gehäuse festhielt – all das wandert bei mir in den Kochtopf, wird reichlich mit Wasser bedeckt und zusammen mit einem Lorbeerblatt und einer Knoblauchzehe auf kleiner Flamme ausgekocht. Bei größeren Fischköpfen empfiehlt es sich, vor dem Kochen die Kiemen zu entfernen, sie machen die Brühe manchmal bitter. Die so gewonnene **Fischbrühe** gieße ich durch ein Sieb ab, wobei ich die Fischreste sorgfältig abtropfen lasse, zum Teil auch mit einem Holzlöffel noch auspresse. Sie lässt sich z. B. mit Paprikapulver, Safran, gewiegter Petersilie abgeschmeckt als Suppe essen, siedend über eine mit Knoblauch in Öl geröstete Scheibe Weißbrot gegossen oder mit einer Einlage aus klein geschnittenen harten Eiern, mit Nudeln etc. Sättigender ist ein Arròs a banda, ein Reisgericht, das wie die Paella mit Rundkornreis und in einer großen offenen Pfanne bereitet wird und wie diese umso besser gelingt, je flacher die Schicht Reis in der Pfanne am Ende ist. Um einen Arròs a banda zu bereiten, gieße ich Olivenöl in die Pfanne, brate darin nicht zu wenige und nicht zu fein geschnittene Knoblauchzehen zart an und gebe zuvor geschälte und zerkleinerte, möglichst reife Tomaten hinzu, pro Tasse Reis etwa eine normalgroße. Sind die Tomatenstückchen verkocht, gebe ich den Reis hinzu und erhitze ihn unter Rühren. Fängt er an, glasig zu werden, schütte ich meine Fischbrühe hinzu und lasse in ihr den Reis gar kochen, die ersten zehn Minuten heftig, die restlichen acht sehr sanft. Für diesen Reis ist eine gut bemessene Zutat süßen Paprikapulvers unbedingt notwendig; ein Lorbeerblatt und einige mit Salz zerriebene Fädchen Safran verfeinern. Ein Reis mit Tintenfisch wird aus demselben Gericht, wenn ich nach dem sanften Anbräunen des Knoblauchs klein geschnittene Arme einer Sepia oder eines Kalamars hinzugebe. Einen Arròs negre (schwarzer Reis) bekomme ich, wenn ich außerdem noch den Inhalt der Tintenbeutel der Kopffüßler durch ein Netz in die Brühe passiere. Habe ich so erlesene Zutaten nicht zur Hand, sind weiße Bohnen eine gute Ergänzung. Sie sollten gar, aber nicht breiweich gekocht sein, wenn ich sie circa zehn Minuten vor Ende der Kochzeit in den Reis gebe, der zu dieser Zeit noch in etwas Brühe schwimmt. Variante: grüne Bohnen oder Erbsen. Alle diese Reisgerichte schmecken dann am besten, wenn sie von unten etwas anbacken, ohne zu verbrennen. (Siehe dazu außerdem: ➔Fideuà und ➔Reis). Übrig gebliebene **Stücke vom Fisch** zerreibe ich grob zwischen den Fingern, mische sie mit zerbröseltem altbackenen Weißbrot, Ei und gehackten Kräutern und forme den so gewonnenen Teig zu Klößchen, die ich behutsam in sanft kochendem Wasser gar ziehen lasse. Ist der Teig durch das Ei zu flüssig, hilft ein Esslöffel Semmelbrösel. Es versteht sich, dass auch Reste von anderen Meerestieren auf diese Weise verarbeitet werden können, Tintenfisch muss ich wegen seiner gummiartigen Konsistenz allerdings sehr klein schneiden, sonst lässt er sich nicht formen. Die Klößchen schmecken in einer weißen Soße, die ich wie im Fall von Königsberger Klopsen aus einem Teil des Kochwassers, einer Mehlschwitze und Kapern zubereite; abgeschmeckt wird sie mit Weißwein, Eigelb und/oder Sahne. Sie sind immer gut in einer kräftigen Tomatensoße, als Suppeneinlage, aufgebraten und mit ein paar Tropfen einer milden Vinaigrette etc. Alternative: durch Ei und Semmelmehl rollen und frittieren oder braten. Oder ich nehme den Teig als Füllmasse für zarte Blattgemüse, entkernte Chicorée oder ➔Fenchel, für üppige Tage siehe: ➔Kalamar. **Gröbere, festere Stücke gekochten Fischs** werden in Bierteig oder anderem Ausbackteig frittiert zu einer schnell gemachten Vorspeise. Reste von **fetten Fischen** wie Aal, Hering, Makrele, besonders aber vom **Lachs**, dem bekannten wie billigen Fjordschwein, sind vorzüglich in einer Nudelsoße. Diese ist aus in Öl oder Butter gar gezogenen gehackten Zwiebeln, vielleicht einem Schluck hinzugegebenem und verkochtem Wein und etwas ➔Sahne einfach gemacht. Die grob über die Finger zerkleinerten Fischreste koche ich in dieser Soße nicht etwa mit, sondern gebe sie, wenn alles gar ist, mit in die Pfanne, die ich dann ohne Feuer ein, zwei Minuten zugedeckt stehen lasse. Die Soße lässt sich je nach Bedarf variieren: durch das Mitschmoren von Tomate und/oder grünen Gemüsen, grüne Paprika, Brokkoli, Mangold oder Spinat. Ein Lorbeerblatt tut ihr gut, Piment, mitgeschmorter frischer Salbei, Safran, Senf oder Kapern. Außerdem: Fischreste als Zutat für eine Vinaigrette oder Mayonnaise zu einem Salat, in würzigen Gehäckseln mit Zwiebeln, Tomate und Kapern als Brotaufstrich (siehe auch: ➔Salat), in ➔Kroketten, als Bestandteil einer Füllung für im Ofen überbackene ➔Nudeln (siehe auch: ➔Béchamel) oder in einem Pudding, wie unter ➔Avocado beschrieben. Siehe außerdem: ➔Algen, ➔Eingelegter Fisch, ➔Gelee, ➔Gräten, ➔Ragout, ➔Räucherfisch, ➔Verlorenes Huhn.

Rezept **Fischröllchen**

Reste vom gekochten oder gebratenen Fisch
Dünne Pfannkuchen (wenn kein Rest, besser einseitig gebackene)
Zwiebel
Eigelb
Petersilie oder Dill
Salz, Pfeffer, Muskat
Ei und Semmelmehl zum Panieren
Fett zum Braten

– Zwiebel in etwas Fett gar dünsten, erkaltet mit dem gehackten Fisch, dem Eigelb und den Kräutern mischen und würzen.
– Mischung auf den ungebackenen Seiten der Pfannkuchen verteilen und Pfannkuchen einrollen.
– Gerollte Pfannkuchen in zwei Zentimeter dicke Röllchen schneiden, diese panieren und braten.
Variante: Die Pfannkuchen nicht schneiden, sondern in einer Auflaufform mit einer dünnflüssigen Käse-Béchamel übergießen und kurz bei starker Hitze überbacken.

Fladenbrot. ➔Brot. Bestimmte Fladenbrote, wie die arabische Pitta, bestehen nur aus dünnen Teigschichten und sind innen wie eine Tasche hohl. Seitlich geöffnet, gerade groß genug für einen Esslöffel, kann ich sie füllen, mit der Öffnung nach oben im Toaster aufbacken. Das ist besonders für sehr kleine Reste geeignet, die ich mit ein wenig Käse, Kräutern, kleinen Stücken von frischen Tomaten etc. schnell in einen reizvollen Imbiss verwandeln kann.

Fleisch. Bei diesem Artikel mache ich mir die Hände schmutzig. Das Fleisch, es liegt in Brocken zwischen Gemüse im Wasser der Suppe, in geliertem Sud, in verdicktem Tomatenpüree. Es hängt an Sehnen und Knochen, ist von Fettschichten durchzogen, gekochte ➔Haut schlabbert an ihm herum. Manchmal kleben auch Reiskörner an ihm, glibberige Zwiebelstückchen, in Soße angeweichte Gewürze. Fleisch aus dem Essen von gestern zu nehmen, zu säubern, von Knochen zu schneiden, aus Gelenken zu pulen, von den winzigen Rippen der Geflügel oder Kaninchen zu fisseln, gehört zu den Arbeiten, bei denen zu Ekel neigende Personen dem Restekoch lieber nicht zusehen sollten, wenn sie später noch mit Appetit essen wollen. Selbstverständlich lohnt das Gefummel. Als würzende Zutat behandelt, ist eine Tasse voll kleiner Fetzen Fleisch genug für eine Soße zu ➔Nudeln oder ein ➔Haschee zu Kuskus oder für einen Teller von ➔Kroketten, von dem eine ganze Familie isst. Ein Kompottschüsselchen voll größerer Brocken reicht für ein ➔Ragout, für einen ➔Pilaw, einen gebackenen ➔Reis, eine ➔Fideuà. Nicht so überzeugend sind für meinen Geschmack Fleischreste **in Füllungen** verarbeitet, etwa für geschmorte Paprika oder andere Gemüse. In einer Umhüllung, die Saft freisetzt und in der die Füllmasse durch Dämpfen stockt, laugen sie aus und bekommen einen muffigen Geschmack. In Füllungen für ➔Teigtaschen hingegen sind Fleischreste hervorragend. Im Eintopf von gestern befindliche Innereien wie Leber oder Nieren kann ich mit weniger Bedenken zerreiben, leicht süßlich würzen, ruhig auch mit ein wenig Salbei, Knoblauch, Schnaps oder Süßwein und in Füllungen aus Brot, Grieß oder Reis verarbeiten. Eine solche Füllung bekommt einen Leberwurstton und passt am besten in eine Zwiebel oder in Zucchini. Ob für Teigtaschen oder Nudelsoße, Reisgericht oder Ragout, immer tue ich gut daran, die Fleischreste zusammen mit fein gehackten Zwiebeln und/oder Stücken vom Knoblauch in Öl oder etwas ausgelassenem Speck anzubräunen; sind die Stücke fest genug, ruhig kräftig. Das schon gare Fleisch nimmt dabei das Bratfett auf und bleibt so auch nach dem zweiten Verarbeiten saftig und aromatisch. Das ist der Grund, warum ich auch größere Brocken Fleischreste immer recht klein würfeln werde. Das Fett nehme ich dann zum Bereiten der übrigen Zutaten meiner Soße, meiner Ragouts etc., wobei ich das Fleisch beiseite lege, wenn ich befürchten muss, dass es zerfällt. Einzig für die Zubereitung von Kroketten und bei ➔Frikassee ist dieses Verfahren überflüssig. Bei **Hühnerfleisch** vom Vortag ist es oft schon ausreichend, die Haut abzuziehen, sie trocken zu tupfen, sehr klein zu schneiden und mit etwas Knoblauch kross zu braten. Die Haut vermische ich wieder mit dem Fleisch, an das ich so Bratengeschmack bringe, ohne dass es in seine Fasern zerfällt. Kaltes Huhn, überhaupt Geflügel, zieht auch in einem Salat gut durch, ohne unangenehme Geschmäcker zu entwickeln. Wer seinen Abscheu vor dem Ablösen des kalten gekochten Fleisches von den Knochen nicht überwinden kann, bewaffne sich mit einem scharfen Messer und einer Gabel und sehe zu, was er auf diese Art an Fleisch auf Seite legen kann. Die ➔Knochen werfe er dann mit einigen Gemüsen und Gewürzen in einen Topf, bedecke sie mit Wasser und koche sie eine Stunde auf kleiner Flamme aus. Hat er das getan, verfahre er wie in diesem Buch unter ➔Risotto beschrieben. Siehe außerdem: ➔Ananas, ➔Apfel, ➔Béchamel, ➔Brühe, ➔Frikassee, ➔Gemüse, ➔Puffer, ➔Verlorenes Huhn.

Fond. ➔Bratensaft, auch: ➔Brühe. Vor allem aber: ➔Gräten und ➔Knochen.

Fondue. Bei Fleischfondue, außer unter ➔Fleisch, auch unter den jeweiligen Hauptbestandteilen der Begleitsoßen nachschauen sowie unter ➔Salat und selbstverständlich ➔Öl. Ein Rest Käsefondue fände sich in meiner Küche am ehesten in einem Brotauflauf mit Brokkoli wieder. Siehe also: ➔Auflauf.

Forelle. ➔Fisch. Aber auch: ➔Birne.

Frikadellen. Streng genommen ist die Frikadelle der aus Fleisch gemachte flache Bratklops, die Bulette, das Fleischpflanzerl, im Umgangsdeutsch: der Hamburger. Zu dem, was ich aus anderen Zutaten mache, soll ich laut Duden, Rezeptbuch und Küchenlexikon Bratling sagen. Aber der Suffix »ling« hat einen abwertenden Klang, ein kleiner Dichter z. B. ist entweder ein Winzling oder ein Dichterling. Oder beides. Ein Bratling scheint auch nichts Vielversprechendes zu sein. Die Dinger sind jedoch lecker, überaus praktisch und retten mich aus vielen Verlegenheiten, ich mag sie nicht abgewertet sehen. So verweise ich hier eigenmächtig für die Frikadellen aus ➔Hackfleisch auf eben dieses und mache sie ansonsten aus dem, was ich will. Die Grundzutat zu einer Frikadelle muss breiig fest und formbar sein, ihre Oberfläche sich beim Kontakt mit dem heißen Fett oder Öl abschließen. Alle gegarten Getreide, im Fall von feinen Flocken auch gequollene, erfüllen die erste Voraussetzung, alle gemusten Hülsenfrüchte erfüllen oder verbessern die zweite. Käse und Gemüsestückchen dagegen erhöhen die Gefahr, dass die Frikadellen in der Pfanne auseinander fallen oder zerlaufen. Die Zugabe von Ei an den Teig kann da helfen, macht den Teig jedoch oft zu weich. Semmelbrösel, die diesen Effekt abmildern, verbessern nicht immer den Geschmack. Das Einfachste ist es daher, die fertig geformten Frikadellen zu panieren, sobald man nicht ganz sicher ist, ob sie beim Braten wirklich halten werden. Ideal sind Frikadellen, um Überreste von Reisgerichten zu verwenden, egal ob Risotto, Reis aus dem Ofen, Pilaw, Gemüsereis oder einfachen Reis, der als Beilage gegessen wurde, außerdem für Getreide und Hülsenfrüchte. Das Fleisch wird aus allen diesen Gerichten üblicherweise schon herausgepickt und gegessen sein, es sei denn, es handelte sich um Hackfleisch. Falls nicht, empfehle ich, es herauszunehmen. In der Frikadelle verlöre das ➔Fleisch nur. Für die **Zubereitung** von Frikadellen bearbeite ich Reis oder Getreide mit dem Rührstab, bis die Körner angebrochen sind und aneinander kleben, Hülsenfrüchte vermuse ich, die restlichen Zutaten – Gemüse, Kräuter – hacke, Käse reibe ich. Dann mischen, unter Umständen panieren (bei der Zutat von Käse immer!) und entweder braten oder frittieren. Für Frikadellen mit hohen Anteilen an Hülsenfrüchten bevorzuge ich Würzmischungen ähnlich der für Falafel (siehe: ➔Kichererbsen), also mit Kumin, süßem und scharfen Paprika, Oregano, auch Zimt. Für Frikadellen aus viel Reis finde ich buttrigen Käse und frische Kräuter angenehmer. Zu beiden passt ein ➔Chutney und/oder Salat als Begleitung. Für Frikadellen mit wenig Reis, Getreide oder Hülsenfrüchte siehe: ➔Grieß. Außerdem: ➔Hafer.

Frikassee.

Bereiten werde ich ein Frikassee vor allem dann, wenn ich einen Fleischrest habe, der gekocht oder gedämpft ist. Außerdem sollte es helles Fleisch (Lamm, Kalb, Kaninchen, Geflügel) sein. Ich löse das Fleisch von den Knochen, schneide es in mundgerechte Stücke, beginne dann in einem Topf mit einer Mehlschwitze, lösche mit Fleischbrühe oder auch mit Weißwein; mit Pilzsud, wenn ich Pilze für das Frikassee vorbereitet habe. Dann koche ich die Soße gut durch, bis sie sämig wird, binde sie mit etwas Sahne und/oder Eigelb (danach nicht mehr aufkochen!) und gebe schließlich das Fleisch und die anderen Zutaten hinein, um sie darin warm ziehen zu lassen. Außer den schon erwähnten Pilzen kommen helle Gemüse – Kohlrabi, weiße Rüben, Pastinaken, Spargel, Mangoldstiele, Blumenkohlröschen – in Betracht, wobei es letztlich nicht allein auf die Farbgebung, sondern auch auf evtl. vorhandene Reste ankommt: Ein paar grün-orangene Erbsen und Möhren z. B. ergäben einen netten Kontrast, Frikassee, irisch, why not? Es gibt sogar Rezepte mit Ananasstücken und einer Spur Curry. Kleine Reste vom Frikassee haben eine starke Tendenz zu ➔Kroketten zu werden: Die Soße des Gerichts ist Mehl angedickt. Ich verdicke sie weiter zu einer zähen Béchamel, hacke klein, was in der Soße schwamm und mische es hinein, forme, paniere und frittiere.

Frischkäse. Fette Frischkäse ersetzen die ➔Sahne, wenn sie im Haus fehlt, billiger ist der Frischkäse meist nicht. Da sich Frischkäse aber auch mit dem Löffel abstechen und mit den Fingern zu einer Kugel formen lässt, kann ich ihn besser mit winzigen Resten – gehackte Gemüse, gehackter Salat, Schinkenfitzel – vermengen und in einer festen Mehl-, Ei-, Semmelmehlpanade in sehr heißem Öl frittieren. Einfacher ist es, solche Zubereitungen zwischen die Blütenblätter einer Artischocke oder von unten in die Röschen von ➔Blumenkohl und Brokkoli zu drücken und dann mit dem Gemüse zusammen zu panieren und zu braten. Auch kleine ➔Teigtaschen, wie Böreks, bestehend aus sehr dünnen Teigen zum Formen von Röllchen, die dann gebraten werden, nehmen solche Füllungen auf. Mageren Frischkäse kann ich mir aus Milch selbst herstellen, siehe dazu unter ➔Milch. Die käuflichen mageren Frischkäse (Hüttenkäse, Cottage Cheese) sind mit Sahne vermengt, was ihre Verwendung einschränkt. Siehe außerdem: ➔Schafskäse.

Früchtebrot. Wer es backt, weiß immer, wo er seine Trockenfrüchte unterbringen kann. Früchtebrot hält sich ewig, verschimmelt es aber, muss man es wegtun. Vertrocknet es, kann man es mörsern und mit ➔Keks- und Kuchenkrümeln verbacken

Früchtetee. Von Hagebutten, Hibiskus oder Obstschalen parfümiertes kaltes Wasser. Muss zum Ablöschen an Fleisch gegossen nicht schlecht sein. Oder zum ➔Curry. Dort ebenfalls in dem Moment in den Topf geben, in dem ich das Anbraten meiner Zutaten (und gleichzeitige Rösten der Gewürzmischung) unterbreche und mit Flüssigkeit auffülle. Achtung: Früchtetees, die mit Aromen hergestellt wurden, schmecken in jeder Zubereitung vor. Das kann fatal sein. Siehe auch: ➔Kräutertee, ➔Yogitee.

Füllungen. Sind immer gut. Sie bereiten weniger Probleme als ➔Frikadellen, da sie von der Sache, die ich fülle, zusammengehalten werden. Sie müssen nicht formbar sein, sondern nur am Platz bleiben. Was manchmal den Aufwand erfordert, Dinge mit Fäden zu umwickeln, andere zuzunähen, Öffnungen mit Zahnstochern zu verschließen oder mit etwas Brot, Speck, Blättern zu verstopfen usw. Füllungen haben sehr unterschiedliche Funktionen, sie können mal der Fleischanteil einer Mahlzeit sein, mal das, was sonst Nudeln, Kartoffeln, Klöße sind: die sättigende Beilage. Andere Füllungen dienen zum Würzen und/oder zum Anfeuchten der Speise. Entsprechend unterschiedlich fällt ihre Konsistenz aus. Bei einigen lege ich es darauf an, dass sie fest werden, andere können oder sollen soßig oder musig werden oder bleiben. Bei vielen würzenden Füllungen spielt die Konsistenz vor und nach dem Garen oft genug auch gar keine Rolle, wie etwa bei der Scheibe rohen Schinkens und dem Salbeiblatt im Saltimboca. Zu den Füllungen, die fest werden sollen, gehören solche aus ➔**Hackfleisch** und/oder Innereien, die – meist mit Brot und Ei, außerdem mit Stücken z. B. von Schinken, Speck, Gemüse, seltener Obst und Trockenfrüchten, auch Nüssen, endlich mit gehackten Kräutern, geriebenem Käse – zu einem einheitlichen Teig verarbeitet werden. Dieser wird in Fleisch eingerollt, in Fleischtaschen eingeschlagen, in Vögel eingenäht oder auch in Blätter verschiedener Gemüse, in ausgehöhlte Früchte, Wurzeln oder Knollen gefüllt. Diese Füllungen garen zusammen mit ihrer Hülle. Sie spielen hier die kleinste Rolle, da Essensreste, abgesehen vom altbackenen Brot, in ihnen hauptsächlich zum Würzen, das heißt in kleinen Mengen, Verwendung finden. Siehe auch: ➜Backobst. Etwas flexibler sind die (hauptsächlich) **vegetarischen Füllungen**, die fest garende Hackfleischfüllungen in Gemüsen ersetzen. Ihr Hauptbestandteil ist entweder eingeweichtes Brot oder ein Rest Getreide, Reis, Kuskus vom Vortag, mit Käse, auch Quark, Frischkäse gebunden und mit Ei zum Stocken gebracht. Sie vertragen großzügiger bemessene Mengen gehackter Gemüsereste als die Hackfleischzubereitungen, wenn auch keine sehr feuchten. Es ist indes möglich, in ihnen auch nässende Zutaten oder Soßenreste zu verarbeiten, wenn man mit ein wenig Gespür für die Mengenverhältnisse rohen Kuskus, Bulgur oder Grieß an die Mischung gibt. Bei Brotteigen für Füllungen nehme ich die übrige Soße schon zum Einweichen der Brotwürfel. Die erwähnten Zutaten Speck, Schinken, Trockenfrüchte, Nüsse können je nach Rezept in solchen Füllungen sehr angenehm sein. Bei der Verwendung von Hülsenfrüchten wäre ich reservierter. Füllungen aus Getreide- oder Brotteigen sollten schnittfest durchgaren. Ihre Reste kann ich am nächsten Tag in dicken Scheiben in der Pfanne aufbraten. Eine Kreuzung beider bis hierher vorgestellter Füllmassen ist die Füllung aus gekochtem Reis und rohem Hackfleisch, die für Wirsing, Zwiebeln, Tomaten, hauptsächlich aber für ➜Paprika klassisch geworden ist. Die am **häufigsten** hergestellten **Füllungen der Resteküche** sind ganz einfache Gehäcksel aus allen möglichen Resten (Fisch, Fleisch, Gemüse) im Stil eines ➜Haschees, mal mit Sahne, mal mit Ei, mal mit Béchamel, mal mit Semmelbröseln, mal mit Käse, mal gar nicht gebunden und mit allen möglichen geschmacklich verstärkenden oder kontrastierenden Zutaten angereichert. Sie werden in ➜Pfannkuchen eingerollt oder eingeschlagen (dazu auch: ➜Fisch, ➜Hirn), in ➜Teigtaschen aus ➜Blätterteig, ➜Hefeteig oder anderen Teigen gebacken, in Frühlingsrollen oder Böreks frittiert oder gebraten (ebenfalls: ➜Teigtaschen, ferner: ➜Oblaten), in ➜Maultaschen in siedender Brühe erhitzt. Sie füllen außerdem gekochte oder sehr zarte Gemüse (➜Kohlrabi, ➜Kopfsalat, ➜Sellerie, ➜Tomaten), ➜Krüstchen, ➜Pasteten sowie geschichtete und überbackene Speisen, wie unter →Béchamel, →Grieß, →Nudeln oder →Polenta beschrieben. Weitere Hinweise: →Apfel, →Babybrei, →Ei, →Champignons, →Fenchel, →Fisch, →Fleisch, →Frischkäse, →Hackfleisch, →Kalamar, →Kartoffeln, →Kohl, →Kuskus, →Pilze, →Spinat, →Thaicurry, →Tomaten, →Zwiebeln.

G

Garnelen. →Granat.

Geflügel. →Fleisch.

Gelatine. Gelatine macht es möglich, Flüssigkeiten, zu denen mir sonst nicht viel einfällt – Sirup von Dosenobst, Sangria, Bowle, pürierte Früchte –, zu und in Süßspeisen zu verarbeiten, die ich abgekühlt stürzen und wie einen Pudding essen kann. Rezepte sehen für einen halben Liter Flüssigkeit die Verwendung von mindestens sechs Blatt Gelatine vor, für einen halben Liter Sahne sind es vier bis fünf. Mische ich außerdem Quark oder Grießbrei in die Süßspeise, brauche ich entsprechend etwas weniger. Hinweise geben in großer Menge die Rezepte für Bayrische Creme bzw. Crème bavaroise, für Weingelee, Panna cotta und andere Dinge mehr. Ohne genaueres Rezept kann man Folgendes tun, um aus Obstresten, auch Obstsalat einen neuen Nachtisch zu machen: eingeweichte Gelatine in Orangensaft lösen und in Trinkgläser füllen, in denen sich der klein geschnittene Obstrest befindet, gelieren lassen und kühlen. Übriger **Sirup von Dosenobst** ist eine ideale Flüssigkeit, um mit Gelatine einen Tortenguss für Obsttorten herzustellen, der Boden einer solchen Torte besteht sinnvollerweise hauptsächlich aus →Keks- und Kuchenkrümeln. Frische Ananas, Kiwis und Papayas enthalten ein Enzym, das die Gerinnung der Gelatine beeinträchtigt. Man muss sie deshalb überbrühen, bevor man sie wie hier beschrieben benutzt. Denkbar ist auch, **Fisch- oder Fleischreste** in einer flachen Form mit Brühe zu übergießen, in der ich Gelatine aufgelöst habe, um sie zu einer Art Sülze zu verarbeiten. Besser würden in diesem Fall aber ➔Gelees schmecken, die ich je nachdem aus ➔Gräten, Fischschwänzen und -köpfen oder ➔Knochen und knorpeliger Teile von Tieren koche.

Gelee. Ob mit ➔Gelatine gemacht oder aus ➔Knochen bzw. ➔Gräten gekocht, zur Haltbarkeit meiner Reste trägt ein Gelee dann am besten bei, wenn es sie vollkommen einschließt. Ich kann also Fisch- oder Fleischstücke, Scheiben gegarten Gemüses oder saurer Gurken nicht einfach in die Form legen und das warme Gelee hinübergießen. Sondern ich tauche die Zutaten in die Geleebrühe ein, lege sie in eine möglichst kalte Form und übergieße sie dann. Ist mir das Design meiner Sülze aber nicht völlig gleichgültig, muss ich zuvor eine dünne Schicht Gelee am Boden haben. Dafür stelle ich die Form, in der ich die Speise zubereiten will, ins Gefrierfach. Ist sie durchgekühlt, nehme ich sie heraus und gieße sie mit dem Gelee voll. Dieses geliert an Boden und Wänden der Form zuerst. Wenn ich das Gelee nach einer kleinen Weile wieder abgieße, bleibt mir ein Mantel davon im Gefäß. Jetzt kann ich die Form mit meinen Zutaten hübsch auslegen und mit dem Rest (wieder erwärmten) Gelee ganz ausgießen. Stürzen kann man Gelees, indem man die Form kurz im Wasserbad anwärmt. Außer dieser Art von Gelees gibt es auch noch Johannisbeergelee, Quittengelee usw. Restekühentechnisch sind die aber nichts anderes als ➔Marmelade.

Gemüse. Bei den Gemüseresten entscheidet alles die Konsistenz. Ist Gemüse schlapp und weich, ist es, was sein Name sagt: Gemüse, zu Musendes. Hat es dagegen noch Biss, kommt es ganz oder in Stücken wieder auf den Tisch. Gemustes, Gemüsepürees machen Soßen sämig, lassen sich zu Pudding verbacken (Rezept: ➔Avocado), verschwinden in kleinen Mengen in ➔Füllungen, in Teigen für ➔Gnocchi, Pfannkuchen oder ➔Aufläufen, am einfachsten werden sie aber zu cremigen ➔Suppen (auch: ➔Babybrei). **Bissfeste Gemüse-**

reste hingegen passen meist überall dorthin, wo ein Rezept sie als rohe Zutat vorsieht, ich muss sie nur entsprechend später in den Topf mit hinzugeben. Genau in diesem Zustand, gar, aber noch fest, brauche ich sie im ➔Pilaw, im gebackenen ➔Reis, in der ➔Fideuà, im ➔Gemüsekuchen oder Quiche, im ➔Auflauf oder in ➔Teigtaschen. Dies gilt ebenso, wenn ich Gemüse in Backteig frittieren oder paniert backen will. Manche Gemüse sind, bissfest gegart, wunderbar mit Vinaigrette kalt zu essen, andere, vor allem Wurzelgemüse, schmecken in Butter angebräunt und so gewärmt köstlich. **Halbfeuchte Gemüsezubereitungen**, Ratatouille, ein Ragout, kurz, alle Mischungen, bei denen Zwiebeln und/oder Tomaten oder anderes verkocht, die Gemüse sonst aber noch stückig sind, eignen sich für ➔Gratins. Oder um mit ➔Béchamel überbacken zu werden. Oder zu Haschee verarbeitet für Füllungen von ➔Pfannkuchen oder ➔Omeletts, wobei ich solche Füllmassen manchmal mit etwas Semmelbrösel oder einer Béchamel andicken muss. Kleine Mengen können in ➔Kroketten angenehm sein, am besten in der Mischung mit gekochtem Reis oder Bulgur. Für weitere Anregungen siehe unter den einzelnen Gemüsesorten. Viele Gemüse **nehmen auch Essensreste auf**, indem sie sich füllen lassen, entweder weil sie hohl sind oder ich sie leicht aushöhlen kann – Paprika, Tomate, Zwiebel, oder weil sie große Blätter haben, in die eingewickelt ich andere Zutaten garen kann, wie Spinat, Wirsing, Weißkohl und andere. Siehe auch dazu unter den einzelnen Sorten. Außerdem: ➔Hackfleisch, ➔Ratatouille.

Gemüsekuchen.

Die Schwierigkeiten sind klein und leicht gemeistert. Aber das Ergebnis sieht zwei Tage lang appetitlich aus. Und es lässt sich kalt als Zwischenmahlzeit essen. Ein Mürbeteig besteht aus Mehl und Fett, meist Butter, im Verhältnis der Gewichte 2 zu 1, etwas Wasser, manchmal einem Ei. Er ist schnell geknetet und klebt beim Weiterverarbeiten weniger, wenn ich ihn vorher etwas im Kühlschrank ruhen lasse. Der Gemüserest kommt also auf den Tortenboden. Ich muss zweierlei bedenken. Einmal darf das Nass der Zubereitung nicht mit auf den Tortenboden, der Teig soll schließlich durchbacken, zum Zweiten darf das Gemüse beim Backen nicht vertrocknen. Ich lasse das Gemüse also gut abtropfen, nehme dann Ei/Sahne, Ei/Quark, Ei/geriebenen Käse, verquirle, u. U. auch mit der abgegossenen Soße bzw. dem Sud der Gemüse, würze (Muskat), salze, übergieße mit der Mischung das Gemüse auf den Teig, backe den Kuchen und fertig ist die Quiche. Tipp: Kohl ist in einem Gemüsekuchen leckerer, wenn ich eine mit Speck gebräunte Zwiebel darunter ziehe. Die Zwiebel süßt den Kohl, der Speckgeschmack verträgt sich gut mit dem Ei oder der Ei-Käse-Mischung. Für **Gemüse in dicklicher Mehlschwitzsoße** brauche ich nicht unbedingt einen Boden, will ich daraus Gemüsekuchen machen. Es reicht in der Regel, die Eier gut zu schlagen, mit Reibekäse zu vermischen und vorsichtig unter das Gemüse zu heben. Ist das Gemüse sehr wasserreich, empfiehlt sich ein Esslöffel Semmelmehl, Grieß, Kuskus oder Bulgur. Dann in eine gut gefettete, dick mit Semmelbröseln ausgestreute Springform geben und den Gemüsekuchen backen. Siehe außerdem: ✈Erdnüsse, ✈Törtchen.

Getreide. Ich weiß nicht, ob sich die Mode gehalten hat, Getreide wie Reis in ganzen Körnern auf den Tisch zu bringen, mag sein, in vegetarischen Kreisen. Das »wie Reis« im obigen Satz ist bei diesem Rest schon fast die ganze Antwort auf die Frage: Wohin mit dem Rest? Auch ✈Reis ist schließlich ein Getreide, so wie ich ihn weiterverarbeite, so auch die anderen; ✈Frikadellen gelingen mit diesen sogar besser als mit jenem. Da Roggen, Weizen, Gerste, Dinkel, Hirse anders schmecken als Reis, vor allem zu weißem Reis einen angenehmen Kontrast abgäben, kann ich im ganzen Korn gekochtes Getreide auch mit Reis verarbeiten, etwa in einem ✈Pilaw. Siehe außerdem: ✈Füllungen. Für gekochtes geschrotetes Getreide siehe ebenfalls unter ✈Frikadellen und ✈Füllungen, ferner: ✈Grieß, ✈Grütze, ✈Kroketten; für Flocken: ✈Hafer, ✈Müsli, auch: ✈Keks- und Kuchenkrümel, ✈Mais.

Gewürze. Je besser eine Zutat ist, je schonender ich sie behandle, umso mehr kann ich mich den Gewürzen enthalten. In der Resteküche stehe ich mit dieser Prämisse aber auf verlorenem Posten. Oft habe ich nichts Rechtes, bin brutal und würze brutal. Unvereinbares passend machen: Oregano ist ein Passendmacher, Kumin ein anderer, Knoblauch schafft unerhoffte Übergänge zwischen zuvor unversöhntem Süß und Salzig, ein halber Teelöffel Currypulver bringt den Befreiungsschlag in verzweifelten Situationen. Vom Notbehelf Curry kann ich aber lernen, wobei es beim Würzen, außer auf eine gute Nase und Mut, noch ankommt: Es ist eine Gewürzmischung, die mir die Harmonie wieder herstellt. Ich brauche keinen Notbehelf, wenn ich von vornherein, anstatt kräftig mit nur einem, den Geschmack meiner zusammengezwungenen Reste mit vielen Gewürzen zu harmonisieren versuche. Indem ich eine Schwäche meines Resteessens eben nicht einfach überpfeffere, sondern ihr mit einer Mischung von zerstoßenem Pfeffer, Rosen- oder Setschuanpfeffer, Senfsaat, Piment, Paprika und ein, zwei Kräutern zu Leibe rücke. So wird kein Geschmack extrem, obwohl ich kräftig eingreife, in diesem Beispiel das Essen entschieden schärfe. Diese Art zu würzen erleichtert den umgekehrten Weg des Verdünnens erheblich. Eine überpfefferte Soße für eine ➔Füllung benutzt, wird auch mit drei Tassen Reis, Kuskus oder Teig aus altem Brot vermischt noch pfeffrig vorschmecken. Eine durch viele Gewürze scharfe Soße dagegen wird schon mit einer Tasse Zutat vermischt lediglich als ein angenehm pikant aromatischer Hintergrund wahrnehmbar sein.

Gnocchi.

Zwei Typen von Gnocchi kennt der italophile Gourmet, die aus Grieß und die aus mehligen Kartoffeln. Letztere sind die wahren, zumal mit leicht angebräunter Butter übergossen, in der zuvor ein paar Zweigchen frischer Salbei gebraten wurden – ein Gericht, bei dessen Genuss der Restekoch schwört, nie wieder etwas anderes in die delikaten Klößchen zu mischen als 500 g Kartoffelpüree aus mehligen Sorten auf 200 g Mehl, Ei, Salz und Muskat. Aber das Leben schwemmt seinen Unrat vor sich her, Gemüsecremesuppen dicken koch- und gottverlassen auf Topfböden, Schimmelkäse blaut im Kühlschrank ein, Backkartoffeln welken unter einem harzigen Ölfilm. Und just in dem Moment heißt es natürlich (mit Doppelpee in der Anrede und zweifachem Plural beim Objekt der Begierde): Pappa, mach doch mal wieder Gnocchis! Okeechen. Die aufgezählten Zutaten sind einigermaßen idealtypisch für die Restefassung des Pastaklassikers: süßliche Gemüse in Breiform oder Vorstufen dazu, ein Käserest, im Prinzip ungeeignete Kartoffeln. Ein paar Spinatreste tun auch keinen Schaden. Gebunden wird das Ganze – siehe oben und siehe: ➔Grieß – mit Grieß, den ich am besten gleich in der Gemüsecremesuppe aufkochen lasse, bis die ein steifer Brei ist, bei rund 50 g Grieß auf 1/8 Liter Flüssigkeit klappt das. Dann in den am besten noch heißen Brei die anderen Zutaten rühren, alles gemust oder zerbröckelt, gerieben oder zerstampft, bis auf den Spinat. Ein Ei ist nicht schlecht. Wenn die Masse davon aber zu weich wird, muss ich mit etwas Milch mehr steifen Grießbrei kochen, um mit dem wieder anzudicken. Der Teig soll mit dem Löffel abstechbar und mit der bemehlten Hand formbar sein. Zwei Probegnocchi werde ich immer machen, bevor ich alle anderen ins siedende Wasser gebe. Fallen sie auseinander, obwohl das Wasser nur sanft köchelt, heißt es leider: noch mehr Grießbrei. Fertige Gnocchi steigen im Topf nach oben an die Wasseroberfläche. Oft sind sie, da nicht nach den Regeln der Kunst gemacht, leicht klebrig, weswegen sie nach dem Kochen, in etwas Butter angebräunt, gewinnen. Kein Schmaus für Liebhaber der besten italienischen Küche, aber ein hervorragendes Kinderessen.

Granat. ➔Hummer.

Grapefruit. Auspressen, ausdrücken. Zum Obstsalat. Oder ein Rezept für eine Zitronencreme suchen. Oder, falls Grapefruitmarmelade zu viel Aufwand wäre, die drei Hälften angelutschter Grapefruit sowieso nicht genug dafür abwürfen, ein ➔Chutney. Das lässt sich auch aus Zwiebeln, Knoblauch, Möhren und Grapefruitsaft kochen. Ferner: den Saft für eine Salatsoße mit Mayonnaise verrührt. Siehe auch: ➔Orangen, ➔Zitronen.

Gräten. Die Technik scheint nahezu vergessen, kaum noch ein Kochbuch, das sie erwähnt und gar keins mehr, in dem ich Zutatenliste und Mengenangaben finde. Aber sie funktioniert selbstverständlich: Gräten, Haut, Flossen, Fischköpfe (bei größeren ohne Kiemen!) und -schwänze mit ein wenig Suppengrün und Lorbeer, zwei bis drei Stunden im offenen Topf auf kleiner Flamme gekocht, ergeben eine Brühe, die beim Erkalten geliert. In dieser Form ist sie im Kühlschrank wochenlang haltbar und dient löffelweise zum Verfeinern von Soßen. Säuerlich abgeschmeckt (mit Wein) und gewürzt, kann ich sie auch dazu benutzen, Fischreste darin einzuschließen, um sie als Fisch in ➔Gelee zu essen. Hinweise zum Klären der Brühe (für ein Gelee sollte sie schön transparent sein) unter: ➔Knochen. Siehe außerdem: ➔Fisch- und Meeresfrüchte.

Gratin.

So einfach, dass es schon fast keiner Erwähnung bedarf: Jeder Rest, zu dem es geschmacklich passt und der nicht nur Soße oder gar Brühe ist, ist schnell wieder heiß und geschmacklich bereichert, wenn ich ihn mit geriebenem ➔Käse bedecke und im Ofen überbacke. Den geriebenen Käse wiederum kann ich mit Ei, etwas Sahne oder Milch oder mit Béchamel vermischen. Am besten geraten Gratins mit Gemüseresten, Resten von Mehlspeisen oder Hülsenfrüchten. Zu einigen besonderen Gratins siehe: ➔Aniskekse, ➔Kartoffeln, ➔Kohlrabi, ➔Krüstchen, ➔Nocken, ➔Nudeln und ➔Pfannkuchen.

Grieß.

Will ich Essensresten, die nicht selbst kleben, die Form einer ➔Frikadelle geben, dann ist Grieß, namentlich Weizengrieß, unbedingt der bessere Kleber als Mehl. Durch Mehl würde der Kloß zäh werden und beim Essen am Gaumen haften bleiben. Um den Kleber zu gewinnen, koche ich etwas Milch auf und rühre dann den Grieß in die siedende Flüssigkeit hinein. Die Masse muss nach kürzerem Rühren so fest sein, dass der Löffel in ihr stehen bleibt. Diese Masse mische ich mit den gehäckselten Resten wie Gemüse, Schinken oder Wurst, vor allem aber auch gegarten Getreiden, z. B. Hirse, nach Bedarf auch mit Ei. Sie wird dadurch geschmeidiger, darf aber nie so musig werden, dass ich sie nicht mehr mit Händen formen kann. Auf die gleiche Art bereite ich aus Grieß Klöße oder auch ➔Gnocchi, dann natürlich nicht zum Braten in der Pfanne, sondern um sie im Wasser gar ziehen zu lassen. Im Fall von Klößen verwende ich stückige Essensreste zu deren Füllung, im Fall von Gnocchi breiige, die ich mit in den Teig gebe. Eine dritte Möglichkeit ist, den Grießbrei zu ➔Krüstchen zu verarbeiten. Hierzu brauche ich kleine Förmchen, in die ich den noch heißen Grießbrei flach hineinstreiche und mit einem Rand versehe. Dann bestreiche ich ihn mit Öl und lasse ihn im Ofen überkrusten. Zum Füllen mit einer soßigen Zubereitung siehe: ➔Haschee, ➔Ragout. Ein Gericht aus Grießbrei, das ich im bescheidenen Umfang mit gehackten stückigen Resten füllen kann, ist Gnocchi alla romana. Dafür koche ich einen festen Grießbrei, streiche ihn noch heiß auf einem angefeuchteten Blech mit einem angefeuchteten Löffel aus, bis er ungefähr eineinhalb Zentimeter dick ist. Ist der Brei abgekühlt, kann ich ihn in ungefähr gleich große Stücke schneiden, sie abwechselnd mit einer Füllung übereinander stapeln und so in eine gefettete Form gesetzt überbacken. Traditionell besteht diese Füllung nur aus geriebenem Käse und Butterflocken, aber daran muss sich niemand halten (siehe dazu auch: ➔Polenta). Ohne ihn aufzukochen, verwende ich Grieß in Füllungen für Gemüse wie ➔Paprika. Hier bringt allerdings der noch gröbere und anders vorbehandelte Kuskus bzw. sein türkischer Kollege Bulgur oft bessere Ergebnisse. Einen Rest **süßen Grießbrei** kann ich, wenn er nur genügend fest ist, wie oben beschrieben einsetzen, nur eben für süße Frikadellen, Klöße oder Gnocchi. Ist der Grießbrei aber zu flüssig, was meistens der Fall sein wird, breite ich ihn auf einem gebutterten Backblech aus, setze obenauf Butterflocken und röste ihn im Ofen wie eine ➔Polenta. Zutaten von Obst, Nüssen oder Rosinen machen diesen aufgebackenen Nachtisch besser. Süßen Grießbrei kann ich außerdem für gefülltes Gebäck gebrauchen. Vermischt mit Marmelade, Quark, geriebenen Nüssen, Honig, Gewürzen und gegebenenfalls Ei in dünnem ➔Hefeteig in drei Würste eingerollt und zum Zopf geflochten, auch in ➔Blätterteig eingeschlagen, verlängert er teure Zutaten, ohne ihren Geschmack zu beeinträchtigen. Siehe auch: ➔Babybrei.

Grüne Bohnen. Ein Rest grüner Bohnen, auch gelber Wachsbohnen, passt überall, wenn auch nicht überall gleich gut. Aufgewärmte

Bohnen verlangen nach einer mild-sauren Zutat. Von den Reisgerichten ist daher ein mit Tomate zubereiteter ➔Reis im Ofen das Beste oder ein ➔Risotto, an den ein Schluck Weißwein kommt. Von den Nudelgerichten passt die ➔Fideuà am besten. Will ich meine Bohnen nur wärmen, dann ebenfalls bevorzugt mit ➔Tomaten, aus denen ich eine Soße bereite, in der ich die Bohnen schonend erhitze. In einem dicken runden Omelett, einer Tortilla, sind kleine Reste gut aufgehoben. Ferner: in einem Frikassee oder Ragout kurz mitziehen lassen. Siehe außerdem: ➔Auflauf, ➔Birne, ➔Fisch und Meeresfrüchte, ➔Gemüse, ➔Salat.

Grüne Soße. Eine mit Kräutern vermischte ➔Remoulade.

Grünkohl. Von ihm heißt es, er werde je öfter gewärmt umso besser. Wunderbar, das enthebt uns allen Mühen des Umkochens. Wer den Grünkohl trotzdem am dritten Tag leid ist, versuche sich an einer Grünkohlcremesuppe, siehe: ➔Suppe. In ihr schmeckt der Grünkohl milder und lieblicher. Außerdem kommt sie ohne Fleisch- oder Wursteinlage aus, schluckt aber die übrigen kalten Salzkartoffeln überaus willig.

Grütze. Erwärmtes oder leicht angeröstetes Getreideschrot, in Wasser oder Milch aufgekocht und unter Rühren gegart, ist nicht schwieriger unterzubringen als Grießbrei (siehe: ➔Grieß, ➔Frikadellen, ➔Füllungen) oder ➔Müsli (dazu auch: ➔Pfannkuchen). Für Grützen aus Obst: ➔Ei, ➔Obstgrütze, ➔Blätterteig, ➔Scheiterhaufen.

Gulasch. Recht derbe Würfel Fleisch, in Öl oder Schmalz angebraten, schmoren mit Zwiebeln und Gemüsepaprika in einem Topf. Mit in der Mischung in allen Rezepten: Paprikapulver. Und damit das nicht gleich verbrennt, 1/8 Liter Wasser. Der Rest ist so verschieden wie die in Frage kommenden Fleischsorten Schwein, Rind, Kalb, Hammel oder Lamm. Es kann Speck sein, Knoblauch, Lorbeer, Piment, Tomatenmark oder Tomate, Kartoffeln – das mit ➔Sauerkraut zubereitete Szegediner Gulasch mal ganz beiseite gelassen. Oder doch nicht ganz. Denn ins Säuerliche gezogen wird nicht nur das Szegediner, sondern jedes Gulasch – manchmal wird es zusätzlich mit Mehl angedickt, traditionell aber allein mit saurer Sahne. Und Kapern sollen hinein oder saure Gurken in Stücken. Das dickliche der Gulaschsoße und die säuerlichen Zutaten schränken die Verwendung dieses Essens ein. Eine Nudelsoße oder ein Ragout gibt ein Gulaschrest natürlich immer her, wenn man die Fleischbrocken etwas zerkleinert und u. U. mit Tomate verlängert. Oder man bedeckt den Boden einer Ofenform mit der Hälfte übriger Kartoffeln bzw. Nudeln, schichtet den Gulaschrest obenauf, bedeckt ihn mit der anderen, übergießt alles mit ➔Béchamel und bäckt es. Ökonomischer, und für mein Dafürhalten geschmacklich besser, ist es, das Gulasch mit gekochten ➔Bohnen oder ➔Linsen zu verlängern. Ich gebe dafür das Kochwasser der Hülsenfrüchte nicht mit ins Gulasch, damit das neue Gericht keinesfalls zu suppig wird, und würze mir den Eintopf wenn nötig etwas nach. Habe ich davon gegessen, bleiben mir für den nächsten Tag Hülsenfrüchte in weniger dicker Soße, ein komfortabler flexibler Rest, der Grundlage ist für so viele neue Gerichte, wie ich mag.

Gurke. Dicke Gemüsegurken sind gefüllt überraschend gut, ihr leichter Bitterton macht sie sogar oft angenehmer und interessanter als gefüllte Zucchini. Überdies lassen sie sich leichter aushöhlen. Sie vertragen alle ➔Füllungen, oder besser gesagt, alle Füllungen vertragen sich mit ihnen, von den zartesten mit Fisch bereiteten zu den pikanten Fleischfüllungen oder Ei-Brot-, bzw. Ei-Getreide-Teigen, die mit Curry oder anderen Mischungen gewürzt sind. Generell bräune ich sie in sehr heißem Öl an, um sie dann mit in etwas Wein, Brühe, würziger Soße oder Tomaten zu garen; ein paar Tropfen Essig verfeinern oft, ebenso wie ein Löffelchen Senf. Ich brauche sie nicht in jedem Fall zuzubinden, sondern kann sie auch als Schiffchen auf etwas Flüssigkeit in einer Ofenpfanne im Ofen überbacken, z. B. mit einer Käse-Béchamel. Übriges Gurkengemüse, sofern es sich um große, noch feste Stücke handelt: panieren und in etwas Butter goldbraun braten, dazu Knoblauchmayonnaise oder Chutney geben und fertig ist ein Snack oder eine Vorspeise. Mit Sahne oder Soße zubereitete Gurken: ➔Gemüsekuchen, ➔Suppe. Für nicht gegessenen Gurkensalat siehe: ➔Salat.

Gyros. ➔Fleisch. Für Gyros vom Imbiss mit Tsatsiki und Krautsalat, in Mengen gekauft und nicht gegessen, siehe unter: ➔Döner Kebab. Allerdings läuft das dort angegebene Rezept auf eine Art Pizza hinaus, Krautsalat machte sich auf der nicht sehr vorteilhaft. Besser also, das Rezept in eine Art Zwiebelkuchen zu ziehen: Zwiebeln bräunen, Krautsalat mit ihnen dünsten, Gyros klein geschnitten hineinmengen, abschmecken (Oregano), auf den Brotteigboden geben und mit einer Ei-Käse-Mischung übergießen, in die man auch den Tsatsiki gerührt hat.

H

Hackfleisch. Ist Fleischteig. Formbar, gut zu verlängern, gut zu vermischen. Schon im Rohzustand animiert die rosa Masse den auf neue Möglichkeiten sinnenden Restekoch. Sollte er nicht eine Kastenform fetten, mit hauchzart geschnittenem Speck auskleiden oder auch nur mit Semmelbröseln bestreuen, dann Boden und Wände mit dem gewürzten und mit etwas eingeweichtem Brot und Ei vermengten Hackfleisch bepappen, in diese Fleischwanne den Gemüserest geben, alles mit einer um ein weiteres Ei angereicherten Béchamelsoße übergießen, Semmelbrösel, Reibekäse, Butterflocken oben drauf und im Ofen backen? Oder eine gare Hühnerbrust, drei Stangen Spargel oder sonst einen länglichen Rest würzen, mit Hackfleisch umgeben und das Ganze wie Hackbraten zubereiten, einen falschen Hasen, gefüllt? Überhaupt ➔Füllungen: Die Möglichkeiten sind unerschöpflich. Die Welt der Gemüse gefällt sich in der Produktion pflanzlicher Schalen; Pilzhüte, Gurken- und Zucchinischiffchen, entkernte Tomaten, ausgehöhlte Zwiebeln, Hälften vom Flaschenkürbis, halbe Auberginen und Paprikaschoten schwemmt sie mir in die Küche. Und sagt: Tu unten dein Restchen rein (und sei es Rührei mit Erbsen), wenn du willst, mit Käse vermischt, deck es mit Hackteig ab, vielleicht auch noch mit etwas Béchamel (oder leg eine Scheibe Speck hinauf), brat es an und back es. Ist der Ofen kaputt? Nicht so schlimm. Blattgemüse fächern sich auf: blanchieren, evtl. dicke Strünke entfernen, Rest rein, Hackfleisch dazu, einwickeln, zubinden, in Wasser oder Brühe kochen, in Soße oder nur mit Zwiebeln und/oder Tomaten schmoren. So viel Auswahl! Hackfleisch gibt eben mehr her als bloß **Klopse**. Die aber als Rest wiederum eine ganze Menge hergeben. Nicht nur einen Brotaufschnitt vom Feinsten. Auch in Reisgerichten (➔Pilaw, gebackenem ➔Reis) sind die würzigen Bällchen oder Stücke größerer Frikadellen eine willkommene Zutat, gerade weil sie schon einmal gebraten wurden. Köstlich sind sie außerdem in etwas eingekochter Tomatensoße, gewürfelt als Suppeneinlage in klaren Brühen oder gehackt in einer ➔Teigtasche. In der sind überhaupt Bröckchen vom Hack, auch dicke Hacksoßen vom Vortag am besten aufgehoben, z. B. ein Rest Chili con Carne; diese lassen sich wiederum mit anderen Resten gut mischen. Hackfleisch dürfte auch immer in einen Nudelauflauf passen. Oder auf eine ➔Pizza, einen ➔Zwiebelkuchen, in einen ➔Gemüsekuchen. Siehe außerdem: ➔Auberginen, ➔Backobst, ➔Brot, ➔Champignons, ➔Chinakohl, ➔Fenchel, ➔Füllungen, ➔Kohlrabi, ➔Weißkohl, ➔Wirsingkohl.

Hafer. Siehe: ➔Getreide. Für Haferflocken: ➔Müsli, ➔Keks- und Kuchenkrümel. Feine Haferflocken sind, etwas angeweicht oder auch gekocht, ein ideales Bindemittel für ➔Frikadellen aus Getreide, Gewürzen und Kräutern.

Halwa. Sesam geröstet und gemahlen, in mit Zucker vermischten kochenden Honig gerührt, ausgegossen, abgekühlt und später zu Blöcken gepresst – das ungefähr ist Halwa. Man kann es im Prinzip aus allen Ölsamen bereiten, aus Haselnüssen, Mandeln, Pistazien, Walnüssen, sogar aus Sonnenblumenkernen. Es ist für manchen Gaumen zu süß. Gebröselt zu Süßspeisen genossen oder mit ➔Kekskrümeln im Tortenboden verbacken, relativiert sich seine Süße aber etwas. Ganz Wagemutige können sich auch an einem Halwa-Eis versuchen: Halwa mit Sahne glatt rühren, zwei oder mehr ganz steife Eiweiß unter die Masse ziehen und gefrieren. Der Eischnee dient bei dieser Zubereitung nicht nur der Verdünnung des Halwas, sondern soll auch das Kristallisieren der Eiscreme verhindern. Ferner: vorsichtig dosiert an süßlichen →Currys.

Hamburger. →Hackfleisch. Für ungegessene Hamburger aus dem örtlichen Fast-Food-Restaurant mit Schaumbrötchen oben und unten, Salat, Käse und allem Drum und Dran, mag das unter →Döner Kebab angeführte Rezept als Anregung dienen. Unterschiede: Man wird den Fleischklops zwar auch in Streifen schneiden, nicht aber noch einmal anbraten müssen. Statt des für den Döner empfohlenen Schafskäses ist normaler pizzatauglicher Kuhkäse, statt der Petersilie Oregano besser.

Hamster. Hätte Hašek niemals die Geschichte *Die Affäre mit dem Hamster* geschrieben, der Hamster käme in meinem Restekochbuch nicht vor. Diese Geschichte ist genau die richtige für Eltern, die sich des von den Kindern geforderten oder angebrachten muffigen und nachtaktiven Kleinnagers nicht erwehren konnten; bei Hašek finden sie Trost. Er macht pro Satz zwei oder drei unwiederholbare gute Witze, doch so viel kann ich von der Geschichte doch wiedergeben, dass dort, um einen Hamster zu vertreiben, der sich in einem Sofa eingenistet hat, zwei Frettchen angeschafft werden, um die zu vertreiben, wiederum drei Meerschweinchen und schließlich, weil im Sofa weiterhin sich Tier an Tier kuschelt, was verhindert werden muss, noch drei stachelige Igel. Die Geschichte endet mit einer Wirtschaftskrise und einer Hochzeit, deren einmaliges Menü meine inzwischen an Improvisation gewöhnten Leserinnen und Leser mit Leichtigkeit nachkochen werden können: Frettchensuppe; Gedünstete Frettchen mit saurem Meerrettich; Hamsterbraten mit Kartoffeln, Meerschweinchen auf Kümmel; Igelpastete. Siehe vor allem: →Igel. Für die stinkigen Frettchen: →Rettich.

Haschee. Ein Haschee ist ein →Frikassee ist ein →Ragout – versuchen Sie mal eine Definition! Allen drei Gerichten ist Folgendes gemein: Fleisch, auch Innereien, sogar Fisch werden gekocht, gedünstet oder gebraten, also in jenen Zustand der

Essbarkeit gebracht, der Voraussetzung dafür ist, dass sie später als Rest im Sinne dieses Buches anfallen. Darauf wird eine Soße bereitet, selbstverständlich unter Verwendung bestimmter Nebenprodukte des ersten Garprozesses, des Bratenfetts z. B. oder der Brühe. In diese Soße wird der Fisch, das Fleisch zusammen mit anderen essfertig zubereiteten Dingen wieder hineingegeben. Ragout heißt so eine Zubereitung, wenn in ihm höchstens würzende Zutaten klein gehackt, die Hauptbissen aber stets ebensolche sind, Bissen. Auf dieselbe Weise entsteht aber auch ein Frikassee. Ein Haschee wiederum ist ein Frikassee oder Ragout, in dem die Unterscheidung zwischen begleitenden würzenden und substanzielleren, den Charakter des Gerichts bestimmenden Bissen durch gleichmäßiges Zerkleinern beider aufgehoben wird, kurz: Der Unterschied zu einer aus Resten gefertigten Nudelsoße ist beim Haschee nicht auszumachen. Aber »Penne rigate an Haschee von Huhn mit Buttergemüse« klingt natürlich viel weniger deprimierend als »Nudeln mit Soße aus Hühner- und Gemüseresten«. Mithin: Wer darunter leiden sollte, dass er es sich kaum noch leisten kann, Essensreste wie früher einfach auf Nimmerwiedersehen im Orkus des Abfalleimers verschwinden zu lassen, dem ist zu raten, sich möglichst viel Küchenfachvokabular anzulesen. Und schon verwandelt sich die ihm so grässliche Restemanscherei in lauterste kulinarische Pfiffigkeit. Für hier beschriebene Gerichte, bei denen Haschees als ➔Füllungen oder Soße verwendet werden: ➔Kopfsalat, ➔Krüstchen, ➔Nudeln, ➔Pfannkuchen, ➔Törtchen. Siehe außerdem: ➔Gemüse, ➔Haut, ➔Herz, ➔Kaiserschoten, ➔Lauch.

Rezept

Haschee vom Huhn

1 zu zwei Dritteln abgenagtes Huhn aus einem Eintopf oder vom Imbiss, mit seiner Haut
1 bis 2 Zehen Knoblauch
1 mittlere Zwiebel
Ein paar Scheiben Champignons und Streifen von einer Paprikaschote schaden nicht.
1 Tasse Rest Erbsen, Wurzelgemüse oder anderes

1 Gläschen Wein oder Sherry oder etwas Schnaps (notfalls tun es auch Wasser und ein paar Tropfen guter Essig)
Olivenöl oder Butter
(Saure) Sahne und/oder ein Eigelb
Gewürze und Kräuter nach Geschmack

– Hühnerfleisch von den Knochen pulen und klein schneiden.
– Haut trocken tupfen, sehr klein wiegen, zusammen mit gestifteltem Knoblauch mit etwas Öl oder Butter anbräunen. Das Hühnerfleisch dazugeben, umrühren, sehr kurz mitbraten und zur Seite stellen.
– Die Zwiebel fein hacken und in einer anderen Pfanne oder Topf auf kleiner Flamme in Öl oder Butter gar ziehen lassen. Dazu: 1 Lorbeerblatt, 1 zerdrücktes Kügelchen Piment, etwas Muskat etc.
– Champignons und/oder Paprika, wenn vorhanden, fein geschnitten hinzugeben, kurz anbraten; wenn nicht vorhanden, sofort mit Wein ablöschen und etwas einkochen lassen. Mit einer Spur Zimt würzen.
– Mit einem Schuss Sahne binden, erhitzen (nicht mehr aufkochen!), die Fleischzubereitung und den Gemüserest dazugeben, mit Salz und frischen Kräutern abschmecken und kurz ohne Feuer im verschlossenen Topf durchziehen lassen oder:
– Fleischzubereitung und Gemüserest dazugeben, kurz erhitzen, dann Flamme abstellen, das Eigelb oder die saure Sahne unterziehen und mit Salz und Kräutern abschmecken, wie oben ziehen lassen.

Haselnüsse.

Finden meist nur in Süßspeisen Verwendung. Oder in ➔Lebkuchen. Gemahlen verfeinern sie einen Kuchenboden aus ➔Keks- und Kuchenkrümeln.

Haut.

Von gekochtem, gebackenem oder gebratenem Geflügel, in der Regel vom Huhn, ist eine nicht zu verachtende Zutat. Ist sie kross, hacke ich sie so klein wie möglich, um sie wie ein Gewürz zu benutzen. Ist sie nass und schlabberig, trockne ich sie mit etwas Küchenpapier, hacke sie und röste sie in Öl zusammen mit Knoblauch. Auf diese Weise behandelte Geflügelhaut löst sich danach meist völlig in dem Gericht auf, in dem ich sie verarbeite, etwa in einem ➔Risotto oder in einer Soße. Sie bringt aber einen angenehmen Bratenton an das Gericht, der anders nicht oder nur schwer zu erzielen wäre. Siehe auch: ➔Fleisch, ➔Haschee, ➔Knochen.

Hefeklöße. Mit einem Sägemesser aufschneiden, ohne sie zusammenzudrücken, und in Butter braten. Sind sie sehr locker und entsprechend saugfähig, auch als arme Ritter, siehe dazu: ➔Brot. Sonst: ➔Auflauf.

Hefeteig. Um wenig wird so viel Wind gemacht wie um den schlichten Hefeteig, der Wind doch gar nicht verträgt. Jeder, der mal einen Pizzaboden besser als steinhart hinbekommen hat, muss sich als herausragendes Exemplar der Gattung Menschheit fühlen, so viel Schwierigkeiten und Vorsichtsmaßregeln wie die Kochbücher und selbst ernannten Experten vor ihm auftürmen. Vom Vorteig ist da die Rede, dem ersten Aufgehen, zweiten Aufgehen, vom sorgfältigen Durchkneten, ja Schlagen des Teigs, bis er Blasen schlägt, von Milch und Butter und von Eigelb; vom unbedingten Vermeiden von Durchzug und Erschütterungen bei Strafe des Zusammenfalls der kostbaren Mehlspeise schon im Rohzustand: Himmel hilf! Aber der Himmel hilft nicht, sondern nur die Furchtlosigkeit. Ein Hefeteig ist das Einfachste und Simpelste, was es geben kann: Warmes Wasser, darin aufgelöste Hefe, Mehl, eine Prise Salz, zusammengekippt und erst verrührt, dann mit den Händen geknetet. Sobald die Masse nicht mehr klebt und dabei so weich ist, dass sie mir zwischen den Fingern hervorquillt, wenn ich die Faust um sie schließe, dann ist der Teig perfekt und kann im Prinzip sofort verbacken werden. Klingelt aber in diesem Augenblick der Nachbar an der Tür, um mich zum Essen einzuladen, stelle ich die Schüssel mit dem Teig in den Kühlschrank und verbacke ihn erst am nächsten Tag. Keine Angst, er erkältet sich nicht. Und was den Zug betrifft, der so fatal sein soll: Bevor der Hefeteig, von dessen kaltem Hauch gestreift, jäh in sich zusammensinkt, hat jeder normale Mensch längst Tür oder Fenster geschlossen, um selbst keinen Schnupfen zu bekommen. Im Übrigen ist es aber kein Fehler, das auszuprobieren, was die verschiedenen Rezeptbücher für obligatorisch halten. Denn selbstverständlich bringen andere Zutaten und Behandlungsweisen andere Resultate, andere Geschmäcker, andere Konsistenzen. In der Resteküche nützt aber auch der allereinfachste nur mit Wasser, Mehl und Hefe gemachte Teig. Dieser ist ein **Brotteig**, und was ich mit ihm herstellen kann sind gefüllte Brötchen, Piroschki, in Taschen- oder Röllchenform, die ich im Ofen backe. Da an dem Teig selbst noch kein Fett oder Öl ist, wird eine Hefeteigtasche auch nicht zu schwer, wenn ich sie frittiere. Ihre Ränder kleben zuverlässiger aufeinander, wenn ich sie vor dem Zusammendrücken mit Eiweiß bestrichen habe. Geeignet für den einfachsten Hefeteig sind pikante Füllungen aus Fleischresten, Zwiebeln, Knoblauch, Speck, aber auch Gemüse, Thunfisch – alles, solange es nicht zu flüssig und zu feucht ist (siehe auch: →Ratatouille). Auch einen Rest mit Kräutern angemachten Quark würde ich, mit einem Ei verrührt, auf oder in solchem Brötchenteig backen, allerdings nur, wenn er keine rohen Zwiebeln enthält. Sie würden bei der kurzen Backzeit nicht gar werden. Aus dem Brotteig wird ein **Pizzateig**, wenn ich das Mehl außer mit Wasser mit Fett verknete; als Fett kommen laut Originalrezepten Schmalz, Rindertalg oder Olivenöl in Frage. Der gleiche Teig lässt sich auch anders belegen als mit Tomaten und Käse. Die Coca, die auf den Balearen und in der spanischen Levante gegessen wird, hat keinen anderen Teig als die →Pizza. Sie wird aber mit Spinat und roter Wurst, mit grünen Erbsen und Speck oder Wurst, mit Sardinen, Wurst und eingelegter Paprika oder mit in Tomatensoße geschmorten Auberginen, Paprika und Zucchini und Zwiebeln gegessen, um nur die gängigsten Varianten zu nennen. Mir dient der Pizzateig außerdem zur Zubereitung eines →Zwiebelkuchens. **Süße Hefeteige** werden mit warmer Milch, auch erwärmtem Joghurt oder →Quark, sogar →Kürbismus angerührt. In ihnen ist die vielfach für alle Hefeteige angegebene Zutat von Butter und Ei oft angebracht, wenn auch kein Dogma. Da es bei ihnen darauf ankommt, locker und flauschig zu werden, muss ich sie mindestens einmal aufgehen lassen. Aus süßem Hefeteig lassen sich nicht nur Blechkuchen backen, um so Kompott und ähnliche Reste unterzubringen (dazu: ➜Äpfel, ➜Rhabarber), er ist auch sehr geeignet, um in einer Rolle – auch in drei zu einem Zopf geflochtenen Rollen – Reste von Süßspeisen, vermischt mit Nussmehl oder Mohn, vielleicht mit Ei, aufzunehmen, wie unter ➜Babybrei beschrieben. Siehe zudem: ➜Auflauf, wo ich einen Hefeteigauflauf beschreibe, sowie ➜Mohn und ➜Grieß.

Heidelbeeren. ➜Beerenobst, ➜Obstgrütze.

Hering. ➜Fisch- und Meeresfrüchte, ➜Eingelegter Fisch, ➜Räucherfisch, zusätzlich: ➜Salat.

Herz. Ist sehr festes Muskelfleisch, das meist säuerlich abgeschmeckt wird. Einen Rest davon würde ich nicht noch einmal anbraten, sein Fleisch ist zu kompakt, als dass seine Fasern vom Bratfett viel aufnehmen würden. Zusammen mit ein paar gebräunten Speckwürfeln etwas durchzuziehen, bekommt dem Restherz aber bestimmt. Es verträgt pikante und kräftige Zutaten, Oliven, Kapern Paprika, Artischokkenviertel, Tomatensoße und ist in einem ➜Haschee oder ➜Ragout, je nachdem gehackt oder gewürfelt, gut untergebracht. Der Vollständigkeit halber sei hier erwähnt, dass ein Kalbsherz genügend groß ist, um gefüllt gegessen zu werden. Es wird dazu gespalten, mit einer Hackfleischzubereitung gefüllt, zugenäht, mit Speck umwickelt und mit Rotwein geschmort. Viel Brot oder Gemüsereste wird man dabei nicht los, aber das Wenige doch auf ziemlich exquisite Weise.

Himbeeren. ➜Beerenobst, ➜Obstgrütze.

Himmel und Erde. ➜Äpfel.

Hirn. Nicht das populärste Essen. Und seitdem wie wahnsinnig durch die Kuhställe gekeult wird, erst recht nicht. Dennoch, auch andere Tiere, nicht nur Kälber, haben Köpfe. Und was bei den Schafköpfen im Rohzustand vielleicht heller scheint, als es je war, schmeckt auch. Selbst wer ein Kaninchen kauft, sollte den Fleischer bitten, den Kopf zu spalten, die Nagezähne abzuhacken und die Augen herauszuziehen. Der Teelöffel grauer Grütze, den ich später aus dem halben Schädel kratze, bringt auch noch mal Sämigkeit und Geschmack an mein Zweitessen. Nachteil des Hirns für die Resteküche ist seine übergroße Zartheit. Meist zerfällt es und hat sich, bevor man sich zu irgendetwas entschieden hat, in Suppen- oder Soßengrundstoff verwandelt. Englische Brain Sauce beispielsweise besteht aus einer mit Eigelb gebundenen weißen (Mehlschwitz-)Soße, in die grob gehacktes, gekochtes Kalbshirn gemischt wird. Wenn diese Soße kurz danach auf ein – wir sind in England – gedämpftes Stück Fleisch gegossen wird, sind alle Hirnschnitzel oder -fitzelchen bereits nichts als cremig graue Sämigkeit. Fingerspitzengefühl verlangt, was die Piemonteser mit gekochtem Hirn anstellen: Sie würfeln es und tunken es in einen Teig, der aus Eiern, Semmelmehl und Parmesan besteht, und backen diese Würfel dann in Butter. Gröber gehen ihre Nachbarn etwas weiter im Norden vor. In Österreich streicht (!) man gebratenes Hirn auf dünne, braune Pfannkuchen, rollt sie ein, paniert sie mit Ei und Semmelbröseln und überbäckt sie kurz im Ofen.

Hirse.

Siehe: ➔Getreide, auch: ➔Füllungen und ➔Frikadellen. Für süße Hirsebreie: ➔Babybrei, auch: ➔Grieß.

Holunder.

Viele Zubereitungen aus Holunderbeeren, Hollermus, Schweizer Mus, Holundersuppe werden eingedickt genossen. Hollermus enthält meistens außer Äpfeln, Birnen, Zucker und Zimt auch etwas Essig. Solche Zutaten erleichtern die Verwendung nicht. Am ehesten rettet sich ein Hollermus mit Essig in ein ➔Chutney und ein Schweizer Mus (eine dick eingekochte Holundersuppe auf Béchamelbasis) mit Quark, Ei und Vanillezucker verrührt auf einen Kuchenboden. Auf Holundersuppe trifft Letzteres auch zu, nur muss ich sie zuvor noch einkochen, vielleicht aber auch mit einem Päckchen Puddingpulver festigen, was allerdings im Quark dann einen sehr merkwürdigen Farbton ergibt. Eine Alternative für die Holundersuppe ist eine rote Grütze, am besten vermischt mit noch anderem Obst (➔Obstgrütze). Für verschmähte Holunderkaltschale siehe: ➔Kaltschale. Für Holundermarmelade siehe: ➔Marmelade, für Holunderwein: ➔Obstwein. Holunderblüten, die in einem Backteig gebraten oder in Fett frittiert wurden, kann ich, ähnlich wie einen Kaiserschmarren, in der Pfanne zerpflücken, noch einmal aufbraten und mit Puderzucker bestreuen. Bei frittierten Blüten muss ich nicht noch einmal Fett hinzufügen.

Honig. Kein Rest, ein Gewürz. Da er bei Hitze sofort sehr flüssig wird, ist ein wenig Honig optimal zum Karamellisieren von Zutaten, die ich nur sehr kurz im Bratfett lassen will, einen Fleischrest etwa, den ich in gedünsteten Zwiebeln und Knoblauch kurz aufbrate, um ihn später mit Möhren, Petersilienwurzeln, Pinienkernen, Rosinen, »arabisch« gewürzt in eine Teigtasche geben möchte. Dasselbe bei Leber, z. B. für eine Brot-Ei-Leber-Füllung für Zwiebeln oder zusammen mit Äpfeln für ein Huhn. Genauso gut ist karamellisierter Honig natürlich auch bei bereits garem, oder schon sehr weichem Obst (Bananen), das ich in Mandel- oder Haselnussmehl gewälzt in Butter kurz angebräunt habe, um daraus einen schnellen Nachtisch zu machen.

Hülsenfrüchte. Erbsen, Bohnen, Linsen. Dass ihr Genuss blähend ist, findet in der Literatur ein starkes Echo. »… dieses ganzheitliche Wunder«, spottet beispielsweise Michael Scharang in seinem Roman *Das jüngste Gericht des Michelangelo Spatz* über gewisse Auffassungen darüber, was der Mensch sei: »… dieses ganzheitliche Wunder, in das man oben eine Bohne hineinstecken kann, worauf man unten mit einem Furz rechnen darf.« Oder die »diabolischen Linsen«, deren Überreste Arno Schmidt in einem Riesenhaufen ins Elysium setzt: »Während er Schmiere stand: mein Gott, was n Krach ich machte. Und er wieherte entzückt von fern, wie da meine Bauchpresse arbeitete. – Bloß weg!« Am bekanntesten dürften freilich die Erbsen sein, mit denen Büchner seinen armen Woyzeck kopfscheu macht. In dem beliebten Schauerstück rechnet ein grausamer Arzt auf Woyzecks Furze unten, indem er ihm nacheinander erst Erbsen, dann Schöpsenfleisch als Diät vorschreibt. Die davon verursachten Blähungen führen so ziemlich geradewegs zum Eifersuchtsmord an der schönen Marie. Und Büchner hat das wahrhaft seltene Verdienst, uns literarisch Hülsenfrüchte aufzutischen, ohne dass es dabei etwas zu lachen oder grinsen gäbe. Bei allen Hülsenfrüchten sind die ersten Schritte gleich. Ich weiche sie über Nacht ein, gebe sie in ein Sieb, spüle sie ab und koche sie in ungesalzenem Wasser gar, ohne jede Zutat, die Salz freisetzt (Pökelfleisch, Wurst), was immer sonst die Rezepte sagen. Das verkürzt nicht nur die Kochzeiten, es lässt mir auch die meisten Freiheiten. Natürlich kann ich das Kochwasser mit Gewürzen und trockenen Kräutern versetzen oder durch ungesalzene Brühe ersetzen. Sind die Hülsenfrüchte auf diese Weise gekocht, habe ich damit keinen Eintopf, von dem ich schlecht gelaunt die nächsten drei Tage esse, sondern eine Zutat für mindestens zehn höchst verschiedene Gerichte. Ich esse sie mit in Brühe gegartem Fleisch und Gemüse als Suppe; mit geschmorten Tomaten, pikant und halbflüssig zubereitet, entweder im Stil eines scharfen →Currys oder mit würziger Wurst; als mildes →Curry in sahniger Soße, als Zutat zum gebackenen →Reis oder →Pilaw, endlich als →Salat (siehe dazu: →Bohnen) oder →Frikadelle – kurz: Mit einiger Erfahrung in der Resteküche zerbricht sich niemand mehr den Kopf, was mit gekochten Hülsenfrüchten anzufangen sei. Sondern jeder wird versuchen, Überschüsse davon möglichst zu produzieren, um sich in einer Woche für drei Tage genüsslich durch alle Varianten der →Linsen, in der nächsten durch alle der →Bohnen und in der übernächsten durch alle der →Kichererbsen zu essen. Siehe außerdem: →Gulasch, →Keimlinge.

Hummer. →Kaisergranat.

Hund. →Rettich.

I

Igel. Schriftsteller wissen oft die erstaunlichsten, ja abwegigsten Dinge, z. B. Bobrowski. Ein Dichter, dessen Gedichte ich mir nicht merken kann. Aber er weiß, wie man einen Igel brät. Und gibt darüber in *Levins Mühle* Auskunft. Das konnte ich mir merken: Man fange das Tier, erschlage es mit einem Knüppel, hülle es ganz und gar dick in feuchte Tonerde und lege es so ins Feuer. Wenn die Lehmhülle hart gebrannt ist, zerschlage man sie. Der Igel ist durch und abgehäutet, sein Stachelkleid steckt in der harten Tonerde fest. Nun nur noch die Eingeweide entfernen, und man hat den schönsten Igelbraten. Freilich ist er ohne Salz und Soße, aber welchen Leser meines Buches, der schon bei »I« ist, kann das noch schrecken. Er schaut nach, etwa bei ➔Fleisch, bei ➔Ragout, und findet, was er sucht.

Ingwer. Könnte in der Resteküche zum Problem werden, wenn man Folgendes nicht weiß: Anstatt die hübsche Wurzel bis zur Unbrauchbarkeit eindorren zu lassen, legt man sie besser ins Eisfach, bis man sie braucht. Und hackt sie dann, hart und kalt wie sie ist, über eine grobe Küchenreibe direkt in den Topf. Nur wenn ich mehr will als ein paar Späne, breche ich ein Stück ab und taue es auf. Fällt der Kühlschrank aber aus, verreibe ich die ganze Wurzel, mische den Brei mit in Salz zerdrücktem Knoblauch, füge einen Schuss Sesamöl hinzu und fülle alles in ein gut schließendes Schraubglas, um es später löffelweise zu verwenden. Diese Mischung hält sogar außerhalb des Kühlschrank gut. Ingwerstückchen in Öl bräunen, um dieses zu aromatisieren, ist oft der erste Schritt beim Bereiten eines chinesisch inspirierten Mahls. Dazu: ➔Backobst, ➔Sauerbraten.

Innereien. ➔Herz, ➔Leber, ➔Lunge, ➔Hirn, ➔Nieren, ➔Zunge. Hinweise zu ihrer Verarbeitung auch bei ➔Fleisch und ➔Füllungen.

Außerdem: →Ananas, →Äpfel, →Bier, →Brühe, →Haschee, →Honig.

Insekten. Stellen offensichtlich keine Eiweißreserve dar. Ob es daran liegt, dass ihre Körperflüssigkeiten nicht gerinnen, wenn der Koch oder die Köchin sich ihnen mit Hitze nähert? Informationen über das Thema sind spärlich und verstreut. Survivalbücher dürften einiges enthalten. Zu denken gibt mir, dass selbst die australischen Ureinwohner, die bei ihren Wanderungen durch Wüsten und Halbwüsten nicht wählerisch sein konnten, von den Insekten lediglich einige ausgesuchte Larven verspeisten und die roh. Roh zu Genießendes fällt jedoch, egal ob Kaviar oder Käferlarven, meist von vornherein aus der Problemstellung dieses Buches hinaus. Bleiben die legendären Heuschrecken, von denen sich früher ganze Heerscharen weltflüchtiger Propheten nährten und die heute angeblich auch von weniger Frommen gegessen werden. Mit Honig geröstet. Wie Krabben sehen sie ja aus, aber der Honig weckt mein Misstrauen. Offensichtlich geht es darum, das durch die Grillhitze ölig austretende Innenleben des Gliedertiers mit dem Honig karamellisieren zu lassen, um so eine Art süßlich-herben Chitincrunch zu erhalten. Ein Snack. Könnte zu Gemüsen schmecken, zu Blattspinat mit Knoblauch und Pinienkernen etwa. Siehe auch: →Vogelspinne.

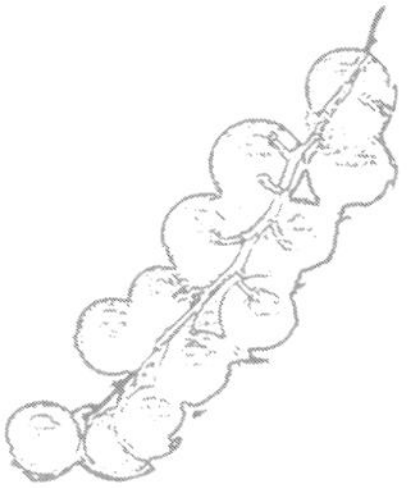

J

Joghurt. Wird wie Sauerteig bewusst übrig gelassen. Denn zwei Esslöffel Joghurt ergeben schnell zwei Liter Joghurt, wenn ich nur weiß, wie: Ich erhitze zwei Liter Milch in einem Topf, am besten H-Milch. Joghurt stammt aus Weltgegenden, wo die Milch abgekocht wurde, um sie zu genießen und etwas länger aufheben zu können, frische Milch beflügelt seine Bakterien nicht zu Höchstleistungen. Ich verrühre den Joghurtrest mit etwas erwärmter Milch und kippe ihn in den Topf, sobald die Milch dort eine Temperatur erreicht hat, bei der es keinen Spaß mehr macht, den Finger in sie hineinzustecken, obwohl ich ihn mir noch nicht dabei verbrühe – also etwa 50°. Ich rühre die Joghurtmilch einmal gut um, nehme sie von der Flamme und gieße sie in bereitstehende Schraubgläser. Drei Kilogläser für Honig sind für zwei Liter plus einen Joghurtbecher haargenau ausreichend. Ich verschließe die Gläser und packe sie für mindestens sechs Stunden zwischen die Wollpullover im Kleiderschrank. Wenn sie nicht mehr warm sind, kommen die Gläser in den Kühlschrank und sind nach einer Nacht oder einem Tag so cremig und fest wie jeder gekaufte Joghurt auch. So weit, so gut, so einfach, so billig. Und jetzt kommen die Warnhinweise. Fettarme Milch ist der Joghurtbakterie ein Gräuel und sie rächt sich für die Magerkeit mit Schleim. Hingegen kann, wer mag, seine H-Milch ruhig etwas aufsahnen. Joghurt wurde und wird in seinen Ursprungsgebieten aus Schafs-, Ziegen- oder Büffelmilch hergestellt, die alle drei fetter als Kuhmilch sind. Wichtig ist auch, dass der Joghurt, den ich vermehren will, unbehandelt, frei von Konservierungsstoffen und ohne weitere Zutaten ist. Hilfreich ist der Aufdruck auf der Verpackung: mit lebenden Kulturen. Außerdem nimmt manchmal die Kraft des Bakterienstamms ab und nach der x-ten Anwendung befriedigt das Ergebnis nicht mehr. Dann muss ich einen neuen Joghurt mit lebenden Kulturen kaufen. **Zu viel Joghurt** zu haben, ist nahezu unmöglich: Ein türkisches Standardkochbuch dürfte mindestens so viele Varianten von Joghurtsoßen zu Fleisch, Gemüse und anderem kennen wie ein traditionell deutsches verschiedene Mehlschwitzsoßen. Bekannt sein dürfte auch Ayran, ein erfrischendes Getränk aus Joghurt, etwas Zitrone, Salz und Wasser, oder Cacik, eine kalte Suppe aus Joghurt und Gurken. Ich mische nach einem aserbeidschanischen Rezept eine große geschälte Gemüsegurke in Würfelchen mit grob zerstoßenen Walnüssen, Rosinen, viel Dill, Salz mit einem Liter Joghurt in meinen Cacik. Ein Rest Cacik, von den Nüssen bräunlich geworden und nicht mehr recht appetitlich, aber auch **Fruchtjoghurt**, der mir nicht behagt, lässt sich zusammen mit anderem Joghurt oder etwas Milch, mit Ingwer, Knoblauch und Curry zum Marinieren von Fleisch benutzen; Fruchtjoghurt allerdings je nach Geschmacksrichtung nicht immer. So eingelegtes Fleisch trocken tupfen und verarbeiten, wie unter →Curry beschrieben. Angegessene Fruchtjoghurts oder gesüßter Joghurt verschwinden am einfachsten im süßen Quark oder im Müsli, ansonsten in allen teigigen süßen Zubereitungen wie Auflauf oder Gebäck (→Hefeteig). Wie man mit Hilfe von →Kuskus aus Joghurt einen falschen Quarkkuchen bäckt, steht ebendort.

Johannisbeeren. →Beerenobst, →Marmelade, →Obstgrütze

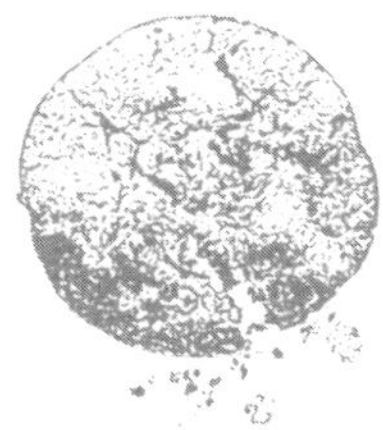

K

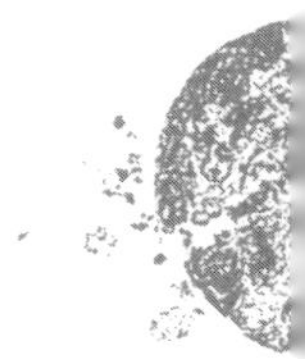

Kaffee. Es wird immer mehr Kaffee kalt werden, als Sie je verkochen können. Dennoch ist der Kaffee als Gewürz nicht zu verachten. Einem Fleischtopf mit Kaninchen oder Schwein tut ein Schluck Kaffee manchmal gut. Kaninchen in viel Öl angebraten, mit Kaffee abgelöscht, mit nicht zu wenig Lorbeer und Thymian gewürzt – eine kanarische Spezialität. Ich persönlich täte auch Knoblauch, Honig und Paprikapulver hinzu, den ersten gleich mit zum Anbraten, die beiden letzten unmittelbar vor dem Ablöschen und vollendete das Ganze mit einem winzigen Schuss Essig. Wie auch immer, kalter Kaffee ist nicht immer nur kalter Kaffee. Ist er aber sehr kalt, unter →Eiskaffee habe ich seine Eignung für Süßspeisen und Kuchen untersucht.

Kaiserschoten. Ein Luxusgut. Zum Aufwärmen vorsichtig in heißer Butter schwenken. Oder: noch vorsichtiger ganz zum Schluss des Kochvorgangs in ein Risotto rühren. Doch schauen wir den Tatsachen ins Auge: Die Kaiserschoten können nur übrig sein, weil auch das edle Fischfilet mit der aus einer ganzen Flasche Champagner reduzierten Sahnesoße übrig ist, weil dieses Essen sich erübrigte, weil der oder die Angebetete nicht erschien. Macht Liebeskummer hungrig? Besser er tut es. Aus einem Ei, etwas Mehl, Salz, Milch und Butter einen tellergroßen dünnen ➔Pfannkuchen backen, warm stellen. Champagnersahnesoße vom traurigen Teller und noch traurigeren Fisch kratzen, in einen Topf geben, evtl. mit etwas Sahne verlängern. Fisch und Kaiserschoten zu einem Haschee verarbeiten, Soße erhitzen, Fisch und Schoten hineingeben, durchziehen lassen, in den Pfannkuchen einrollen, fertig. Dazu: Salat.

Kalamar. Obwohl das vollständige Tier auch zwei ausdrucksvolle Augen, mithin einen Kopf und an dem außerdem noch zehn Fangarme hat, erscheint auf den deutschen Märkten in der Regel nur sein Hinterleib. Germanisches Brauchtum muss dahinter stehen, denn kopflos deutsche Kalamare sind stabgereimte Kalamare: tierisch teure tiefgefrorene Tintenfischtuben. Die Tube immerhin weckt mein Interesse. Kann ich sie schon nicht wie im Originalrezept mit den zerschnittenen Fangarmen und Kopf des Tiers füllen, vermischt mit sehr klein geschnittenen luftgetrocknetem Schinken, Petersilie, gebunden mit etwas Paniermehl, dann doch mit irgendwas anderem Fischigen, das ich gerade übrig habe. Geeignet sind Reste von Weißfischen, Muschelfleisch, von anderem Meergetier sowieso, weniger von Fettfischen (Hering usw.). Auch diese Dinge verarbeitete ich mit rohem Schinken, Semmelbrösel und Petersilie zu einer Füllung. Ist kein Schinken greifbar, tut eine Gabe von sehr fein gewiegtem und gebräuntem fetten Speck das Wunder. Die damit ausgestopften Tuben verschließe ich sorgfältig mit Zahnstochern und brate sie dann in recht heißem Öl kurz und kräftig. Dann stelle ich den Fisch in Tintenfischtuben beiseite, dünste im selben Öl Zwiebelstückchen, Knoblauch, ein Lorbeerblatt, später Paprikapulver und reichlich geschälte und gehackte Tomate, füge etwas Wein hinzu, und lasse die Soße kochen, bis sie dickflüssig ist. Zum Schluss gebe ich die Kalamare ein Weilchen wieder hinzu, verfeinere mit grünen Erbsen, Kapern, Pfeffer, Salz: ein Festmahl. Für alle anderen Rezepte: ➔Fisch- und Meeresfrüchte.

Kaltschale. Für eine Kaltschale wird meist Obst püriert, gezuckert und mit Weißwein vermischt. Manchmal wird das Obst dazu vorgedünstet (rote Johannisbeeren, Äpfel), seltener auch noch mit etwas Stärke eingedickt. Diese Speisen, so simpel ihre Zubereitung ist, sind ungegessen eine ähnlich schwierige Hinterlassenschaft wie eine ➜Bowle. Hier wie da würde mich eine Mischung aus frischer Frucht, Zucker und Wein am wenigsten in einem Sorbet stören. Dafür koche ich mir aus ein paar Löffeln Wasser und Zucker einen recht zähen Sirup, den ich im Verhältnis 1 zu 2 mit der Kaltschale mische, lasse die Mischung fast durchfrieren und rühre sie dann noch einmal durch. Eischnee nach dem letzten Durchrühren hinzugegeben, macht das Sorbet cremiger. Mit ➜Gelatine bereitete Nachtische bieten sich auch für Süßspeisen aus Kaltschale an. Für ihre Verwendung muss ich die Obstpüree-Wein-Mischung nur sanft erwärmen, nicht kochen, und erhalte mir so die Fruchtaromen. Dieses Gelee wird trüb sein, aber der Weingeschmack wird zu ihm passen. Sonderfälle der Kaltschale sind die Bierkaltschale (obergäriges Bier, Zucker, Zitronenschale, Zimt und Speisestärke), die Buttermilchkaltschale (Buttermilch, Rosinen, Zitronen, Zucker und Schwarzbrotkrümel) und die Fliederkaltschale (Milch, Zucker, Zimt, Zitronenschale, Holunderblüten). Letztere kann ich mit etwas Geschick in einen annehmbaren Backteig für Pfannkuchen verwandeln oder überhaupt in einer Süßspeise einsetzen, in der süße aromatisierte Milch nicht stört. Für die anderen beiden sehe ich dagegen fast nur in einem süßen ➜Auflauf Platz, im Fall der Bierkaltschale bevorzugt mit Birnen.

Kapern.

Weder Frucht noch Gemüse, weder Gewürz noch Samen, besitzen sie doch die Kraft, aus Hackfleischkugeln Königsberger Klopse zu machen, schreibt Johanna N. Hummel über diese eingelegten kleinen Knospen. Ob sie darüber hinaus die Kraft besitzen, bislang völlig namenlose Restegerichte zu Tradition stiftenden, jedermann bekannten Speisen zu modeln – wer will das ausschließen. Im Restekochbuch finden die Kapern jedenfalls unter ➜Eingelegter Fisch, ➜Fisch- und Meeresfrüchte, ➜Gulasch, ➜Herz, ➜Kalamar, ➜Karpfen, ➜Omelett, ➜Pizza, ➜Tomate, ➜Ragout und ➜Zwiebelkuchen Erwähnung.

Kardamom. Gemahlen eines der teuersten Gewürze der Welt, in seiner Kapsel aber erschwinglich und überdies viel länger haltbar. Es ist mit Kumin, Koriandersaat und Kurkuma eines der Hauptbestandteile des Currys. Hat man es im Haus, kann man sich sehr milde Currymischungen selber machen, nämlich ohne Senfkörner und Cayenne. Kardamom hebt den Geschmack eines ➔Pilaws; in Spuren auch im ➔Risotto. Sonst: zu den meisten mit ➔Kokos bereiteten Gerichten.

Kartoffelklöße. Kein Essen, um viel Reste aufzunehmen, abgesehen von den gerösteten Stücken Brot, obwohl man eine würzige Füllung aus gekochten Gemüsestücken und z. B. mit Käsewürfeln, Kräutern und Pinienkernen durchaus versuchen könnte. Auch süße Zubereitungen wie Obst-Nuss-Rosinen-Gemenge kommen in Frage. Als Vorbild dafür kann der Zwetschgenknödel dienen, der nichts anderes ist als ein vor dem Garen mit einer rohen Pflaume gefüllter Kartoffelknödel. Er wird mit in Butter gebräunten Semmelbröseln und Zimtzucker gegessen. Wie auch immer, als aufgebratener Rest sind Kartoffelklöße, wie alle Klöße, köstlich.

Kartoffeln. Fallen in der Regel eher als Rohstoff für das Essen am nächsten Tag denn als Köpfe zerbrechender Rest an; wenigstens in der einfachsten Form ihrer Bereitung, in Wasser, je nachdem mit oder ohne Schale gekocht. Besonders beliebt sind Bratkartoffeln. Über die jedoch herrscht in den einschlägigen Büchern und bei allen befragten Menschen verwirrende Uneinigkeit, wie sie einzig richtig zuzubereiten seien: Keiner, der nicht seine alleinseligmachende Methode hätte, und keine Pfanne, in der Bratkartoffeln gelingen, die nicht die heilige wäre. Es gibt Dinge, in die ich mich nicht einmischen möchte, und frage lieber danach, was mit **Bratkartoffeln** geschehen soll, wenn sie übrig sind. Die Frage stellt sich auch bei **Backkartoffeln**, die mit nichts anderem als Öl und Gewürzen auf dem Blech im Ofen gemacht wurden sowie bei **Pommes frites** oder Stücken eines **Röstis**. Bei allen vier Garmethoden haben die Kartoffelstücke danach eine Kruste, die sich mit dem Bratfett voll gesogen hat und die nun über Nacht aufgeweicht oder harzig und hart geworden ist. Für alle vier Typen Kartoffeln habe ich es immer als das

Beste empfunden, sie in etwas geriebener oder gehackter →Tomate zu wärmen, die ich in sehr wenig Öl anschmore, bevor ich die Kartoffeln dazugebe. Bei geschlossenem Deckel lasse ich sie ein wenig mit der Soße ziehen. Die Säure der Tomate neutralisiert den Geschmack des Bratfetts, der bei vielen anderen Zubereitungen stören könnte. Gewürz: Knoblauch, frische Petersilie und Paprikapulver, auch scharfes. Varianten: dasselbe, aber mit einem Ei, das auf die Kartoffeln in Soße gegeben bei geschlossenem Deckel stockt. Oder mit etwas Reibekäse kurz im Ofen überbacken. Zerfallen die auf die genannten vier Arten gegarten Kartoffeln zu sehr, so dass die Bereitung in Tomate kaum möglich ist: stampfen, mit ein paar Tropfen Zitrone und frischen Kräutern mischen, evtl. mit einem Ei, und gratinieren. Eine ähnliche Zubereitung kann auch auf einem Fischfilet, das ich im Ofen backen will, gut angewandt sein. Sie schützt den Fisch vor dem Austrocknen, überkrustet ihn und bildet gleichzeitig die Beilage (siehe dazu: →Babybrei). In Wasser **gekochte Kartoffeln**, die nicht Bratkartoffeln werden, enden in den meisten anderen Gerichten als Mus: in →Gnocchi, →Kartoffelklößen, in Kartoffelkroketten, Herzoginkartoffeln, Kartoffelsoufflé. Schon mit Milch und Butter geschmeidig gerührtes **Kartoffelpüree** kann mit Geschick noch zu den beiden letztgenannten Speisen verwendet werden. Ich verrühre dazu das Püree mit Eigelb (auf ein Pfund Kartoffelbrei mindestens zwei) und recht viel Reibekäse, schlage das Eiweiß steif, hebe es unter den Teig und backe ihn; im Fall des Soufflés in einer gefetteten und mit Semmelbröseln ausgestreuten Form; im Fall von Herzoginkartoffeln als kleine Spritzkuchen auf einem gefetteten Blech im Ofen. Interessanter ist allerdings folgende Anwendung: Kartoffelpüree oder gestampfte Kartoffeln in zwei gleich große Portionen teilen. Mit einer Portion den Boden einer eingefetteten Backform bedecken und auf sie ein vorbereitetes Gehäcksel aus beispielsweise gedünsteten Zwiebeln und Speck, Gemüse- und Fleischresten geben. Mit der anderen Portion Püree bedecken, verquirltes Ei darüber geben und im Ofen backen, bis sich oben eine schöne goldbraune Kruste gebildet hat. **Gedämpfte Kartoffeln**, die roh in Brühe, Soße, Zwiebelsud etc. zubereitet worden sind, vielleicht auch mit Sahne, sauer Sahne etc. abgerundet wurden, eignen sich besonders für Gratins, manchmal, wie auch die Reste der Gratins, für gut gekräuterte, wegen des Käses am besten sahnige Cremesuppen (siehe dazu: →Suppen). Zu Kartoffelsuppe: ebenfalls →Suppe, zu Kartoffelsalat: →Salat. Hinweise auch unter: →Auberginen, →Babybrei, →Béchamel, →Grünkohl.

Kartoffelpuffer. Ich habe schon einen Kartoffelpufferauflauf versucht. Jedoch, so vollgesogen mit Fett oder Öl, machen sie den Auflauf unangenehm schwer. Außerdem übertönt, ja verdirbt der Kartoffel-Zwiebel-Bratfett-Geschmack leicht alles andere. Aus dem gleichen Grund, dem Bratfettgeschmack, taugen Kartoffelpuffer auch nicht geschnitten als Suppeneinlage. Am besten: Kartoffelpuffer auf das ungefettete Backblech oder in die Springform legen, u. U. mit einem verquirlten Ei übergießen, dann rohe gehackte oder eingekochte Tomaten, Gewürze und Kräuter, evtl. vorhandene andere Reste (Gemüse, Wurst etc. in Streifen), etwas Käse und hauptsächlich mit Oberhitze im Ofen überbacken. Dasselbe, jedoch schlichter, nur mit Kräutern und Ei oder nur mit Tomaten und Käse usw. **In Apfelmus ertrunkene Puffer** vom Kinderteller freilich wollen keine Pizza werden. Zu Leber, Alternative: zu Blutwurst, geben sie aber allemal noch eine hinlänglich gute Beilage. Ich dünste nicht zu wenige Zwiebeln in Schmalz oder Öl. Wenn sie fast gar sind, erhitze ich sie unter Rühren so stark, dass sie schnell Farbe bekommen, und gebe in diesem Moment den die in Streifen geschnittenen Puffer hinzu, damit sie nach Möglichkeit auch noch etwas karamellisieren (ein Löffelchen →Honig eine Sekunde zuvor in die Zwiebel gerührt, kann dabei hilfreich sein), danach den Rest des Muses. Ist die Menge des Apfelmuses nur klein, habe ich vorher noch einige Schnitzer vom Apfel mitgebraten. Würze außer Salz und Pfeffer: Oregano, Muskat, sogar Paprika. Siehe außerdem: →Möhrenrohkost, →Puffer.

Käse. Von meinem Portmonee vor die Entscheidung gestellt, ob Fleisch, Fisch oder Käse gekauft wird, entscheide ich mich für Käse. Er weckt meine Sinne beim Frühstück, verfeinert und bereichert mein Essen am Mittag, begleitet mir das Glas Wein am Abend. Universal anwendbar, fordert er freilich meine Findigkeit kaum heraus. Fleisch-, Fisch- und Gemüsereste stellen mich auf die Probe, Käse bietet mir Lösungen. Er ist für ➔Füllungen, ➔Aufläufe, Eierspeisen, überbackene Reste (siehe: ➔Gratins) geeignet, er bindet, harmonisiert, bringt mal Cremigkeit, mal Kruste, mildert Scharfes, würzt Fades. Kurz: passt zu so vielen Dingen, dass auf die eigens hinzuweisen, das Register dieses Buches zu erstellen hieße, abzüglich der Süßspeisen. Um immer einen **Vorrat an Käse** zu haben, befreie ich kleine Ecken von Hart- und Schnittkäse beizeiten von ihren Rinden und lasse sie in einem offenen Gefäß im Kühlschrank austrocknen. So schimmeln sie mir nicht und halten sich lange. Eine gute Käsereibe ist allerdings Voraussetzung, wenn möglich mit Kurbel, auf der normalen Küchenreibe mit einem ölig-rutschigen steinharten Stück Käse ist die Gefahr von geratschten Fingern groß. Doch eignen sich durchaus nicht alle Käse dafür, gerieben im oder auf dem Essen zu landen. Die stinkigen Sorten, vom gewöhnlichen Tilsiter bis zu einigen sehr edlen Schweizern, so gut sie zu Schwarz- oder Graubrot mit Butter sein mögen, sie stinken auch im Essen. Weichkäse, Weiß- und Blauschimmelkäse sind logischerweise ebenfalls keine Reibekäse. Sie können aber in Soßen z. B. mit Zwiebeln, Wein, Sahne ausgezeichnet schmecken, unversoßt setzen sie auch auf ➔Pizza oder ➔Zwiebelkuchen geschmacklich Akzente, ebenso in ➔Füllungen aus Getreide, Reis oder Kuskus. Die ➔Frischkäse (auch: ➔Milch, ➔Schafskäse) wiederum sind ein Kapitel für sich.

Kastanien.

Mehlig süß, wie sie aus der Füllung der Gans kullern, sind sie kein schlechter Soßenbinder: Zwiebeln, evtl. Knoblauch andünsten, Kastanien zerdrücken, das Mus erhitzen und mit Bratensaft nach und nach verrühren. Dasselbe, wenn sie aus keinem Vogel kommen, statt mit Bratensaft mit Brühe vermischen; mit Sahne oder einem Eigelb binden, entsprechend den sonstigen Zutaten würzen. Kaum aufwendiger ist das Zubereiten von Maronengrießklößchen: Kastanien püriert mit etwas sehr steifem Grieß und Ei vermischen und dann entweder entschieden süßlich (Vanillezucker) oder mit etwas Salz und Muskat abschmecken. Die Maronengrießklößchen schmecken entweder zu Fruchtsuppe oder als Beilage zu Fleisch und Gemüse. Dieses Rezept ist vor allem für geröstete Kastanien geeignet.

Katze. (Eine Zukunftsvision:) Lange haben die Biologen gebraucht, um zu verstehen, wovon Kirchenmäuse eigentlich leben. Vom Kitt der Fenster, der mit Leinöl zubereitet wird? Auch. Aber so oft werden die bunten Scheiben nicht eingeworfen, dass der Kitt die Hauptnahrungsquelle der Nager sein könnte. Die verblüffende Lösung der Frage: Sie leben von den Schuppen der Kirchgänger, die unter die Bänke fallen, weil einer Predigt lauschen und sich den Kopf kratzen zwei Handlungsweisen sind, die zusammengehören wie das Kürzen der Sozialhilfe mit dem Schimpfen auf die Faulenzer. Wir sind beim Thema. Die Faulenzer heißen spätestens nach der zehnten Sozialstaatsreform rundheraus die Überflüssigen, deren mit jeder Sozialmaßnahme weiter anwachsende Quartiere bei Nulltoleranz schusshart von Polizeitruppen kontrolliert werden, deren Finanzierung durch den Drogenhandel selbstverständlich über alle Zweifel erhaben ist. Die Katzen, selbst nach dem dritten Umbau des Sozialstaats noch einigermaßen appetitlich und glänzenden Fells zum Schnurren geneigt, streifen jetzt schon lange grau, auf Haar und Knochen abgemagert um die angekränkten Ecken der Häuser. Wo aber drückt sich die dickste herum? Die einzige, die noch Kaninchenbraten werden will? Im Gotteshaus. Denn: Wen schon die Küchenmäuse hungrig verlassen, der trägt mit umso größerem Eifer seinen kratzungsbedürftigen Kopf in Kirche, Betsaal und Moschee, rappelvoll folglich sind die diversen Anstalten des Heils – den Rest macht die Nahrungskette. Nicht in erster Linie der Nahrungskette verdankt sich der Bauchumfang des Geistlichen, sondern der theologischen Praxis. Wird die herbeireformierte Misere als Ausdruck der von Gott geschaffenen Ordnung erklärt und Demut bis zum Paradies gepredigt, trägt der Gottesmann Spitzbauch. Und verklärte Miene. Besteht hingegen die Notwendigkeit den Unmut großer Massen durch Anleihen rebellischer Gesinnung zu steuern und volksgemeinschaftliche Armut für alle als Gerechtigkeit zu predigen, dann trägt der Gottesmann Asketendürrre. Und Bart. Die bärtig-hagere Art ist als die modernere die wahrscheinlichere. Doch was soll's, das Verspeisen von Geistlichen überließe ich ohnehin den im Weltplan dafür vorgesehenen Krokodilen. Aber wenn das so weitergeht – schmecken eigentlich dick gemästete Krokodile?

Kaviar. Für Kaviar gilt, was über Käferlarven unter ➔Insekten gesagt ist. Für diejenigen großzügigen Menschen, die aus den Kügelchen ohne Bedauern Fischsuppe kochen würden: ➔Fisch und Meeresfrüchte.

Kefir. Wie Buttermilch oder ➔Joghurt zu Marinaden.

Keimlinge. Ein Billiggemüse aus dem kleinsten und anspruchslosesten Garten, der vorstellbar ist: eine Frischhaltedose aus Plastik, ein Tonschälchen luftig abgedeckt, auf deren Boden ein wenig nasses Küchenpapier liegt. Linsen, kleine Bohnen und Getreide muss ich vor dem Keimen einweichen, Senfsaat oder Kresse keimen auch so. Ein mäßig warmer Platz für die Dose ist vonnöten. In ➔Ragouts aus Aufgewärmtem, in ➔Teigtaschen gefüllt mit Resten sind Keimlinge eine frische, bissfeste Zutat, mithin eine optimale Ergänzung. Die Keime aus kleineren Samen sind eine überall willkommene frische Würze, siehe auch: ➔Kräuter.

Keks- und Kuchenkrümel. Lappige Kekse und weiches Knäckebrot, Eiswaffelbruch, vertrockneter Kuchen, Zähne brechende Krokantpralinen, verlederte Trockenfrüchte, leicht alt schmeckende Haferflocken, zusammengefasst, alles, was süß oder wenigstens nicht salzig, einigermaßen trocken und ungenießbar ist: Der Pürierstab oder Mörser und Stößel machen daraus ein schönes Mehl für einen guten Tortenboden. Mit in diesem Mehl verkneten lassen sich kleine Reste der meisten Löffeldesserts (Ausnahme: Geliertes) oder auch Müsli. Hinein muss Zucker. Nuss- oder Mandelmehl empfiehlt sich, bei erhöhtem Schokoladenanteil auch Kokosflocken. Und dazu: Butter. Viel Butter. Kein Ei, kein Mehl, die Butter hält den Teig zusammen. Der durchgeknetete Teig verarbeitet sich nach einer Stunde im Kühlschrank besser. Er wird mit den Händen nicht zu dick in eine gefettete und mit Bröseln ausgestreute Form gedrückt und vor dem Backen mit Obst belegt, mit Fruchtgrütze oder eingedicktem Kompott bestrichen, mit einer Schneehaube verziert oder auch einer Quarkzubereitung bedeckt. Erstaunliches Ergebnis: Mit der Butter und dem Zucker erneut ankaramellisiert zeigen die lappigen Kekse und anderen Zutaten wieder ihre besten Seiten, einen besseren Tortenboden als diesen gibt es nicht. Einschränkung: Schokoladiges gebe ich natürlich nur dann mit in die Krümelmischung, wenn sein Geschmack mit dem der vorgesehenen Auflage harmonisiert. Dito: Kokosflocken. Für sehr feine Krümel von einem hart gewordenen gekauften Tortenboden oder zerbrochenen Löffelbiskuits siehe: ➔Pudding. Außerdem: ➔Gelatine.

Kerbel. ➔Kräuter, ➔Pesto.

Ketschup. Publizistische Verbreitung findet das Gerücht, der Name Ketschup leite sich vom englischen »to catch up« her, was »auffangen« bedeute. Dies beziehe sich auf die Aromen, die sich in der dicken Soße fingen und konzentrierten. Das ist eine volksetymologische Ableitung, die auf der amerikanischen Schreibweise »catchup« (englisch: ketchup) beruht, das malaiische »ketsup« großzügig ignoriert und überdies das Phrasal Verb »to catch up« falsch übersetzt, das nämlich nicht »auffangen« bedeutet, sondern »einholen«, »aufschließen«, entweder im örtlichen Sinn, jemanden einholen, mit jemandem aufschließen, oder im übertragenen, dass ein Stand von Wissen, Informationen erreicht wird; im Passiv kann es auch »in etwas verwickelt werden« meinen. Schade. Wieder eine küchenromantische Initiative gescheitert, eine ursprüngliche malaiische Pilzsoße als wundervolles Aromenkonzentrat gegen das niedere amerikanisch-flache Massenprodukt positiv abzusetzen, mit dem wir es hier zu tun haben: eingekochte Tomaten, Essig, Zucker, Salz, Gewürze. Der Essig und der Zucker lassen mich meist davon Abstand nehmen, Ketschup für Nudelsoßen zu verwenden. Wo aber eine süßsaure frisch-würzige Note gute Wirkungen verspricht, etwa in einem gefüllten armen Ritter (siehe: ➔Brot), bei einem Rest ➔Hülsenfrüchte oder bei der Fleisch-

Gemüse-Füllung für eine ➔Teigtasche, tut ein Klecks Ketschup gute Dienste, zumal eine der Grundsituationen der Resteküche die ist, nichts im Haus zu haben, noch nicht einmal Geld, um etwas kaufen zu gehen.

Kichererbsen.

Sind die Hülsenfrüchte der Hülsenfruchtverächter. Sie enthalten sich vollkommen des Sämens in der Suppe, zerfallen nicht ins Breiige, trüben kein Wässerchen, in dem sie kochen. Ihren mehlig-zarten Schmelz offenbaren sie erst dem Gaumen. Sie sind unempfindlicher gegen das Salz im Kochwasser als Erbsen, Bohnen, Linsen, deshalb diesen gegenüber zu bevorzugen, wenn Brühe, Wurstzipfel, Schinkenkanten, Speckschwarten usw. zu verwenden sind. Die bekanntesten Rezepte aus gekochten Kichererbsen vom Vortag sind die Falafel (musen, mit Ei vermischen, würzen, Bällchen formen, frittieren) und das Hummus, eine mit Sesam- oder Olivenöl, Zitronensaft und verschiedenen Gewürzen abgeschmeckte Paste aus Sesam- und Kichererbsenmus, Proportion: ein Esslöffel Sesampaste auf 100 g Kichererbsen. Beide Rezepte sind leicht zu variieren, die Falafel, wenn ihr Teig fest genug gerät, um weitere Zutaten wie gehackte Gemüsereste, auch Reis oder Getreide, aufzunehmen und als Frikadellen zu enden. Das Hummus, weil es, so gut wie ein griechischer Auberginensalat, ein Salat ist, der sich immer etwa mit gekochtem Geflügel, Nüssen, Kräutern anreichern lässt. Ferner: Gekochte Kichererbsen aufgebraten, einfach so. Oder zu Spiegelei. Dasselbe, in etwas Tomatensoße eingeköchelt; dasselbe, nur mit Zwiebeln begonnen, dann mit Kichererbsen und zum Schluss Tomate; wieder dasselbe, aber diesmal die Kichererbsen zusammen mit Fleisch-, Wurst, auch Gemüseresten in die Zwiebel gegeben und alles miteinander leicht angebräunt, bevor Tomate dazukommt. Die zuletzt erwähnte Variante dient klarerweise dazu, einen Eintopfrest vom Vortag in ein neues Essen zu verwandeln. In Spanien, wo Kichererbseneintopf der Eintopf ist, heißt dieses Resteessen »ropa vieja«, alte Kleider. Die alten Kleider gewinnen an Reiz durch (verschlagenes) Ei, das ich auf ihnen im geschlossenen Topf stocken lasse, gehackte Petersilie ist auch nicht zu verachten. Nicht mit in die ropa vieja kommt die Brühe. Deshalb ist es angeraten, drei Tage vom Eintopf zu essen und nicht sämtliche Reste für die alten Kleider aus der Suppe zu fischen. Man nimmt lieber den Eintopf mit der reichlich übrigen Brühe für einen gebackenen ➔Reis. Überhaupt lassen sich gekochte Kichererbsen gut mit Reis kombinieren, z. B. auch in einem ➔Pilaw. Außerdem: ganze Kichererbsen als Zutat zu einem bunten Salat.

Rezept

Kichererbsen »Teresa«

200 g Kichererbsen in ihrem Kochwasser
(Ersatz: 1 bis 2 Tassen Gemüsebrühe)
1 Aubergine
2 Zwiebeln
2 Zehen Knoblauch
1 rote Paprika
2 grüne lange Paprika
2 nicht zu kleine Tomaten
Öl
Salz

– Die Aubergine schälen, in fingerdicke Scheiben schneiden, salzen und eine halbe Stunde auswässern lassen.
– Zwiebeln schälen, eine halbe reservieren, den Rest in Ringe schneiden, 1 Zehe Knoblauch schälen, Paprika säubern und in Streifen schneiden. Alle Gemüse gut verteilt auf eingeöltes Backblech geben, mit Öl netzen und rund eine halbe Stunde backen.
– Tomaten schälen und klein schneiden. Übrige Zwiebel und Knoblauch ebenfalls klein schneiden, dann anbraten und gar dünsten. Kichererbsen im Kochwasser erwärmen (es sollte sie gerade bedecken). Tomate zu den Zwiebeln in Topf oder Pfanne geben, etwas einkochen.
– Sind die Kichererbsen heiß, die Gemüse im Ofen durch, die Tomate mit den Zwiebeln zu einer Soße verkocht, alles zu den Erbsen geben, salzen und vor dem Servieren ein bis zwei Minuten auf kleiner Flamme sanft weiterkochen lassen.
Variante: ergänzt um Zucchini. Bei diesem Rezept kommt

es auf die Güte der Zutaten an, denn die Gemüse sind das einzige Gewürz. Das Öl sollte Olivenöl sein.

Kirschen.

➔Obst, aber auch: ➔Beerenobst. Für Süßspeisen: ➔Gelatine, ➔Kaltschale, ➔Obstgrütze, ➔Pudding. Für Kirschmarmelade: ➔Marmelade. In Zeiten, in denen ich viele Brotaufläufe (➔Brot) gemacht habe, empfand ich eingemachte Sauerkirschen oft als eine Wohltat. Sie bringen einen angenehm herzhaft säuerlichen Kontrast in die sonst durch ihre milde Süße schnell ermüdende Speise. Außerdem passen sie auch zu Aufläufen, in denen Schokolade oder dunkles Brot verarbeitetet werden musste.

Kiwis.

Überreife Kiwis pürieren. Als Soße zu Eis oder Pudding, im süßen Quark oder in anderen Süßspeisen, siehe: ➔Obstgrütze, ➔Kaltschale. Bei Nachspeisen mit ➔Gelatine kann ich nur überbrühte oder gegarte Kiwis benutzen, frische Kiwis enthalten ein Enzym, das die Gelatine nicht fest werden lässt. Man kann versuchen die überreife Kiwi in den Schmortopf mit Geflügel zu geben, mich würde das von fern an Erdbeeren erinnernde Nebenaroma sehr reifer Kiwis davon abhalten. Aber sicherlich ist Ente in Erdbeersoße längst irgendwo versucht worden und hat gar nicht mal so schlecht geschmeckt. Weniger zurückhaltend wäre ich bei der Kombination von Geflügel und einer unreif aufgeschnittenen zu sauren Kiwi. Außerdem: Kiwis, ob zu reif oder zu unreif, im ➔Chutney.

Klöße.

Siehe für Falafel: ➔Kichererbsen, für Bratlinge: ➔Frikadellen, für Bratklopse: ➔Hackfleisch. Außerdem: ➔Gnocchi, ➔Hefeklöße, ➔Kartoffelklöße, ➔Nocken, ➔Quenelles, ➔Semmelknödel. Ferner: ➔Grieß, ➔Kastanien.

Knoblauch.

Langsam in wenig Brühe eingesottener Knoblauch, auch vollkommen durchgebackener, ist mild und cremig weich wie eine gekochte Kastanie. Zerdrückt ergibt er dann, mit etwas Bratensaft verrührt, eine der feinsten Soßen, die vorstellbar sind. Nur ist die Knolle natürlich viel zu teuer, um sie auf diese Weise zu benutzen. Ökonomischer ist gegarter Knoblauch als Paste mit Olivenöl und Salz abgeschmeckt zum Brotaufstrich, wozu mancher Schmortopf, mancher gebackene Reis mit seinen Hinterlassenschaften Gelegenheit bietet. Man ahnt jedenfalls, hat man nur einmal eine weich gekochte Knoblauchzehe mit der Zunge am Gaumen zerdrückt, warum dieses Zwiebelgewächs fantastisch Süßes mit Salzigem zu versöhnen imstande ist. Unter seiner Schärfe verbirgt sich nicht wenig Süße. Er ist darin seiner großen Schwester, der Zwiebel, nicht unähnlich, prägt das Essen aber weniger durch seine Faser als diese und muss auch nicht gebräunt werden, um süße Noten zu zeigen. Im Gegenteil, bräunen hebt das Herb-bittere dieses würzenden Gemüses. Einen nicht ganz einfachen Rest stellt der Knoblauch in Form einer zu scharfen **Aïoli** dar, die etwa entsteht, wenn ich zuviel Knoblauch, zuviel Salz oder ein zu kräftig schmeckendes Öl zu ihrer Bereitung benutze. Mit nichts weiter als diesen drei Zutaten bereitet, hält sich die Emulsion aber lange stabil. Und wenn sie zerfällt, ist sie auch nichts weiter als gesalzenes Knoblauchöl, das ich zum Einreiben von Stücken zum Braten, in Tropfen mit dem Öl vermischt, in dem ich gare, jederzeit benutzen kann. Bei der Zutat von Eigelb an die Aïoli, vollends bei einer »falschen Aïoli« oder Knoblauchmayonnaise habe ich nicht so viel Zeit, sie zu verbrauchen (aber immerhin einige Wochen) und kann sie wegen ihrer bei Hitze gerinnenden Inhaltsstoffe nicht einfach wie Öl verwenden. In das Ei gerührt, mit dem ich paniere, als Zutat in einer Füllung oder als, freilich sehr hervorschmeckende, Würze für eine Soße, die ich mit Eigelb legiere, verschwindet messerspitzenweise selbst eine zu scharfe Knoblauchmayonnaise nach und nach.

Knochen. Mal heißt es Jus, mal Fond, was beides schlicht mal Bratensaft, mal Brühe sein kann. Manchmal ist es aber auch ein trübes Gelee. Und in dieser Form ist es die Fertigbrühe der feineren Küche. Die begriffliche Unklarheit rührt daher, dass es sich hier um Flüssigkeiten handelt, die teils beim Kochen und Braten unvermeidlich entstehen, teils bewusst hergestellt werden, um sich ihrer zu bedienen. Werden sie bewusst hergestellt, dann mit Knochen, selbst wenn diese – im Fall von in Wasser lebenden Tieren – →Gräten sein sollten. In der Resteküche entsteht die erste Jus meist unbeabsichtigt. Etwa weil Gäste da waren, die Brathähnchen mitbrachten, dann aber nur mäßig zugriffen. Missmutig löst man nachher das übrige Fleisch von den vielen Knochen: Was macht man jetzt damit? Wenn man wenigstens zum Fleisch noch eine ordentliche Brühe hätte, um ein Risotto zu machen! Und schon landen Haut und Knochen mit Suppengrün, etwas Zwiebel, Knoblauch, Kräutern im Topf. Viel Geschmack kann das nicht abwerfen, denkt man, deshalb lieber lange ruhig vor sich hin kochen lassen. Und im offenen Topf, damit die Brühe sich etwas konzentriert. Nach drei bis vier Stunden probiert, schmeckt sie nicht nur überraschend gut, sie schmeckt hervorragend. Also durch ein Sieb über das abgepulte Fleisch geben, damit die Gummiadlerteile ein wenig Geschmack und Saft ziehen. Abkühlen lassen und in den Kühlschrank damit. Am nächsten Morgen befindet sich das Fleisch unter einem schwabbeligen Glibber, vornehmer gesagt: unter einer Jus. Wie lange das Fleisch von ihr bedeckt sich im Kühlschrank hielte, habe ich nie gewagt auszuprobieren, der reine Glibber hält Wochen. Löffelweise dafür benutzt, um Soßen abzurunden, Flüssigkeit an zarte, in etwas Butter oder Öl angeschmorte Gemüse zu bringen etc., verbraucht sich so eine Jus jedoch schnell. Und es lohnt deshalb, Knochenreste im Eisfach zu sammeln, um immer wieder eine neue zu kochen. Zwei Sorten Knochen fallen dafür an: solche, meist von größeren Tieren, die ich vor dem Kochen oder Braten aus dem Fleisch schneide, und solche, an denen auch nach dem Garen und Abnagen viel Fleisch und Knorpelreste hängen, wie bei besagten Brathähnchen, oder auch der Brustkorb eines Kaninchens. Zwei Möglichkeiten gibt es auch, die Jus zuzubereiten. Einmal, indem ich die Knochen mit den übrigen Zutaten mit klarem Wasser aufsetze und wie oben beschrieben stundenlang koche, bis sie um ein Drittel reduziert ist. In dieser Form heißt die gelierte Brühe auch heller Fond. Oder, indem ich Knochen und Gemüse anbrate, ablösche und dann erst stundenlang koche. Der erste Unterschied ist ein geschmacklicher. Verwende ich jedoch Knochenreste aus einem Braten, ist die zweite Art vorzuziehen, da es besser ist, den schon vorhandenen Bratengeschmack zu unterstützen und ihn nicht ins Fade zu verdünnen. Der zweite Unterschied ist ein farblicher. Das spielt dann eine Rolle, wenn ich vorhabe, aus den Knochenresten ein ➔Gelee zu kochen. Hierfür benötige ich vor allem knorpelhaltige Reste. Ein Gelee entsteht, indem ich das Fett auf der abgegossenen kalten (gelierenden) Brühe entferne, dann Eiweiß hineinrühre und sie unter ständigen Rühren wieder zum Kochen bringe. Wenn das Eiweiß dann fest wird und nach oben steigt, hat es sämtliche Schwebstoffe der Brühe in sich aufgenommen, so dass diese, durch ein Tuch gegeben, völlig klar ist. Mit der gleichen Technik des Klärens macht man übrigens aus einer gewöhnlichen konzentrierten Brühe auch ein Consommé.

Kohl. ➔Blumenkohl und Brokkoli, ➔Chinakohl, ➔Rosenkohl, ➔Rotkohl, ➔Weißkohl, ➔Wirsingkohl. Der charakteristische Duft gegarten Kohls, der Kohldampf mit einem Kalauer gesagt, macht diese Gemüse häufig zu Einzelgängern, die außer mit Zwiebeln, vielleicht noch mit Kartoffeln und Möhren, aber wenig anderen Gemüsen kombiniert werden, z. B. nicht mit Mais, Paprika, Zucchini oder Auberginen. ➔Tomaten schaffen da allerdings oft unverhoffte Übergänge zu mediterraneren Kombinationen und Geschmäckern, zu Kichererbsen und Paprikawurst.

Kohlrabi. Sind, gedämpft und in Butter geschwenkt oder gekocht in weißer oder Sahnesoße, ein zartes Gemüse. Ihren sanften Geschmack zu bewahren ist nicht einfach – habe ich nicht gerade ein Frikassee oder helles sahniges Ragout zuzubereiten, wo diese Zutat eine schöne Ergänzung bietet. Eine Kohlrabicremesuppe geht natürlich immer. Für einen Gratin sollte man buttrigen, jungen Käse nehmen. Oder ich erhitze die Kohlrabi in sehr wenig Brühe zusammen mit ein bis zwei Esslöffeln gebratenem Hackfleisch und etwas Petersilie. Dasselbe schmeckt auch mit etwas gedünstetem Speck- oder Schinkenwürfeln. Größere Kohlrabistücke wälze ich, wenn vorhanden, in ihrer Soße, paniere sie mit Mehl, Ei und Semmelbrösel und brate sie sanft in Butter. Junge Kohlrabi, gekocht und wie Topf und Deckel aufgeschnitten, lassen sich aushöhlen und füllen. Da der Kohlrabi aber schon gar ist, eignen sich nur Füllungen, die nicht lange durchbacken müssen. Etwa: das der Kohlrabi Entnommene gehackt, weich geschwitzte, möglichst nicht angebräunte Zwiebeln und ein mit ihnen vermengter kleiner Fleischrest, Semmelbrösel, etwas Käse und Gewürze – zum Überbacken im Ofen.

Kohlrouladen.

→Krautwickel.

Kohlrüben.

Von der Kohlrübe wird behauptet, sie nehme den Geschmack des Gemüses an, mit dem man sie koche. Ich habe das nie feststellen können, sondern fand stets, sie schmecke durchaus nach Kohlrübe. Historisch allerdings hat sie im Nachkrieg den Geschmack des großen deutschen Selbstmitleids angenommen, mit dem auf der Zunge man sich leicht beweisen konnte, ebenso unschuldig gelitten zu haben wie die Bewohner der zuvor überfallenen, ausgeplünderten und verheerten Nachbarnationen. Dass niemand auf die Idee gekommen ist, den Wiederaufbau von Dresdens Frauenkirche mittels patriotischer Kohlrübeneintopfessen zu finanzieren, ist vor diesem Hintergrund eher erstaunlich. Junge Kohlrüben sind zuckerhaltiger als etwa Kohlrabi, im Geruch beim Kochen stärker an Kohl erinnernd, im Geschmack sanft und unaufdringlich. Sie werden meist mit etwas Zucker abgeschmeckt. Gekochte Kohlrüben sind püriert gut, um jede flüssige Speise etwas anzudicken, an der ein leicht süßlicher Gemüseton angenehm ist, wie z. B. Eintöpfe von →Hülsenfrüchten oder →Currys etc. Ihre eventuell vorhandenen Soßen gehen denselben Weg. Vermischt mit Kartoffelbrei und ebenso verwendet wie dieser, siehe dazu: →Kartoffeln. Härtlich abgekochte Kohlrübenschnitzel in etwas Butter und Zucker oder Honig (mit einer Spur Curry) ankaramellisiert als Zutat zum Pilaw. Oder wie Kohlrabi oder Sellerie paniert und gebraten. Siehe außerdem: →Gemüse, →Suppe.

Kokos.

Als Kokosmilch in Dosen oder als Kokosraspel im Vorratsschrank. Beides Zutaten, die eine unschuldig in Butter gedünstete oder in Wasser gedämpfte Zutat beim Aufwärmen in einen exotischen Happen verwandeln. Im Normalfall werde ich Kokosraspel verwenden, nur große Reste lohnen eine ganze teure Büchse Kokosmilch (Näheres siehe:

→Curry, →Thaicurry). Kann ich jedoch Kokosmilch irgendwo ablöffeln, schmeckt ein Stück Fisch, kurz in ihrem Dampf gewärmt und parfümiert mit einer diskreten Gabe zerriebener aromatischer Samen (Kardamom, Muskat, Koriander, Kumin, Piment), wunderbar. Das gilt ebenso für die meisten Gemüse. Kokosraspel bräune ich vorsichtig in Butter. Manchmal beginne ich mit Zwiebeln (und Knoblauch), bevor ich die weißen Nussflocken hinzugebe, die Zubereitung wird dann saftiger. Sie eignet sich, um unter aufgebratenes Gemüse und/oder Fleisch gezogen zu werden, und verträgt sowohl dem Curry verwandte Aromen als auch Schärfe. Fisch, der beim Aufbraten sofort zerfallen würde, setzt man am besten in eine Pfanne mit geschlossenem Deckel, auf deren Boden ich zwei bis drei Esslöffel mit Wasser verdünnte Milch und etwas Butter zum Kochen gebracht habe. Nach zwei Minuten in diesem Dampf ist der Fisch wieder heiß und ich gebe meine gebräunten Kokosraspel dazu, lasse alles ohne Feuer noch ein wenig ziehen. Nicht besonders zu Kokos passen Wurst und Schinken, Wein und dicke Soßen (letztere, je nach Geschmack, vielleicht mit Kokosmilch verdünnbar) sowie stark schmeckende Öle und das meiste Obst. Tomatiges ist mit Kokosmilch wenig glücklich, mit einer pikanten Zubereitung aus Kokosflocken jedoch nicht schlecht kombiniert, bei Kartoffeln verhält es sich genau umgekehrt.

Kompott. Mit etwas Wasser und Zucker, oft auch Zitronenschale und Zimt gedünstetes Obst. Stücke daraus auf Blechkuchen (→Hefeteig), in gedeckten Kuchen (→Apfel), in →Blätterteiggebäck, in Quarkkuchen (→Quark und →Keks- und Kuchenkrümel), Quarkaufläufen, Brotaufläufen (→Auflauf, auch →Brot), zu Eis, mit Vanille- oder anderem →Pudding übergossen. Ferner: in Salaten, besonders in Geflügelsalat. Das ganze Kompott in Löffeldesserts, die mit →Gelatine gemacht werden, in →Obstgrütze. Kleinere Reste von Kompott, insbesondere aus Aprikosen, Äpfeln, Birnen, bereichern Soßen zu Braten, Schmorbraten, Ragouts etc. Ich kann sie entweder darin bis zur Auflösung verkochen, oder nur den Saft hinzugeben und die Stücke aber erst zum Schluss an die Soße geben, damit sie dort als erkennbares Stück in einem

Ensemble von Zutaten eine auf kalkulierten Kontrasten beruhende Wirkung entfalten. Diese Obst-Fleisch-Kombination gilt, seit sie in den fünfziger Jahren anfing, die große weite Welt in die deutschen Küchen zu tragen, als gewagt und originell, so dass in jeder zweiten Frauenzeitschrift, die ich beim Friseur zufällig greife, wenigstens ein entsprechendes Rezept zu finden sein wird. Siehe außerdem die einzelnen Obstsorten, ➔Curry, ➔Chutney, ➔Sahne.

Kondensmilch. Vor allem in Teigen für Gebäck, im Quarkkuchen aus Magerquark kein ganz schlechter Ersatz für einen fehlenden Schuss Sahne. Der eigentümliche Kondensmilchgeschmack macht mich bei anderen Anwendungen zurückhaltender. Wenn mir Butter oder Sahne für Kartoffelbrei und Soße fehlen würden, ich im Kühlschrank aber noch eine in ihrer Dose vor sich hin trocknende Kondensmilch hätte, diese landete im Brei und nicht in der feineren Soße. Ferner: in Teigen für ➔Pfannkuchen oder ➔Kartoffelpuffer. Außerdem: ➔Sahne.

Königsberger Klopse. Gekochte Hackfleischbällchen in einer weißen – aus der Klopsbrühe und Mehlschwitze, Ei und Sahne gerührten – Soße, in der Kapern schwimmen. Ein Essen, das sich gut aufwärmen lässt. Verlängern: Klopse vierteln oder achteln, gedünstete oder angebrätelte Gemüse (Möhren, Petersilienwurzeln, Zucchini) im Stil eines ➔Frikassees dazugeben, Petersilie verträgt sich dabei gut mit den Kapern. Stärker verändern: Tomaten schmoren, einkochen, mit Paprika, auch leicht pikant abschmecken, unter die Soße ziehen, gebratene Paprikaschote, Aubergine hinzugeben, mit Minze oder Basilikum bestreuen. Die Soße, mit etwas Ei und Käse vermischt, wäre auch auf einem Zwiebelkuchen nicht völlig verloren. Siehe auch: ➔Ragout.

Kopfsalat. Einen überbrühten Salatkopf zu füllen erfordert ein wenig Technik, er fällt leicht auseinander. Ich schneide ihn von oben auf, ohne den Strunk zu zerschneiden, drücke die Blätter auseinander, fülle den Salat, binde ihn leicht zu und lasse ihn in Fleischbrühe, Kokosmilch etc. gar ziehen. Das Garen dauert nicht lange, Füllungen, die Zeit brauchen, wie

Getreide-Ei-Mischungen, schwämmen in einer grün-braunen Soße, bevor sie durch sind. Ein ➔Haschee aus Fleisch oder Fischresten, bei Bedarf etwas mit Semmelbrösel angedickt, geht dagegen gut. Wenn die Füllung etwas abbinden soll, eingeweichtes Brot, Käse und Ei enthält, dann sollte man sie als flache Schicht in den Salat drücken. Für alle anderen Anwendungen siehe ➔Salat, auch: ➔Spinat.

Koriander. Einige Koriandersamen im Mörser zerrieben oder in ganzen Körnern sind ein gutes Gewürz für einen ➔Pilaw. In geringer Dosierung eignen sie sich zum schonenden Wärmen von Fisch(-filet) mit einem Esslöffel Wasser und etwas Butter in einem geschlossenen Topf. Gemahlene Koriandersamen sind Bestandteil fast aller im Handel befindlichen Currymischungen. Siehe auch: ➔Kräuter, ➔Pesto, ➔Thaicurry.

Krabben. ➔Krebse.

Kräuter. Außer der freilich immer willkommenen Petersilie sind frische Kräuter teuer. Nach dem dritten Umkochen des immerwährenden Eintopfs jedoch grenzt das Bedürfnis nach einem frischen Geschmack bereits an Not. Ich rate nicht nur zu Kresseschwein oder -igel, ich rate zu Blumentöpfen. Lohnend ist das Ziehen von Basilikum. Es ist einjährig und kann im Hochsommer zu welken anfangen, dann heißt es hacken und einfrieren oder ➔Pesto. Ebenso gut wächst auch Minze, ein mehrjähriges Kraut, das schwer zu bekommen ist. Denn man bekommt oft die ähnlich riechende, aber zehnmal stärker ätherische Pfefferminze für es, die für Tee und manche Süßspeise ein nettes Pflänzchen sein mag, aber eben nicht wie ihre milde Schwester anstelle von Petersilie an Gemüsen und in vielen Füllungen ganz ausgezeichnet schmeckt. Minze braucht einen Topf für sich allein. Ihre Wurzeln erobern sonst auch den Platz der anderen Kräuter. Koriander empfiehlt sich für die Liebhaber der orientalischen und der Thaiküche, Zitronengras ebenfalls. Thymian, Rosmarin, Oregano und Majoran sind getrocknet fast so aromatisch wie frisch. Sie im Topf zu haben, erlaubt allerdings einige andere Anwendungen, so für Nudelsoßen aus zerstoßenen frischen Kräutern, das Mitkochen eines Kräutersträußchens

u. a. m. Getrockneter Salbei hingegen ist bitter und ohne Duft. Im Topf braucht er kalkhaltige, gut drainierende Erde, Wärme und so viel Sonne wie möglich. Wer Platz und Blumentöpfe genug hat, kann sich auch an Bohnenkraut, Dill, Estragon, Kerbel, Liebstöckel und Schnittlauch wagen, denn bei frischen Kräutern gilt nichts so sehr wie der große Leitsatz aller Weisen: Mehr ist mehr. Siehe vor allem: ➔Frikadellen, ➔Füllungen und ➔Suppen.

Kräutertee. Eine Tasse kalter Kräutertee hat noch keiner ➔Brühe geschadet.

Krautwickel. Weiß-, Rot- , Wirsing- oder Chinakohl, es macht keinen Unterschied: Blätter abnehmen, blanchieren, starke Rippen herausschneiden, drei oder vier Blätter fächerartig übereinander legen, Füllmasse hinaufgeben, einwickeln, mit Küchenfaden zusammenbinden. Nach Geschmack (mit Zwiebeln) anbraten und mit Brühe (oder Tomaten) ablöschen, oder ohne anzubraten in Brühe dünsten. Der Wickel ist auch als Zutat zu einem Eintopf mit Kichererbsen und Gemüsen denkbar. Möglichkeiten gibt es genug. In der Resteküche wird die ➔Füllung öfter nicht aus Hack oder Mett sein. Sondern sie wird eher wie die unter ➔Paprika beschriebene vegetarische Füllung aus einem Rest Beilage wie Reis, Kuskus etc. bestehen. Doch auch in Füllungen aus ➔Hackfleisch kann ich kleinere solcher Reste verarbeiten, vor allem aus Reisgerichten. Und mit dem Löffel einfach auf die Hackfleischfüllung gelegte, nicht mit ihr vermischte klein geschnittene Gemüsereste, u. U. mit etwas Käse angereichert, würzen immerhin und sind beim Aufschneiden des Krautwickels – vor allem wenn sie andersfarbig sind als der Kohl – hübsch anzuschauen.

Krebse. ➔Krustentiere.

Kreuzkümmel. ➔Kumin.

Kroketten. Gut vorzubereiten! stände in einem normalen Kochbuch über diesem Rezept. Und untendrunter: Tipp! Kroketten auf Vorrat herstellen. Nach dem Panieren einfrieren und bei Bedarf unaufgetaut frittieren! Ja, Kroketten sind praktisch. Und es liegt nur an der verbreiteten Abneigung gegen Fettgebackenes, dass sie nicht seit Jahrzehnten ein allgemein beliebtes Montagsessen sind. Kroketten werden aus ➔Béchamel gemacht. In die noch heiße, sehr dickflüssige Béchamel kommen die klein gehackten Reste: Fisch, Meeresfrüchte, alle Sorten Fleisch, die meisten Gemüse, ➔Risotto, sogar kleinere Mengen einfacher Reis, auch Getreide, Bulgur, Kuskus. Und natürlich: Fisch und Gemüse kombiniert, Fleisch und Gemüse kombiniert usw. Verfeinern kann ich mit geriebenem Käse, Blauschimmelkäse, Schinkenstückchen, Speckwürfelchen, Kräutern, Gewürzen etc. Die Béchamel erkaltet und wird recht steif, eine Nacht im Kühlschrank macht sie fester. Am nächsten Tag steche ich mit einem Esslöffel walnussgroße Portionen aus der Masse, forme sie zu kleinen korkendicken Röllchen, ziehe sie durch Milch oder Ei, dann durch Semmelbrösel und frittiere sie in Olivenöl. Variante: durch Mehl und Ei ziehen und nicht durch Brösel. Dies erfordert etwas mehr Geschick, ist aber im Ergebnis weniger fett. Dazu passt Salat; auch ein Chutney ist manchmal ein angenehmer Begleiter. Die Anwendbarkeit der Krokette liegt auf der Hand: Es gibt wenig Reste, die ich nicht jederzeit in einer sanft gewürzten weißen Soße aufgewärmt gern essen würde, das weiße ➔Haschee oder das ➔Frikassee sind dafür Beispiele. Die Krokette fügt dem noch eine leckere Kruste hinzu. Tipp: Reste von Soßen mit in der Béchamel verarbeiten. Variante: Die Béchamel wie einen Backteig benutzen, Eiviertel oder -hälften z. B. in relativ zähe Béchamel getaucht, paniert und frittiert, sind ein Leckerbissen. **Eine zweite Sorte Kroketten** besteht aus gekochtem Reis oder Bulgur und anderen Zutaten, mit Ei oder Eigelb gebunden und durch Brösel gerollt. Diese Sorte ist besonders gut mit kleinen Gemüseresten, weniger mit Fleisch oder Fisch. Sie sind einfacher gemacht als solche mit Béchamel, aber im Geschmack weniger sahnig. Zu Plätzchen geformt und in der Pfanne gebraten, ergibt der gleiche Teig gute Frikadellen. Siehe auch: ➔Öl.

Krüstchen. Ein krustiger Boden wird mit einem Haschee, mit einer Gemüsezubereitung oder Ähnlichem gefüllt, manchmal auch noch überbacken. Voraussetzung für die Herstellung von Krüstchen ist, Formen für kleine Tortenböden oder sonst kleinere feuerfeste Formen mit etwas Rand zu haben. Ei, Fett und Semmelbrösel brauche ich auch immer. Alles Weitere, je nachdem. Es geht mit Reis, Grießbrei, Polenta, Nudeln, festem Kartoffelpüree etc. Ich werde die Form immer gut fetten und meist recht dick mit Semmelbröseln ausstreuen; wenn ich befürchten muss, das fertige Krüstchen niemals heil aus der Form lösen zu können, empfiehlt es sich, diese vor dem Fetten und Besemmeln mit Backpapier auszukleiden. Meine Zutaten vermische ich entweder mit Ei, bevor ich sie in die Form gebe, oder ich übergieße sie mit geschlagenem Ei, nachdem ich sie hineingegeben und verteilt habe. Ich muss darauf achten, dass mir ein Rand stehen bleibt. Nach dem Backen – die Krüstchen sollten braun und am Boden kross sein – entnehme ich sie vorsichtig der Form und fülle sie noch heiß mit der vorbereiteten, ebenfalls heißen Mischung, meist einem Resteragout gleich welcher Art (→Ragout, →Haschee, →Frikassee). Danach gratinieren oder gleich auftragen.

Krustentiere. →Langusten.

Kumin. Auch: Kreuzkümmel, Mutterkümmel. Bestandteil des Currys. Bahnt Resten von Kohlgerichten den Weg in exotischere Gefilde. Hervorragend in Frikadellen aus Hülsenfrüchten.

Kümmel. Auch: Echter Kümmel, Wiesenkümmel. Der Kümmelgeschmack ist weniger festlegend, als man denkt. Ich ziehe es aber immer vor, ihn gut gemischt mit anderen würzenden Samen (Wacholder, Piment, Pfeffer, Muskat, Koriander etc.) zu verwenden. Siehe auch: →Gewürze.

Kürbis. Je verregneter der Sommer, desto fader der Kürbis. Er braucht Wärme, um süß zu werden. Die Süße ist das Beste an ihm. Gekochter oder gedämpfter Kürbis verwandelt sich in nichts leichter als in Brei – Kürbismus hat man oft, bevor man es überhaupt wollte. Gegarter Kürbis ist allerdings nicht nur für eine Suppe gut, sondern wegen seines relativ hohen Gehalts an mehligen Stoffen auch für vieles Gebäck. Er gibt ihnen einen angenehm dezent süßen Grundton, macht den Teig auch saftiger, etwa wie bei der Verwendung von Quark. In Hefebrot oder Hefekuchen im Stil eines Gugelhupfs oder Panettone verbacken, ist er hervorragend, ebenfalls bei in Fett gebackenen Krapfen. Übrige Kürbiscremesuppe gerät wunderbar als Pudding ausgebacken wie unter ➔Avocado beschrieben, am besten kombiniert mit einer ebenfalls mit Ei verrührten Spinatcreme. Bei übrigen gekochten Stücken vom Kürbis folge man den Anregungen zu der ähnlich milden ➔Kohlrübe. Für süßsauer eingelegten Kürbis siehe: ➔Chutney.

Kurkuma. Manchmal tönt sich in der Resteküche durch das ständige Verkneten und Vermanschen alles Grau in Grau. Da tut es gut, einen kräftigen Gelbmacher zur Hand zu haben. Geschmacklich ohne viel Einfluss, trägt er höchstens eine leicht herbe Note zum Essen bei. Kurkuma ist Bestandteil des Currys. Siehe außerdem: ➔Safran.

Kuskus. Eine der praktischsten Beilagen überhaupt: ein Glas Salzwasser oder Brühe zum Kochen bringen, ein Glas Kuskus hineingeben, umrühren, vom Feuer nehmen, zugedeckt fünf Minuten ziehen lassen, mit Hilfe einer Gabel und einer Nuss Butter auflockern, fertig. Kuskus quillt in einigen Stunden auch ganz ohne Kochen, bis er essbar weich ist, ein Tabbuleh (Kuskus, gehackte Petersilie und Minze, kleine Stückchen geschälte Tomate, Zwiebel, Oliven- oder Sesamöl, Zitrone) kann ich auch mit rohem Kuskus zusammenmischen. Diese Eigenschaft, unter allen Umständen aufzuquellen, nutze ich für Füllungen, von denen ich nicht ganz sicher sein kann, ob sie ohne einen Esslöffel rohen Kuskus fest würden. Oder: Ich habe einen Joghurtrest oder einen Obstrest, jedenfalls keinen Quark, verfalle aber trotzdem auf die Idee, mich dieser Reste für eine Art Quarkkuchen zu bedienen. Dann rühre ich eine Joghurt-Ei-Suppe, gebe etwas Puddingpulver und zwei Esslöffel rohen Kuskus dazu und diese Mischung auf den Tortenboden (➔Keks- und Kuchenkrümel) und über das Obst. Weil die Joghurtmischung vor dem Backen flüssig ist, muss ich meine Form gut fetten und ihren Rand dick mit Bröseln bestreuen. Ein Rest Kuskus kommt ins erwähnte Tabbuleh, ist eine gute Suppeneinlage für klare Brühen und verarbeitet sich hervorragend in (vegetarischen) →Füllungen für Gemüse, denen er zusammen mit Ei Schnittfestigkeit verleiht, ohne dass die Masse zu kompakt oder schwer würde. Siehe ferner: →Curry, →Fenchel, →Füllungen, →Gemüsekuchen, →Grieß, →Paprika. Bulgur ist etwas klebriger als Kuskus, deshalb für ein Tabbuleh nicht die beste Wahl. Ansonsten kann ich Bulgur aber genau wie Kuskus verwenden.

Kutteln.

Irgendwann enttarnt man sich doch als das norddeutsche Großstadtkind, das man ist. Jetzt: Kutteln sind an mir bislang vorübergegangen, ich kann darüber keine Auskunft geben. Empfehlen Sie dennoch, wann und wo Sie können, mein Buch! Ich verspreche, bis zur zweiten Auflage habe ich diese peinliche Scharte ausgewetzt. Bis dahin: →Fleisch

Kwass.

Sie haben keinen russischen Nachbarn, der Ihnen mit dem Rezept für Kwass aushelfen könnte? Nun, in einem Film des sowjetischen Kinopioniers Dsiga Vertov sah ich einmal einen fetten Kulaken Kwass aus einem großen Topf in sich hineinschütten, in dem der dicke Brocken Schwarzbrot noch fröhlich herumschwamm. Aus diesen Bildern schließe ich, dass es bei dem leicht alkoholischen Erfrischungsgetränk auf nicht viel mehr ankommen kann, als Wasser, Brot und wahrscheinlich Zucker im richtigen Verhältnis miteinander zu mischen und etwas zu warten. Ausprobieren. Verwendung als Rest: wie →Bier. Allerdings ist Kwass etwas süßer. Und ganz ohne bittere Aromen vom Hopfen.

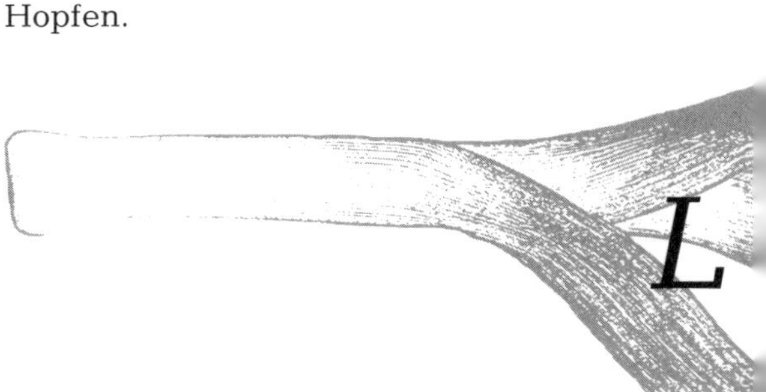

Labskaus.

Kartoffelbrei, gehacktes gepökeltes Rindfleisch, saure Gurken, noch Fragen? Wären Sie wirklich nicht selbst auf die

Antwort Linsensuppe gekommen? Passt alles hervorragend. Siehe: ➔Linsen.

Lachs. ➔Fisch und Meeresfrüchte. Außerdem: ➔Auflauf, ➔Birne.

Lakritze. Das Problem bei der Lakritze ist, sie aufzulösen. Manche Sorten lassen das nicht gern zu, sie wollen durchaus nur gekaut Brei werden – es muss am Gummiarabikum liegen. Und wenn ich sie nicht kauen mag, muss ich ihnen mit kochendem Wasser und dem Mixer zu Leib rücken. Habe ich die Lakritze aber erst einmal in einen braunen sirupartigen Brei verwandelt, steht ihrer Verwendung in einem Honigkuchenteig nichts mehr im Weg. Denn bei Lakritze gilt, was auch für ➔Bonbons und Lutscher gilt: aufheben für die Weihnachtsbäckerei. Kaum geeignet für die Weihnachtsbäckerei sind Salmiak- und Veilchenpastillen. Siehe: ➔Lebkuchen.

Langusten. ➔Scampi.

Lauch. Ist in langen Stücken nicht zu weich gekocht, nur mit Salz bestreut und mit Essig und Öl benetzt, ein köstlicher Salat. Ein Rest Lauch wird leider dafür meist zu matschig sein. Gut, dass er auch püriert als ➔Suppe köstlich schmeckt. Ferner: Lauchgemüse auf ➔Törtchen oder ➔Krüstchen mit ➔Béchamel oder ➔Käse überbacken oder nur mit angebrätelten Speck und etwas weißer Soße; auf einer Lauchtorte unter einer Ei-Sauerrahm-Kruste (siehe: ➔Gemüsekuchen); auf einer Coca (siehe: ➔Hefeteig) mit Wurst und/oder anderen Gemüseresten; in ➔Haschees und ➔Frikassees; in Soße verkocht an Stelle von oder mit Zwiebeln; Stücke in Backteig frittiert. Für kleine Reste Lauchgemüse siehe auch: ➔Zwiebel.

Leber. Gebratene Leber als Zutat für einen grünen Salat. Dafür etwas Knoblauch in wenig Öl andünsten, Rosinen anbraten, bis sie sich aufplustern, leicht bräunen, evtl. zusammen mit Pinienkernen oder einer anderen nussigen Zutat. Die Pfanne von der Flamme nehmen, die in dünne Streifen geschnittene Leber hineingeben, salzen, umrühren und mit den Rosinen ziehen lassen, bis diese vollständig erkaltet sind. Dann die Mischung über einen grünen Salat geben. Anmachen mit Öl und Essig, wenn aber mit einer Vinaigrette, dann diese mit einer kleinen Gabe Zucker, süßem Senf oder Ähnlichem würzen; Thymian ist nicht schlecht. Mit in diesen Salat passen über die Küchenreibe geschnittene dünne Scheiben Möhren. Siehe außerdem: ➔Fleisch, ➔Füllungen, auch: ➔Honig.

Leberkäse. ➔Fleisch, auch: ➔Wurst.

Leberknödel. Wie ➔Semmelknödel aufbraten.

Leberwurst. Gebratene frische Leberwurst, frische Blutwurst und Leberpastete haben eine weiche Konsistenz. Die verbietet es, ihre Reste wie im Fall anderer Würste als würzende Zutat an- oder mitzubraten oder einfach mitgaren zu lassen. In Füllungen aus Kuskus oder Reis und Ei oder im Auflaufteig ist die weiche Wurstmasse aber gut zu verarbeiten. Ich würde in vielen Fällen gebräunte Zwiebeln hinzugeben, gerade Leberpasteten entwickeln erwärmt manchmal etwas leicht Parfümiertes, das zu erden ich das Bedürfnis hätte. Sehr klein geschnittene angebräunte Möhre oder Pastinake bindet das Süßliche der Leberwurst gut ein, Senf und Kräuter ebenfalls. Füllen würde ich mit diesen Mischungen alle Gemüse, am wenigsten Paprika, am ehesten ➔Zwiebeln oder Blätter vom ➔Kohl. In Teigen aus eingeweichtem Brot für einen Auflauf schmecken auch grüne Erbsen oder Spinat zusammen mit dem Wurstrest gut. Denselben Teig, etwas fester, kann man zu falschen Leberknödeln verarbeiten (siehe: ➔Semmelknödel). Feine Leberwurst ohne Stückchen, aufgelöst in etwas Brühe oder Fond, Sahne oder Béchamel, kann eine gute Soße ergeben, etwa zu Pilzen, Würze: Knoblauch, Thymian, ein Hauch Salbei, Weinbrand. Weniger subtil, aber nicht weniger gut: grobe Leberwurst mit braunen Zwiebeln und einem Rest ➔Linsen vermischt als Soße zu Nudeln, insbesondere zu Spätzle. Außerdem: ➔Rotkohl.

Lebkuchen. Anis, Gewürznelken, Koriander, Muskat, Piment und Zimt enthält das gängige Lebkuchengewürz, andere Mischungen enthalten zusätzlich Ingwer und Kardamon. Nicht ein Gewürz ist darunter, dass nicht ebenso gut Bestandteil eines etwas besseren Currys wäre. Einfacher Lebkuchen enthält außer diesen Gewürzen manchmal noch Zitronat und Orangeat, immer Zucker oder Melasse, auch Honig sowie Mehl und ein Backtriebmittel. Er taugt in dieser Form zum Würzen, Süßen und Sämigmachen einer Soße. Aber nicht alle Lebkuchen sind so einfach. Enthalten sie außerdem Nüsse oder sind mit Schokolade überzogen, bleibt, wenn sie alt geworden sind, nur die große Büchse für die ➜Keks- und Kuchenkrümel. Bei der **Zubereitung eigener Lebkuchen** erlauben mir die vielen Gewürze bei der Auswahl der Zutaten wagemutiger zu sein, als ich es bei anderem Gebäck wäre. Zum Beispiel so: Eier mit Zucker und zerstoßenen ➜Bonbons schaumig rühren, Gewürze, Zitronat, Orangeat, Orangen- und Zitronenschale, Backpulver, Honig hineinrühren, gehackte Nüsse und/oder Mandeln und Mehl dazugeben, wobei der Teig nicht übermäßig zäh werden sollte. Die Masse löffelweise auf Oblaten setzen, etwas glatt streichen, bei mäßiger Hitze backen. Oder: Zucker, zerstoßene Bonbons, Zuckerrübensirup und aufgelöste ➜Lakritze miteinander erhitzen, ineinander lösen und abkühlen lassen, Proportionen: ungefähr zweieinhalbmal soviel Sirup und Lakritze wie Zucker und Bonbons. Schmalz hinzugeben, Gewürze, Backpulver etc., mit Mehl zu einem festen Teig verarbeiten, den mindestens über Nacht ruhen lassen, dann dünn ausrollen, ausstechen, dekorieren und backen. Das wären im Groben zwei Richtungen, die man einschlagen kann. Warnhinweise: Genaue Mengenangaben verbieten sich bei den an dieser Stelle vorgeschlagenen Zutaten von selbst, hier kann ein jeder nur Schritt für Schritt mit seiner an eigener Erfahrung geschulten Intuition vorgehen. Und selbstverständlich lassen sich Karamellbonbons, Lakritze oder Blockmalz besser zu Leb- oder Honigkuchen heranziehen als ein Fruchthartschaum, dessen schreiendes Erdbeeraroma für ein geschmackliches Disneyland designed worden ist.

Liebstöckel. Im Topf eine Pflanze vom ästhetischen Charme des Stangenselleries, sehr gemüsig auch im Geschmack. Macht vor allem ➜Brühen runder und voller. Siehe auch: ➜Kräuter.

Liköre. Wenn sie als Getränk nicht genießbar sind, sind sie es leider auch kaum anderswo. Sind sie hinlänglich gut, nehmen aber dennoch nur Platz weg: bei →Eierlikör siehe dort. Nuss- und Mandelliköre wie künstliches Aroma an Gebäck, im Rührkuchen, Plätzchenteig etc., vermischt mit Kaffee an Tiramisu. Dasselbe mit Whisky-Sahne-Likören, Kaffee- und Schokoladenlikören und ähnlichen. Fruchtliköre im Sorbet, im Speiseeis, manchen Kuchen und Biskuithappen kann man nach dem Backen mit ihnen tränken. Kräuterliköre, Magenbitter an →Lebkuchen, je nach Geschmack auch an Soßen zu Fleisch im Schmortopf.

Linsen. Die kleinsten Sorten sind die besten. Sie sind besser im Geschmack und auch hübscher anzusehen, denn sie zerfallen weniger beim Garen. Die größeren Tellerlinsen sind mehliger und weniger nussig. Lange gekocht und viel gerührt ergeben sie die bräunlich-graue sämige Suppe, die viele lieben und ebenso viele links liegen lassen. Geschälte Linsen verkochen immer zu Mus, allerdings immer zu einem Mus von schöner Farbe. Ich koche alle Typen Linsen, über Nacht eingeweicht, gespült und mit nicht zuviel Wasser bedeckt auf kleiner Flamme. Wenn ich eine Suppe haben will, verlängere ich die schon fertig gekochten Linsen mit Brühe, mit Tomatensoße, einer Currysoße aus Zwiebel, Apfel und Sahne, mit Kokosmilch, je nach Rezept. Gekochte Linsen sind so flexibel wie alle anderen →Hülsenfrüchte auch. Ungeschälte Linsen gemust und halb gemust verknetet, ergeben hervorragende →Frikadellen mit einem dem Hackfleisch so ähnlichen Biss, dass sie jeden nicht allzu eingefleischten Hamburgerfan mühelos gewinnen. Ich bereite sie ganz wie Bratklopse aus einem Teig zu, an den etwas eingeweichtes Weißbrot und ein Ei kommt, sehr fein gehackte oder geriebene Zwiebel, etwas Knoblauch, Petersilie, Paprikagewürz etc., bei mir ist auch ein wenig Kumin und Zimt dabei. Ist der Teig zu weich, helfen Semmelbrösel. Die Ähnlichkeit mit dem Hackfleisch ist es wohl auch, die das traditionelle schwäbische Gericht Nudeln bzw. Spätzle mit Linsen inspiriert hat (dazu auch: →Leberwurst), wofür im Prinzip jeder Linsensuppenrest taugt, ist er nur dickflüssig genug. Würzige Zubereitungen aus Linsen, sofern sie nicht zu flüssig sind oder ich die Soße abgießen kann, sowie einfach ohne alles gekochte Linsen, sind eine ideale Zutat für den →Pilaw. Sind die Linsenragouts zu soßig oder habe ich mir aus geschälten Linsen einen würzigen Brei gekocht, nehme ich den Mixer, verlängere mit etwas Milch oder Brühe und erhalte eine Linsencremesuppe. Ferner: gekochte Linsen ohne Wasser, Brühe oder Soße, aber mit einem kleinen Schuss Zitronensaft, in einer Pfanne in Öl, Butter oder Schmalz erhitzen, unter Schütteln der Pfanne leicht anbräunen, mit Pfeffer, Petersilie, Muskatnuss abschmecken, mit Streifen gebratenen Specks garnieren; zu Spiegelei; Reste davon, mit eingeschmorter Tomate verlängern und zu Nudeln. Für **Reste**, die **in einer Linsensuppe** mehr oder minder gut, doch immer vernünftig aufgehoben wären, siehe: →Aniskekse, →Äpfel, →Bananen, →Curry, →Currywurst, →Gulasch, →Labskaus, →Lunge, →Salat. Weitere Anregungen unter: →Bohnen, →Keimlinge, →Kichererbsen.

Lorbeer. Zu allem, was ich auskoche, siehe: →Brühe, →Gräten, →Knochen. Zu allen →Hülsenfrüchten ins Kochwasser. Gemahlen oder zerrieben Bestandteil des Currys.

Lunge. Lunge mit allerhand Wurzeln, Zwiebeln, Lorbeer, Gewürzen gekocht, geschnitten und in einer brauen Soße sauer mit Essiggurken und Essig abgeschmeckt, geht, Töttchen hin, Beuschel her, den Weg allen Labskaus: in die →Linsen.

M

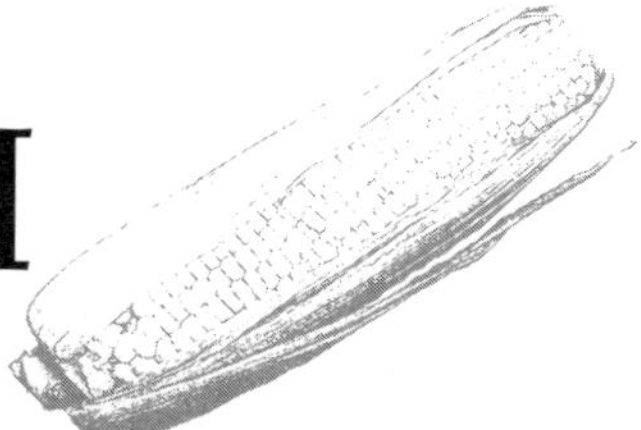

Mais. Gemüsemais. Gewöhnlich aus der Dose. Und so verpackt ein Extra aus dem Vorratsregal. Bringt süße Akzente und etwas zu Beißen an Frikassees, Haschees, Ragouts, vor allem bei Mischungen aus Fleischresten und Soße, denen etwas festeres Gemüse fehlt. Sehr angenehm auch in Füllungen für Teigtaschen. Siehe außerdem: →Chili con Carne und →Kohl. Für Maisgrieß →Polenta. (Vollkorn-)Mehl aus Mais hat einen starken Eigengeschmack, ist aber, z. B. zu einer Art →Béchamel verkocht und mit Eiern verrührt, in einem Auflauf mit Speck und Gemüsen köstlich. Außerdem: →Cornflakes, →Pfannkuchen.

Majoran. →Kräuter, →Pesto.

Makrelen. →Fisch- und Meeresfrüchte, auch: →Auflauf und →Birne. Geräucherte Makrele: →Räucherfisch.

Mandeln. Wie alle Nüsse vereint auch die Mandel in sich eine Substanz mit der Eignung zum Gaumenkitzel. Geröstete Mandelsplitter finden sich deshalb auf Salaten, auf Gemüsen, um Kartoffelkroketten, sogar in Füllungen, in kalten Suppen aus Joghurt und Gurke oder als Dekorationen auf Ragouts, Geflügel etc. Mein Geschmack ist das nicht, es gibt sehr wenig Fälle, in denen ich Mandeln den würzigeren Pinienkernen vorziehen würde, am ehesten bei Fisch. Mandelmehl verbessert nicht nur Kuchen und Kekse, sondern ganz entscheidend auch einen Kuchenboden aus →Keks- und Kuchenkrümeln. Es ist außerdem in süßlichen →Currys eine angenehme Zutat. Manchen zarten, schon gekochten Gemüsen, die ich paniere, um sie zu braten oder zu frittieren, steht eine Zutat von Mandelmehl an der Panade nicht schlecht.

Mango. Im →Curry oder →Chutney.

Mangold. Ein echtes Unkraut, das überall wächst, wenige Meter vom Meer entfernt zwischen den Steinen genau wie im Hochgebirge. Dieser Hinweis für den, der in seiner Not die Straße vor seiner Haustür aufreißt, um als Laiengärtner zwischen Hungersnot und Junkfood seinem chronischen Vitaminmangel abzuhelfen: Für Mangold bräuchte er keinen grünen Daumen. Im Normalfall wird man vom Mangold das Blattgrün essen, zubereitet und die Reste ähnlich verwendet wie bei →Spinat. Probleme bereiten beim Mangold allenfalls die Stiele. Sie sind ungleich fester als das Blattgrün, ehe sie weich sind, ist das Grün schon längst verkocht. Erfahrene

Köche helfen sich, indem sie die Stiele mehrmals längs einschneiden, eilige Köche, indem sie das Grün einfach abraufen und die Stiele als Abfall verkommen lassen. Habe ich es eilig, mache ich es ganz genauso, schneide aber am anderen Tag die Stiele doch noch klein und verwende sie als Zutat in der Suppe oder in einem gedünsteten Allerlei mit anderen Gemüsen. Stiele vom Mangold als warmer Salat, zusammen mit etwas Knoblauch, Speckwürfeln oder Schinkenresten in Öl leicht angebraten, in der verschlossenen Pfanne gar gezogen und mit ein wenig gutem Essig abgeschmeckt: ein Gericht, in das auch ➔Rosinen hineinpassen. Die gleiche Zubereitung, aber ohne Speck und Rosinen, in einem milden Öl oder Butter, mit Sahne oder Sauerrahm abgeschmeckt und mit grünen Kräutern, auch mit Safran oder einer Spur Koriander gewürzt als Beilage zu Fisch. Oder: gedämpfte Mangoldstiele mit in Butter gebräunten Semmelbröseln.

Maniok. Als Rest wie ➔Kartoffel. Maniok ist aber stärkehaltiger, was beim Verarbeiten von Maniokbrei etwas größere Zumischungen anderer Zutaten erlaubt (ebenfalls: ➔Kartoffel). Zwei Hinweise: Die bitteren Sorten Maniok enthalten einen Giftstoff, Linamarin, Maniok sollte deshalb nur gut gewässert und gekocht auf den Tisch kommen. Und: Maniokstärke ist als Tapioka im Handel und gilt als edelster Soßenbinder, wenn mit mehligen Stoffen gebunden wird.

Margarine. Beliebtes Brat- und Backfett, dessen Bedeutung in meiner Küche geschwunden ist, seit Olivenöl und Butter keine teuren Luxusfette mehr sind. Ich wüsste keine Situation anzugeben, in der die Verwendung von Margarine bessere Ergebnisse brächte als ihre unter einigem Aufwand in Emulsion mit 20 % Wasser gebrachten Ausgangsfette wie Sonnenblumen- oder Erdnussöl, Rindertalg oder Kokosfett. Margarine ist ein Überbleibsel aus der Zeit, in der Fettmangel die Küche der durchschnittlichen Haushalte prägte, siehe dazu: ➔Fett. Ihre Erfindung geht auf ein Preisausschreiben des dritten Napoleon (franz. Kaiser von 1852 bis 1870) zurück, der einen billigen Buttterersatz suchte. »Bonaparte möchte als der patriarchalische Wohltäter aller Klassen erscheinen«, schreibt Karl Marx in einem seiner berühmtesten Aufsätze, *Der achtzehnte Brumaire des Louis Bonaparte*, über den Kaiser: »Aber er kann keiner geben, ohne der andern zu nehmen.« Wir verstehen, dass da ein billiger Buttterersatz wenigstens für das eine Mal die Lösung seines wahrhaft kaiserlichen Dilemmas war. Die Mutation der Margarine von einem aus der Tonne auf Papier geklatschten Fett für Arme zur ordentlich verpackten und mit kleinbürgerlicher Würde zu kaufenden Markenmargarine findet noch James Krüss einen so bemerkenswerten Vorgang, dass er in seinem in den sechziger Jahren des 20. Jahrhunderts erschienenen Roman für Kinder *Tim Thaler oder Das verkaufte Lachen* seinen aus ärmlichen Verhältnissen stammenden Titelhelden selbst die Erfindung der schönen Verpackung für das Speisefett machen lässt. Danach macht die Margarine noch die Verwandlung durch, angeblich gesünder als Butter zu sein, was immerhin eine bemerkenswerte Leistung cleverer Werbestrategen ist. Es mag nämlich das eine oder andere für Margarine verarbeitete Speiseöl in seiner Mischung zwischen gesättigten und ungesättigten Fettsäuren tatsächlich der Butter überlegen sein. Doch muss man, um so ein Öl in eine dauerhaft stabile streichfeste Emulsion zu zwingen, ihm ziemlich viele andere Dinge hinzufügen, über deren Wert die Werber schweigen. Natürlich gibt es auch Margarine aus garantiert erstklassigen, untadeligen Zutaten. Zum doppelten Preis von Butter.

Mark. Unwahrscheinlich, dass von dieser weichen Masse so viel als Rest vorhanden ist, um davon ➜Kroketten (Markkromeskis) oder Markplätzchen (gekochtes Rückenmark, Schinkenstückchen, gekochter Reis und Eigelb in Mehl gewälzt und frittiert) zu machen. Meist wird das Mark dafür auch zu verkocht sein. Es lohnt aber immer, Knochen- oder Rückenmark mit einem Ess-Stäbchen herauszuholen und in die nächste Soße mit zu verarbeiten.

Marmelade. Sowie Konfitüre und Fruchtgelee. Marmeladen süßen stark und färben weniger stark, außerdem bringen sie Fruchtaromen an ein Essen. Viele Soßen, Bratensoßen und Tinkturen werden mit Marmelade oder Gelee abgeschmeckt, wobei Johannisbeergelee am häufigsten genommen wird. Auch dass Rotkohl vielfach mit etwas Marmelade verfeinert wird, dürfte nicht unbekannt sein. Marmeladenmuffel sollten also die von Nachbarn geschenkten Selbstgemachten nicht verschimmeln lassen, sondern als Würzmittel im Kühlschrank bewahren. Vegetarier sind hier allerdings deutlich im Nachteil, da die Soßen, an denen Marmelade gefällt, meistens Fleischsoßen sind. Ihnen bleibt aber immer noch, das freundlich gemeinte Geschenk mit Zwiebeln, Knoblauch, Essig, Gewürzen zu einem ➔Chutney zu verkochen, das sie dann im selben Glas zurückschenken können. Süßspeisen, insbesondere Gebäcke, bieten unzählige Möglichkeiten, Marmelade anzubringen. Der hier mehrfach vorgeschlagene Tortenboden aus ➔Keks- und Kuchenkrümeln z. B. verwandelt sich nur mit Marmelade bestrichen und mit Streuseln bestreut in eine improvisierte Linzer Torte; derselbe Boden, aber statt der Streusel mit Quarkkuchenfüllung; wieder derselbe, aber nach dem Backen mit Marmelade bestrichen und mit warmen Pudding aufgefüllt. Ferner: In ➔Kartoffelklößen mit etwas geröstetem Brot, evtl. Nüssen und/oder Frischkäse; als Dekoration auf Süßspeisen.

Marzipan. Beim Kauf von Marzipan lohnt es sich, auf die Zutatenliste zu schauen. Steht dort »Zucker, Mandeln, Glukosesirup, ...« etc. an Stelle von »Mandeln, Zucker, ...« etc. ist das Zeug meist ungenießbar süß und wird zudem in kürzester Zeit steinhart. Das Kennzeichnungsgesetz schreibt vor, dass die Zutaten in der Reihenfolge der Mengen von viel zu wenig aufgeführt werden. Überzuckertes oder aus anderen Gründen eingetrocknetes Marzipan zerbröseln und mit den ➔Keks- und Kuchenkrümeln oder in Füllungen für Gebäck (siehe: ➔Babybrei, auch: ➔Grieß) benutzen. Ferner: Marzipan in selbst gemachtem Eis (Verarbeitungshinweis: ➔Halwa); in Puddings, deren Rezepte die Zugabe von geriebenen Mandeln vorsehen; mit Mehl, Butter und Zucker zu Streuseln für Kuchen verarbeitet.

Maultaschen. Schwäbische Riesenravioli. Dauert länger, steht dazu in manchem Kochbuch, oder es sind drei Kochlöffel von fünf angeben, um den mittelhohen Schwierigkeitsgrad zu kennzeichnen. Der Teig ist ein normaler Nudelteig aus etwa 300g Mehl, zwei Eiern, vier Esslöffeln Wasser, etwas Salz, der nach einer Stunde Ruhen dünn ausgerollt und in Quadrate geschnitten wird, die über Eck über die Füllung zu dreieckigen Taschen geklappt werden. Zusammengeklebt werden die Ränder entweder durch Druck, sicherer aber zusätzlich durch auf die Ränder gepinseltes Eiweiß. Danach ziehen die Maultaschen 10 Minuten in sanft kochender Fleisch-, Fisch-, oder Gemüsebrühe, bis der Nudelteig gar ist und die Füllung warm. Sie werden meist mit der Brühe zusammen gegessen. Traditionell besteht die ➔Füllung aus mit Zwiebeln gedünstetem Spinat oder aus mit Zwiebeln gebratenem Hackfleisch, woran sich jedoch niemand halten muss. In der Resteküche kommen alle Zubereitungen in Frage, die nicht stocken oder quellen müssen: gekochte oder geschmorte Gemüse mit Fleisch- oder Fischresten in Tomate, Gemüsereste mit Käse und Kräutern, Fischreste in Béchamel, Fleischreste mit Käse usw. Maultaschen lassen sich gut auf Vorrat herstellen und im Eisfach verwahren.

Mayonnaise.

Die Erfindung der »Mahonnaise« datiert aus der Zeit der Zugehörigkeit von Menorca (Hauptstadt: Mahón) zu England zwischen 1708 und 1802. Ursprünglich ist sie eine Hollandaise, die in Ermangelung von Butter aus Eigelb und Olivenöl gerührt wurde. Denn Menorca ist größtenteils von Macchie bedeckt, und Olivenbäume gedeihen hier besser als Kühe. Eine Mayonnaise aus dem Glas ist wie die hausgemachte mit Essig und Gewürzen abgeschmeckt, aber nicht mit Olivenöl zubereitet und normalerweise mit etwas Stärke angedickt. Übrige Mayonnaise, die weg muss, wird im Ernstfall aber immer eher eine empfindliche eigener Produktion sein. Und sie kann, weil sie rohes Eigelb enthält, nur in Speisen verschwinden, wo ihre Gerinnung willkommen und ihr Gehalt an viel Öl und etwas Essig wenigstens geschmacklich nicht unangenehm ist: ein Kartoffelsoufflé (siehe: ➔Kartoffeln); ein Weißbrotauflauf mit nichts als gedämpftem Gemüse als weiterer Zutat (siehe: ➔Auflauf, ➔Brot). Oder die Mayonnaise in Quark gerührt und mit gedämpftem Gemüse zu einem Gemüsekuchen ohne Boden verbacken (siehe: →Gemüsekuchen). Alle drei Vorschläge werden ohne zusätzliche hineingerührte Eier nicht auskommen. Siehe außerdem: →Knoblauch.

Meeresfrüchte. → Fisch und Meeresfrüchte.

Meerrettich. Ob gerieben oder aus dem Glas: Er muss weg, wenn er anfängt sich ins Bräunliche zu verfärben, also zu oxidieren. Meerrettich wird immer Soße, die gut zu gekochtem Fleisch aber auch zu Frittiertem (Gemüse, Käse im Backteig, Kroketten) passt. Die einfachsten Soßen sind Meerrettichsahne (Meerrettich, Salz, Zucker, Paprika, Essig, geschlagene Sahne), Meerrettichapfel (geriebener Apfel, Meerrettich, Salz), Meerrettichmayonnaise. Eine Meerrettichsahnesoße, die einem Restekoch mehr Spaß macht: geriebener Meerrettich und Semmelmehl zu gleichen Teilen verrühren, mit Sahne unter Rühren durchkochen, mit Salz und Zucker abschmecken. Der Meerrettichsoßenklassiker ist die weiße Mehlschwitze mit kräftiger Fleischbrühe und Sahne aufgegossen, glatt gerührt, durchgekocht und mit der geriebenen Wurzel verrührt. Ein Rest dieses Essens, das Fleisch (von dem die Brühe stammte) in Meerrettichsoße, je nach Größe des Rests mit anderen Gemüsen (in Butter gebräunte gekochte Möhren, angebrätelte und gar gezogene Gurken) in ein Ragout überführen, oder zu →Kroketten verarbeiten, indem die Soße mit einer zweiten Mehlschwitze nach und nach verrührt und béchamelig angedickt wird.

Melone. Rumohr rät, die Schalen von Wassermelonen in lange dünne Streifen geschnitten ohne allen Überzug in siedendem Fett abzubacken. Es versteht sich, dass ich hierzu alle Reste roten Fruchtfleisches im Innern der Schale sorgfältig wegschneiden und die Streifen gut abgetrocknet in das heiße Öl geben werde. Stücke von frittierter Melonenschale sind eine willkommene Zutat für einen →Pilaw. Das Fleisch fehlgekaufter wässriger Melonen, in Stücke geschnitten und in eine heiße Pfanne mit etwas Öl gegeben, kocht schnell zu einer leicht süßlichen Soße ein, die sich zum Anfeuchten von gebräteltem Gemüsen, vor allem von Wurzelgemüsen eignet. Bei einigen Sorten, z. B. den runden Galia-Melonen, tritt dabei allerdings oft ein bitter schmeckender Nebenton hervor. In einem scharf gewürzten ➔Curry oder einer pikanten Soße auf der Basis von ➔Tomaten setzt sich dieser Beigeschmack aber nur schwer durch. In keinem Fall ist die Zutat von Tomate, Knoblauch und Oregano bei verkochter Melone ein Fehler. Ferner: anstelle von Gurke im Salat, z. B. mit Schinkenstreifen, frischem Basilikum oder Minze, etwas Mayonnaise, Joghurt sowie drei Tropfen guten Essigs.

Mensch.

Kulturpessimisten werden aus der Tatsache, dass Menschenfleisch im Laufe der Geschichte – zumindest im Rahmen der christlichen Kirchen – zuerst durch Brot, dann durch Oblaten ersetzt worden ist, keinen anderen Schluss zu ziehen wissen, als dass halt alles immer fader würde auf Erden. Marxleser wissen das natürlich mal wieder anders und, wie immer, besser. Finden sie doch in einer Fußnote im *Kapital* folgenden Hinweis über gewisse Praktiken im alten Rom: »Das Geld, das die römischen Patrizier dem plebejischen Schuldner vorgeschossen, hatte sich vermittels seiner Lebensmittel in *Fleisch und Blut* des Schuldners verwandelt. Dies Fleisch und Blut war daher *ihr Geld.* (...), dass die patrizischen Gläubiger von Zeit zu Zeit jenseits der Tiber Festschmäuse in gekochtem Schuldnerfleisch veranstalteten, bleibe (...) dahingestellt.« Freilich liegt es verdammt nahe. Sah doch das römische Recht als Strafe für einen zahlungsunfähigen Schuldner neben der Einsperrung oder Versklavung ausdrücklich auch die Zerstückelung seines Körpers vor. Und wozu sich derlei Mühen machen, wenn man ihn nicht essen wollte? Es ist nicht so lange her, da wurde im Vaterunser noch ganz konkret die Vergebung der Schulden erfleht, und dieses Gebet zusammengenommen mit der für jeden Vegetarier zu Recht irritierenden Abendmahlformel: »Nehmet und esset alle davon, das ist mein Leib ...« machte aus dem frühen Christentum wahrscheinlich kein schlechtes Angebot für Menschen fressende Gläubiger bzw. gläubige Menschenfresser: Esst statt der Schuldner den Jesus und euer ist das Himmelreich. Wir haben es bei der Verwandlung von Menschenfleisch in Brot und von Brot in Oblate also zuerst mit einem Fortschritt – Veränderungen in den Produktionsverhältnissen, die gestatteten, das Verspeisen von Menschen unmoralisch zu finden –, dann mit seiner technischen Rationalisierung zu tun, als dieser Fortschritt allgemein zu werden begann. Seit ich das weiß, nehme ich die Oblate gegen den Vorwurf der Fadheit in Schutz: Er mag geschmacklich zutreffen, aber historisch ist er falsch. Es ist von daher für mich nichts als erfreulich, unter dem entsprechenden Stichwort tatsächlich ein paar Anregungen geben zu können, was mit diesem dem Papier nicht unähnlichen Gebäck in der Resteküche anzufangen sei (siehe: ➔Oblaten). Freuen würde mich auch, stieße ich einmal auf einen Buchtitel wie diesen: *Wir die Jesusesser, ihr die Menschenfresser. Religiöse Sublimierung und Projektion anthropophager Traditionen auf Andere als konstituierendes Element der europäischen Kriegs- und Raubkultur.* Der historisierende Blickwinkel sollte im Übrigen aber nicht dazu verleiten, die Schuldnerverspeisung in der christlich-westlichen Welt für abgelegt und überwunden zu halten. Solange Auflagen des Weltwährungsfonds verschuldete Länder dazu zwingen, ihr bestes Ackerland für die Exportproduktion herzugeben, ist sie es nicht. Da die Erträge solcher Felder meist in die Massentierhaltung wandern, wandeln wir das Fleisch, das den Schuldnern auf den Rippen zu fehlen beginnt, statt in Oblaten in tierisches Fleisch, vor allem in Schweinefleisch um, bevor wir es zu uns nehmen. Schweinefleisch, für alle, die das schon immer nicht wissen wollten, sei es gesagt, soll dem menschlichen zum Verwechseln ähnlich schmecken.

Milch. Oft schon, ehe man es der Milch anschmeckt, dass sie zu säuern beginnt, gerinnt sie, wenn man sie in den Kaffee schüttet, und verdirbt einem so das halbe Frühstück. Kommt dieser Schluck krisselgeneigter Milch aus einem eben geöffneten, familienüblichen Zweiliterkarton, folgender Ausweg: Eine Zitrone auspressen, Milch in einen Topf schütten und aufkochen, Zitronensaft dazugießen, umrühren und ein Weilchen stehen lassen. Nach ein paar Minuten haben sich Milcheiweiß und Molke vollständig getrennt. Durch eine Baumwollwindel abgießen, wie einen Sack zusammennehmen und zum Abtropfen aufhängen. Was in der Windel bleibt, ist ungefähr ein Puddingschälchen voll körnigem, magerem Frischkäse, der sich beliebig würzen (Salz, Kräuter, Knoblauch, Pfeffer oder Paprikapulver) und recht fest zusammenpressen lässt. Gepresst und nur leicht gesalzen kann ich diesen Käse in einem indischen ➔Curry essen – würfeln, mehlen, kurz in heißem Fett anbräunen, beiseite legen und später in der fertigen Soße wieder wärmen – oder auch in Scheiben schneiden, panieren und braten; dazu Chutney und/oder Salat. Körnig dient mir dieser Käse, mit Sahne vermischt, zum Überbacken, mit Ei vermischt auch im Auflauf. Ferner: mit Zucker, Vanillepuddingpulver, Ei, vielleicht etwas Sahne, sauer oder nicht, verrühren, in eine gebutterte, dick mit Semmelbröseln oder Kekskrümeln ausgestreute Form geben und im Ofen ausbacken: ein Käsekuchen, den ich auch auf einem Boden machen kann (➔Keks- und Kuchenkrümel).

Milchreis. Aus übrigem Milchreis golfballgroße Kugeln formen, durch Semmelbrösel rollen und in sehr heißem Öl goldbraun frittieren. Noch heiß mit Puderzucker bestreuen, kalt servieren, mit Fruchtkompott zur Begleitung.

Milchsuppe. Siehe: ➔Auflauf, auch: ➔Cornflakes.

Minze. ➔Kräuter, ➔Pesto.

Mispeln. Sind reif recht delikat und deshalb schwierig zu transportieren, daher oft unreif im Handel. Unreif von schon beeindruckend astringierender Säure im Mund, aber zu ➔Kompott verkocht sehr angenehm.

Mixed Pickles. ➔Chutney, auch ➔Essiggurken.

Mohn. Wenn Novalis in seinen *Hymnen an die Nacht* den Mohn besingt, meint er durchaus das Opium und seinen Gebrauch als Rauschgift, nicht aber die hübsche rote Sommerblume oder die leckere schwarze Füllung manchen Gebäcks oder Kuchens, die meines Wissens beide in der deutschen Dichtung unbesungen, ja unerwähnt geblieben sind. Beim Blaumohn, etwa ölgesättigt und nachtfarben auf einem duftend weiß und weichen Hefeknödel liegend, erstaunt das, denn er bietet einen lieblichen, wenn nicht gar erotisch verfänglichen und außerdem nahrhaften Anblick. Ich habe gemahlenen Blaumohn gern benutzt, um süße ➔Babybreis zu Kuchenfüllungen zu verarbeiten, wobei ich das leicht Herbe dieser Samen als wohltuend empfand. Und er ist, wie man aus der obigen Beschreibung des bemohnten Knödels schließen kann, zusammen mit etwas zerlassener Butter und Zucker eine gute Zutat auf teigigen Süßspeisen, wie leichten Brotaufläufen, Grießklößen etc.; auch ein Brotauflauf mit Mohnfüllung – z. B. Blaumohn mit wenig Milch und etwas Zucker aufkochen, mit geriebenem Apfel verrühren, Rosinen hinzugeben – ist angenehm. Da die Mohnpaste im weichen Auflaufteig unter Umständen einsinkt, ist anzuraten einen Mohn-Brot-Auflauf nach der Technik des ➔Scheiterhaufens zu machen. Siehe außerdem: ➔Auflauf, ➔Brot, ➔Grieß.

Möhren. Gewinnen, wenn man sie brät. In dieser Form sind sie eine gute Beilage zu fast allem oder bringen Süße und Würze an einen ➔Pilaw, einen ➔Risotto oder gebackenen ➔Reis. Wegen ihres Wohlgeschmacks habe ich mir angewöhnt, nicht nur übrige gekochte, sondern öfter auch rohe, sehr klein geschnittene Möhren zusammen mit Zwiebeln (später dazu: Knoblauch) anzurösten, für Soße zum ➔Ragout oder um sie etwa zusammen mit einem Fleischrest für eine Teigtaschenfüllung, mit Reis und Hackfleisch für eine gefüllte Paprika, aber ebenso in vegetarischen ➔Füllungen (Kuskus, Ei, Käse etc.) zu verarbeiten. Angebrätelte Möhren harmonieren auch ausgezeichnet mit in etwas Öl gedünstetem Spinat. Einem Rest Reis, den ich nach der Art des Pilaws mit einem Esslöffel Wasser am Boden des fest mit einem Tuch verschlossenen Topfs wärme, bekommt diese Zutat ebenfalls sehr gut. Möhren aus dem Fleischtopf haben den Bratensaft in sich aufgenommen und sind deshalb besonders gut püriert als ➔Suppe. Einfach in Dampf oder Wasser gegarte Möhren, in Butter geschwenkt, mit Petersilie bestreut oder mit einer angedickten Soße serviert, dienen, nicht gegessen und püriert, ebenfalls zur Suppenbereitung, aber auch für einen Möhrenauflauf, der ganz nach dem Rezept für ein Kartoffelsoufflé (siehe: ➔Kartoffeln) bereitet werden kann. Püriert mit dicker Béchamel und einem Eigelb und anderen würzenden Zutaten verrührt und eine Nacht kalt gestellt, lassen sich aus Möhren gute ➔Kroketten machen. Außerdem: als Gemüsepudding wie unter ➔Avocado beschrieben; verkocht in Soßen, im ➔Curry, zu ➔Bohnen oder ➔Linsen. Siehe zudem: ➔Äpfel, ➔Birnen, ➔Honig, ➔Königsberger Klopse, ➔Meerrettich, ➔Pastinaken.

Möhrenrohkost. Bestehend aus geraspelten Möhren, geriebenem Apfel, Zitronensaft, Zucker und Salz, manchmal auch etwas Öl und ein paar Mandelsplittern, Nüssen, Rosinen, saurer Sahne, je nach Rezept: Kartoffeln, in ungefähr gleicher Menge wie die Rohkost, reiben, etwas ausdrücken und Wasser abgießen, mit Ei (zwei auf ein Kilo Rohkost und Kartoffeln) und Mehl (drei bis vier gehäufte Esslöffel aufs Kilo), etwas Salz und der Rohkost ohne ihren Saft zu einem Teig verrühren und in nicht zu heißem Öl zu Puffern verbraten. Mit Zimt und Zucker essen. Siehe auch: ➔Puffer.

Moussaka. ➔Auberginen.

Mungbohnen. Besonders gut für ➔Keimlinge.

Muskat. Blüte oder Nuss. In Teigen aus altem ➔Brot für ➔Aufläufe, in Püreesuppen aus ➔Gemüsen, im ➔Pilaw, in der ➔Béchamel zum Überbacken oder für ➔Kroketten. Auch in der selbst hergestellten Currymischung unverzichtbar.

Müsli. Da hier zerquetschtes rohes Getreide einen der Hauptbestandteile bildet, sollte ungegessenes Müsli vor dem Weiterverarbeiten gut durchgezogen sein. Ich lasse es meist über Nacht, mindestens aber vom Morgen bis zum Abend im Kühlschrank stehen. Eine Tasse gestrichen voll mit Müsli mit einem Ei, ein bis zwei Handvoll Mehl, Milch und zerlassener Butter verrührt, ergibt einen guten Pfannkuchenteig. So gut, dass ich oft mit Bedacht mehr Müsli als nötig zubereite und so einen Tag Müsli, den anderen Müslipfannkuchen frühstücke. Das Schwere, die Teigmasse Zusammendrückende des Müslis ist mein Einwand dagegen, es in Kuchen- oder Auflaufteigen zu verwenden. Ich habe es selbstverständlich versucht, ausgehend von Rührteig und mit einer Zutat von Kokosflocken und Kakaopulver. Das Resultat war dann doch eher Kraftnahrung, wenn auch wohlschmeckend, insbesondere durch die mit Müsli-Obst-Saft vollgesogenen Rosinen in dem dunklen kompakten Teig. Wer mehrere Kinder und eine ganze Salatschüssel voll aus unerfindlichen Gründen verabscheutem Müsli zu verwenden hat, sollte nicht zögern, meine Einwände gegen das Kuchenbacken in den Wind zu schlagen. Nicht schlecht angewendet ist ein angetrockneter Müslirest mit Kekskrümeln, Butter und Zucker vermischt als Bestandteil eines Tortenbodens (siehe: →Keks- und Kuchenkrümel). Siehe auch: →Pfannkuchen.

N

Nasi Goreng. Ein gebratener Reis mit Streifen von Fleisch, meist Schwein und Huhn, und Gemüsen in kleinen Stücken. Reis verführt mich oft dazu, vorschnell →Frikadellen zu sagen. Die Gewürze, das knackige Gemüse und das Fleisch im Nasi Goreng sprechen aber auch sehr für Nasi-Goreng-→Kroketten.

Nektarinen. →Pfirsiche.

Nelken. Spielt bei der Manipulation der Aromen in der Resteküche eine bescheidene Rolle. In ein mildes Curry, das ich ganz ohne scharfe Gewürze herstelle, gehört die Nelke unbedingt.

Nieren. Kommen gewöhnlich als Ragout auf den Tisch, d. h. kurz gebraten und danach mit einer separat zubereiteten Soße gemischt. Bei kleineren Tieren (Kaninchen, Hühnchen) unterscheidet sich der Geschmack der Nieren nicht sehr von dem ihrer Leber; ich bereite beide zusammen zu und verwende ihre Reste im Salat oder für Füllungen gleich (siehe dazu:

→Leber und →Fleisch). Bei größeren Tieren, wie Lamm, Kalb, Schwein, ist der Geschmack strenger und weniger süß. Die Soßen sind entsprechend würziger, oft mit Rotwein, Sherry zubereitet, mit Estragon gewürzt oder mit reichlich Petersilie. Da Nieren empfindlich sind, bei längerem Braten und auch beim Abkühlen verhärten, habe ich es immer für das Beste empfunden, ihre Reste in einer leicht mit der Nierensoße gewürzten Béchamel oder mit frischer Petersilie zu →Kroketten zu verarbeiten. Die übrige entnierte Soße schmeckt gut mit →Bohnen oder →Linsen. Beiden Gerichten tut etwas angebräunter gestreifter Speck gut. Alternative: Nieren zerkrümeln, mit Kräutern, evtl. mit ihrer Soße, evtl. auch etwas Zitronensaft zu einem Brei verarbeiten, auf dünne →Pfannkuchen streichen, einrollen, mit einer dünnen Béchamel oder auch nur mit Butter und Semmelbröseln überbacken. Nieren sind frisch von einem wohlschmeckenden leicht schmelzenden Fett umgeben, dass man auf jeden Fall zum Braten der Nieren selbst und/oder der Zutaten zu ihrer Soße nutzen sollte.

Nocken.

Niedlicher: Nockerln. Das Wort bezeichnet ursprünglich eine kleine Ausstülpung, einen Hügel. In der Küche entstehen diese Hügel, indem sie mit einem Teelöffel aus einer Teigmasse genommen und in sachte siedendem Wasser gar gezogen werden. Später kann ich sie auf die weite Ebene eines Backblechs setzen, mit Käse bestreuen und etwas überbacken, was ihre Erscheinung noch hügeliger macht. Die berühmtesten Nocken sind die italienisierten →Gnocchi. Die Teige sind aus Mehl oder Grieß, manchmal mit Butter, immer mit Ei und ein wenig Flüssigkeit, meist Milch gerührt; im Fall von Grieß muss dieser Zeit haben zu quellen. Es handelt sich bei den Nocken also um einen Sonderfall aus der Familie der →Nudeln. Sie werden meist als Suppeneinlage genossen. Die Möglichkeit, sie zu überbacken, habe ich bereits angedeutet. Durch ihre Form und Konsistenz kloßähnlicher als die normale Tütenpasta gefallen sie aber auch sehr gut einfach in Butter aufgebraten. Oder: mit Gemüsestücken vermischt gratiniert. Die wegen ihrer kaum zu bewältigenden Größe hochberühmten Salzburger Nockerln sind bislang an mir vorübergegangen, obwohl alle, die schon die Ehre hatten, sie kennen zu lernen, mir versichern, sie seien so recht ein Fall für mich.

Nougat. Alle existierenden Nougattypen sind Söhne, wenigstens aber Verwandte des ➔Halwas. Der bekannteste Nougat ist die braune Masse in den Ostereiern und besteht in der Hauptsache aus Nuss- oder Mandelmehl, karamellisiertem Zucker und Kakao bzw. dunkler Schokolade. Stranden dürfte Nougat an den Klippen des Durchschnittshaushaltes aber vor allem in der Form der Nussnougatcreme; die Klippen sind eine falsche Einkaufskalkulation bis zur Abreise des Kinderbesuchs oder eine plötzliche Vorliebe der Kinder für rohe Möhren und Kohlrabi. Osterei wie Nussnougatcreme schmölze ich mit einem großen Brocken Blockschokolade im Wasserbad ein, höbe stichsteif geschlagenes Eiweiß unter die noch warme Masse und darauf ebenso steife Schlagsahne. Ich ließe sie kalt werden, im Kühlschrank gut durchkühlen und fertig wäre der Mousse au Nougat chocolaté. Wer sich an die Unwägbarkeiten eines selbst gemachten Eises ohne festes Rezept herantraut: ➔Bonbons, auch: ➔Halwa. Einfacher ist es natürlich, sich ein Rezept für ➔Pudding zu erfinden. Noch einfacher ist es, den Nougat zerbröckelt in einen Rührteig zu geben; im Fall von Nussnougatcreme wäre die Hälfte der Butter durch sie zu ersetzen und etwas weniger Zucker zu nehmen.

Nudeln. Besonders in größeren Mengen ein praktischer Rest. Von allen mehligen Speisen, die ich durch Auf- oder Überbacken wärme, werden bei Nudeln Konsistenz und Geschmack durch diese Behandlung am wenigsten in Mitleidenschaft gezogen. Gleichzeitig wird der Geschmack der neuen Zutaten am wenigsten beeinträchtigt. Dies liegt daran, dass gegarte Nudeln keine Flüssigkeiten in sich aufnehmen und auch keine Stoffe, etwa Fette, enthalten, die sie freisetzen könnten. So kann sich in der Ofenhitze kein störender Nebenton entwickeln, was beim Überbacken von garen Klößen, Kartoffeln etc. zwar selten geschieht, aber nie gänzlich auszuschließen ist. Umgekehrt sind Nudeln aufgebraten unmöglich so lecker wie Zutaten, die durch ihre Fähigkeit aufzusaugen, eine Kruste bekommen. Allgemein gesprochen: Je mehr Ei eine Nudel enthält, desto besser lässt sie sich in der Pfanne braten. Hausgemachte Nudeln, →Nocken, Spätzle, Wasserspatzen etc., die alle weicher als die Tütenware sind und Ei enthalten, schmecken daher in der Regel auch in der Pfanne gebräunt köstlich. Der normale Rest dürfte aber aus gewöhnlichen Hartweizengrießnudeln bestehen, mehr oder minder al dente gekocht und je nachdem mit Öl, Butter, Kräutersoße (siehe: →Sardellenfilet), Tomaten-, Fleisch-, Fisch-, Käse-, Sahnesoße oder mit Gemüsestücken (Brokkoli, Spinat) vermischt oder nicht. Es gibt zwei klassische Wege, sich dieser Reste zu bedienen: das **Überbacken** mit einer (Käse-)→Béchamel und der →Auflauf. Für die erste Bereitungsweise ist Voraussetzung, noch einen anderen Rest zur Verfügung zu haben – etwa einen Rest Soße, am günstigsten in der Form eines →Haschees oder einer →Bolognese. Zusätzliche Gemüsereste bereichern. Frischer Spinat bietet sich besonders an, da ich ihn innerhalb von Sekunden in der Pfanne weich habe und er mir jedes Haschee, ob mit Fisch oder Fleisch, optimal ergänzt. Alle diese Zutaten vermische ich nicht, sondern schichte sie in einer gefetteten flachen Form: erst Nudeln, dann Haschee und Gemüse, dann wieder Nudeln. Zum Schluss übergieße ich alles mit einer nicht zu dickflüssigen Béchamelsoße und backe das Gericht im Ofen, bis die Haut der Soße anfängt zu bräunen. So aufgewärmte Nudeln werden noch besser, wenn ich etwas mehr Béchamel zubereite und sie zu der unteren Nudelschicht gebe, bevor ich mit dem Schichten fortfahre. Dann bleibt die Mittelschicht saftiger. Ein geschlagenes Ei oder mit einem Ei vermischte Béchamel erfüllt den gleichen Zweck (dazu auch: →Schinken). Für einen **Nudelauflauf** kann ich die Nudeln und übrigen Zutaten vermischt in die etwas höhere, gefettete und mit Semmelbröseln ausgestreute Form geben. Manchmal ist es angenehm, die Form mit dünnen Scheiben durchwachsenen Specks auszukleiden. Über die Nudeln gebe ich dann mit Eiern verquirlte saure Sahne oder Quark, bestreue den Auflauf mit Semmelbröseln, Reibekäse, setze Butterflocken hinauf und backe ihn schön goldbraun. Variante: Ei mit fein geriebenem Käse und etwas Milch (100 ml auf drei Eier) oder Sahne verquirlen. Es ist klar, dass ein Auflauf sich besser für Nudelreste eignet, die schon mit der Soße vermischt sind, da es bei ihm auf die Schichtung nicht ankommt. Außerdem: ➔Krüstchen. Kleine Reste von Nudeln in Soße: ➔Gratin. Für Reste, die Nudelsoße werden können: ➔Auberginen, ➔Ei, ➔Fleisch, ➔Fisch, ➔Gulasch, ➔Kräuter, ➔Leberwurst, ➔Linsen, ➔Räucherfisch. Ein für unendlich viele Fälle anwendbares Rezept für eine Nudelsoße: ➔Haschee.

Nüsse. ➔Erdnüsse, ➔Haselnüsse, ➔Kokos, ➔Mandeln, ➔Pinienkerne, ➔Sonnenblumenkerne, ➔Walnüsse.

O

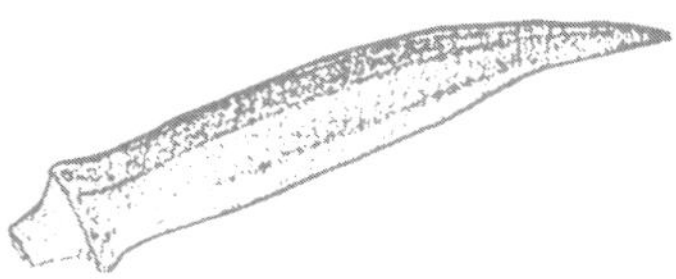

Oblaten. Wenn einmal etwas prägnant beschrieben ist, enthebt es uns der Mühe, es neu und umständlicher mit eigenen Worten zu sagen. Im sechzehnten Kapitel seines *Geist der Kochkunst, Vom Abbacken in einem siedenden Fettstoffe*, bemerkt Rumohr: »Verschiedene Gehäcksel lassen sich in Oblate einschlagen, in Eigelb umdrehen, mit Brosamen überziehen und also ausbacken; z.B. Ochsenmaul, in sehr feine Streifen geschnitten, mit etwas Eigelb oder Zitronensaft gebunden; Diese Mischungen lassen sich ins Unendliche abwandeln.« Wir verstehen: Der Meister zeigt uns hier den Weg zu einer Schnellkrokette in Täschchenform. Die panierte Oblate hält jedes Gemisch sicher zusammen, ohne dass ich es mit Béchamel oder einem anderen teigigen Stoff binden müsste. Die äußere Haut wird kross, die Füllung darf krümelig sein und bleiben. Damit die Oblate beim Zusammenklappen nicht bricht, muss ich sie in heißem Dampf biegsam machen. Leichter lässt sich jedoch jener feine Nudelteig verarbeiten, aus dem ➔Börek oder Frühlingsrollen gewickelt werden (siehe auch: ➔Teigtaschen), den Ruhmor vermissen musste. Der türkische Einzelhandel ließ um 1822 in Deutschland in punkto Auswahl und Vorhandensein noch sehr zu wünschen übrig. Nicht ersetzen lässt sich die Oblate, möchte man mehlige, in der Regel mit Kartoffeln (und Käse und Kräutern) angereicherte und mit Eischnee vorsichtig verrührte Gemüsepürees im Ofen als einzelne Küchlein im Stil der Herzoginkartoffeln backen (siehe: →Kartoffeln). Unentbehrlich sind sie auch bei der Herstellung von →Lebkuchen.

Obst.

Ein Rest gekochtes Obst kann in Soßen auftauchen, meist bei Fleischgerichten, bei denen ein süß-säuerlicher Kontrast gesucht wurde. Was ich mit so einem Rest mache, beschreibe ich z. B. unter →Äpfel. Aber es werden auch andere Obstsorten als Äpfel für Soßen verwendet, z. B. →Aprikosen, →Backobst, →Birnen. Hier lässt sich allgemein nur sagen, dass sich bis zum nächsten Tag die Geschmäcker von (Fleisch-)Soße und Obststücken meist gegenseitig durchdrungen und nivelliert haben. Man muss die Soße probieren, um zu entscheiden, in welche Richtung man sie verlängert, entweder um andere Reste in ihr zu wärmen oder ein neues Essen aus ihr zu kreieren. Die fruchtig süß und sauren Akzente begünstigen oft die Zutat von Sahne, gebratenen Rosinen, auch →Möhren und von zimtigen, lebkuchigen oder pikanteren curryähnlichen Gewürzen sehr; diese Geschmäcker wiederum als nährende Zutat die →Linsen. Eine zweite Anwendung von Obst in der Resteküche ist, dass es, frisch oder schon in der Form von →Kompott oder →Marmelade, an schon fertige Speisen gebracht wird, um diese im Geschmack zu verändern, wie für →Ananas, →Bananen und andere Obstsorten beschrieben. Drittens passiert es, dass ich Obst, insbesondere solches, dass aus verschiedenen Gründen nicht genießbar, meist zu reif oder zu unreif ist, in würzige Soßen oder →Chutney verkoche. Unter →Aprikosen, →Melonen, →Kiwi und →Pflaumen gebe ich dafür Beispiele. Für Nachspeisen mit Obst siehe: →Auflauf, →Bowle, →Beerenobst, →Gelatine, →Kaltschale, →Obstgrütze, →Obstsalat, →Quark. Für Kuchen: →Hefeteig und →Keks- und Kuchenkrümel. Und weil ein Artikel über einen Oberbegriff wenig mehr sein kann als ein Wegweiser: siehe auch unter: →Babybrei, →Curry, →Sago. Und natürlich bei allen einzelnen Obstsorten.

Obstgrütze. In der Resteküche verwandele ich Kompotte und angezuckertes Obst, Obstsalat, Obstsäfte aus Einmachgläsern etc. in rote Grütze, wenn die Farbe Rot bei diesen Zubereitungen überwiegt. Ist das nicht der Fall: grüne Grütze. Da bei allen meinen in Frage kommenden Resten die Obststücke schon durch Kochen oder Durchziehen angeweicht sein dürften, werde ich nur die Säfte mit angerührter Stärke verrührt aufkochen, das Obst selbst aber unmittelbar nach dem Aufkochen hinzufügen. Wenn der Saft überwiegt, weil ich meine Kompotte, Obstsalate etc. für Kuchen oder Auflauf beraubt habe, ist Sago gegenüber normaler Stärke zu bevorzugen, er bringt ein wenig Biss in die Sache. Normalerweise fällt die Entscheidung für eine Obstgrütze aber, wenn ich einen Saft- oder Siruprest habe und Obst, das ich aus verschiedenen Gründen schnell verarbeiten muss. Ein Rest rote oder grüne Grütze schmeckt in einem Käsekuchen unter dem Käse (→Quark). Außerdem: →Blätterteig, →Ei, →Scheiterhaufen.

Obstsalat. Ohne Nüsse gut im Quark. Aber Nüsse im Quark mag ich nicht. Doch ein Obstsalatrest mit Nüssen, püriert oder nicht, im Joghurt schmeckt gut. Die gleiche Unterscheidung, wenn ich den Salatrest mit →Gelatine übergieße: Ohne Nüsse löse ich die Gelatine in dem Saft des Salates, verlängert mit Orangensaft. Sind Nüsse dabei, verlängere ich den Zuckersaft des Obstsalats mit Sahne oder Joghurt, ehe ich mit Gelatine binde. Dasselbe unabhängig von den Nüssen, wenn der Obstsalat ohnehin mit Sahne oder Joghurt gemacht wurde. Ein Rest Obstsalat ist auch unter einem →Pudding gut. Enthält er Nüsse, greife ich zu Karamellgeschmack, enthält er keine, zu Vanille. Sind keine oder wenig Äpfel im Obstsalat, kann Schokoladenpudding lecker sein. Ferner: der Rest Obstsalat, püriert als Soße zu Eis. Zu einem Sorbet verarbeitet (siehe: →Bowle). Und wenn man zu all dem keine Lust, keine Zeit oder auch nicht die Nachtisch-hungrigen Esser hat: eine Tasse Mischobst mit Zucker, Nüssen, Schnaps, Sahne und allem Drum und Dran zu einem süßlichen →Curry. Wenn nicht gerade Erdbeeren oder Walnüsse dabei sind.

Obstwein.

Apfelweine eignen sich vorzüglich zum Kochen, vor allem in der Kombination mit →Äpfeln. Ostasiatische Pflaumenweine haben einen Sherryton und können wie →Sherry eingesetzt werden. Wobei das Umgekehrte öfter vorkommen mag, dass jemand einen im chinesischen Kochbuch vorgeschriebenen Pflaumenwein durch einen Sherry ersetzt. Die heimischen Obstweine, die nicht Apfelweine sind, werden meist süß ausgebaut. Wenn sie gut sind, haben sie ein schönes, süffiges Fruchtaroma. Der aus ihrem Genuss resultierende Kater kann zu Überlegungen führen, was mit einem Rest zu beginnen sei. Ist der Fall in die tiefe Übelkeit so gründlich gewesen, dass aus ihm nur noch entschiedenster Antialkoholismus gefolgert werden kann, kommen einzig Speisen in Frage, bei denen der Obstwein gekocht wird. Bei Weinen aus blauen Früchten bietet die Marinade für einen →Sauerbraten oder für Wild dafür eine gute Möglichkeit. Aus ihr wird wenigstens teilweise auch die Soße für das Fleisch bereitet. Ist der verwendete Wein sehr süß, sollte man unter Umständen vom →Lebkuchen des Originalrezepts absehen; Semmelbrösel und Lebkuchengewürze leisten das Gleiche ohne Zucker. Für Weine aus grünen oder gelben Früchten sind Geflügelschmortöpfe besser. Backobst wird in beiden Fällen ein gute Beilage oder Zutat sein. Für Süßspeisen aus Obstwein: →Bowle, →Gelatine, →Kaltschale. Für die dort vorgeschlagenen Speisen wird der Obstwein allerdings nicht oder nur teilweise verkocht.

Okras.

Oder Gombos. Diese Baumfrüchte müssen in mit Essig oder Zitrone versetztem Wasser vorgekocht werden. Ihr Kochwasser wird abgegossen, die Okras dann noch einige Zeit in einer separat zubereiteten, meist kräftigen Soße mitgekocht, später warm oder kalt gegessen. Okras möchten durchaus bleiben, was sie sind: besondere Bissen in Soße. Die Soße jedoch kann ich verändern, verlängern, transformieren: In einem pikant abgeschmeckten Ragout mit Hammelfleisch in dicklicher Tomatensoße z. B. können ein paar restliche Okras gefallen. Wenn sie ohne Tomaten zubereitet waren, auch in einem →Thaicurry.

Öl. Mancher frittiert nur deshalb nichts, weil er nicht weiß, was er mit dem vielen Öl anfangen soll, nachdem die Fritten serviert worden sind. Dabei ist die Lösung dafür denkbar einfach: Man hebt das Öl in einem Gefäß mit Deckel auf, bis man wieder etwas zum Frittieren hat. In Ländern, in denen viel in siedendem Öl gegart wird, sind es normalerweise zwei Gefäße, eines für Frittieröl, in dem Fleisch, eines für das, in dem Fisch und Gemüse gebraten wird. Letztere Zusammenstellung erstaunt nicht, wenn man sich klar macht, dass Fisch meist mager ist und immer mit einem Überzug aus Mehl, Panade oder Backteig ins Frittieröl kommt, während Fleisch auch ohne Überzug gebraten wird, wodurch sich seine eigenen Fettstoffe dem Öl mitteilen. Ich bediene mich beim Abgießen des Öls eines Teesiebs, um verbrannte Krümel abzufangen, die immer mit im Öl schwimmen. Habe ich die Zutaten vor dem Frittieren gemehlt, wie etwa Scheiben von Auberginen, nützt mir das Sieb allerdings nicht viel; das verbrannte Mehl setzt sich aber am Boden des Ölgefäßes ab. Weshalb ich das Öl beim nächsten Mal entsprechend vorsichtig abschöpfen oder abgießen muss. Es empfiehlt sich, das Gefäß von Zeit zu Zeit ganz zu entleeren und den Bodensatz mit Küchenpapier auszuwischen. Da Frittieröl sich bei jeder Benutzung etwas verbraucht, muss ich es vor jeder neuen Anwendung mit frischem Öl ergänzen. Auf diese Weise wird es nicht alt. Grundsätzlich gilt, dass auch Frittieröl, kalt am kurz hineingesteckten Finger probiert, nicht unangenehm schmecken darf. Olivenöl ist hier die beste Wahl, wenn man es in größeren Mengen billig haben kann, denn es hält Temperaturen bis zu 290° aus, ohne zu verbrennen. Bei den meisten anderen Ölen ist dieser Punkt schon bei 270° erreicht. **Salatöl,** vom Finger geleckt, muss deutlich besser als bloß nicht schlecht schmecken. Es sollte nicht neutral sein, sondern einen angenehmen Eigengeschmack haben. Siehe zu diesem letzten Punkt auch: ➔Essig.

Oliven. Sind in ➔Teigtaschen mit würziger Hackfleischfüllung hervorragend, besonders die schwarzen. Ebenso in ➔Ragouts, vor allem mit Rindfleisch. Sie würzen außerdem ➔Pizzas, auch ➔Zwiebelkuchen. Außerdem: übrige Oliven, püriert, mit etwas Olivenöl verrührt, mit Salz und evtl. anderen würzenden Zutaten – gehackten Sardellenfilets, zerriebenen Kapern, grober Senf, Knoblauch, Lorbeer, Zitronensaft – abgeschmeckt, im Gläschen im Kühlschrank aufbewahrt, als Brotaufstrich auf Toast oder geröstetem Grau- oder Weißbrot.

Omelett.

Hier hängt alles von der Pfanne ab. Backen in ihr die Zutaten am Boden an: ➔Rührei. Verfüge ich jedoch über eine Pfanne, in der die Zutaten mit wenig Fett geschmiert herumrutschen wie ein Seifenschwamm auf Fensterglas, wende ich meinen – in von Vorfreude träumerisch getrübten – Blick nach Südwesten und frage meine Eier: Wie hätten Sie's denn gern? Spanisch oder französisch? **Französisch** bedeutet, die Eier zu salzen und etwas zu schlagen, manche Köche geben außerdem noch einen Esslöffel Wasser, Milch oder Sahne pro Ei dazu. Die Eier werden in die Pfanne gegossen, in der das Fett schon heiß ist, und stocken bei kleiner Hitze. Einige rühren dabei die Eimasse vorsichtig mit einer Gabel durch, ohne die unterste Schicht am Boden zu verletzen, andere schwören darauf, den Deckel der Pfanne kurz zu schließen, um so eine gleichmäßige Festigkeit der Eimasse zu erreichen. Wie auch immer, es kommt der Punkt, an dem das Omelett sich unten vom Boden löst oder lösen lässt, während seine Oberfläche noch ein wenig quarkigroh ist. In diesem Moment klappe ich das Omelett mit einem breiten Messer zur Hälfte um, dass eine Tasche entsteht. Und weil mein Restekochbuch nebenbei ein Krisenkochbuch ist, würde ich jetzt eine Krise bekommen, hätte ich vor dem Umklappen die Tasche nicht mit einem Rest gefüllt. Geeignet sind in erster Linie Gemüsereste, klein gehackt, mit gekochtem Schinken oder Fitzelchen vom Räucherfisch und/oder geraspelten Käse vermischt; alles in kleinen Mengen. Denn mehr als zwei bis drei Esslöffel Füllung auf einem Omelett aus zwei bis drei Eiern machen das Zusammenklappen unmöglich, das Omelett bricht dann. Anderen Fisch als Räucherfisch gäbe ich nicht in ein französisches Omelett, allenfalls beim Brathering und seinen Anverwandten (siehe dazu: ➔Eingelegter Fisch), beim Sardellenfilet und beim Thunfisch machte ich evtl. eine Ausnahme. Sardellenfilets schmecken im Gemüserest-Omelett mit Käse und Kräutern, Thunfisch und Brathering mit Tomate, Paprika, Kapern. Das **spanisch** zubereitete Omelett heißt auf gut Deutsch Tortilla, ausgesprochen: Tortieja. Die Tortilla ist ein dicker Kuchen aus Ei und Kartoffeln, ob Zwiebeln mit hineingehören, darüber besteht in sämtlichen Regionen Spaniens Uneinigkeit. Die Kartoffeln werden sehr fein geschnitten – zwei Millimeter dick, zwei Daumennägel groß –, gesalzen, wenn vorhanden mit Zwiebelstückchen vermischt und in nicht zuviel Öl unter ständigem Wenden gar gebraten, danach heiß in das geschlagene Ei (eins pro Esser und Kartoffel) gerührt. In der sauber gekratzten Pfanne erhitze ich dann das übrige Öl, gebe die Kartoffel-Ei-Mischung hinein und reduziere die Flamme sofort. Während der dicke Kuchen nun langsam durchstockt, muss ich seinen Rand von der Pfanne lösen, etwas nach innen drücken, also rund formen. Sobald die Tortilla etwas fest ist und sich vom Boden der Pfanne löst, nehme ich einen Teller, decke die Pfanne damit zu und drehe beide, Teller und Pfanne aufeinander gedrückt, mit einem Ruck um, so dass die Tortilla jetzt auf dem Teller liegt, während die Pfanne leer ist. Ich säubere sie bei Bedarf etwas, gebe wieder ein wenig Öl hinein, erhitze es und lasse nun die Tortilla auf ihrer noch halbrohen Seite vom Teller in die Pfanne rutschen und auf kleiner Flamme fertig garen. Das alles erfordert etwas Übung, wenn man die aber einmal hat, ist auch die Tortilla ein guter Resteschlucker. Ich muss allerdings darauf achten, dass meine Fleisch-, Wurst-, Gemüsereste beim Aufbraten wirklich durch und durch heiß werden, bevor ich sie in die geschlagenen Eier gebe, denn der dicke Kuchen – eine Tortilla sollte zwei bis drei Zentimeter dick sein – stockt ohne die Hitze der Zutaten nicht. Deshalb enthalten meine Restetortillas, aller spanischen Glaubenskämpfe ungeachtet, in der Regel viele Zwiebeln. Denn in glasig gebratenen Zwiebeln dünstend, kann ich vieles schonend wärmen, was nur in Öl aufgebraten verbrennen würde. Nicht geeignet für eine Tortilla sind soßige Reste, Käse und Zutaten, die aufgrund ihrer Zartheit sofort zerfallen würden. Von allem Fischigen behagte mir nur der Thunfisch in einer Tortilla. Und natürlich, für die Freunde der spanischen Küche sei es erwähnt:

Bacalao, Stockfisch. **Kalte Tortilla** in einem Brötchen oder einem Stück Baguette ist ein klassischer spanischer Imbiss. Eine frische Zutat, ein Salatblatt, geriebene Tomate wie Butter aufs Brot gestrichen, macht ihn noch angenehmer. Ein Rest Tortilla lässt sich aber auch in Würfel schneiden, etwas anbraten und in Tomatensoße gewärmt genießen.

Orangen.

Strohig, sauer, ungenießbar. Aber Saft wird sich auch noch aus der fehlgekauften Orange pressen lassen. Er ist überraschend vielseitig und nicht nur im süßen Quark oder Obstsalat gut, sondern auch in den allermeisten Speisen, die ich mit etwas Zitronensaft abschmecke. Am wenigsten befremden dürfte den die bürgerliche Küche Gewohnten die Kombination von gebratenen und geschmorten Geflügel und Orange, andere Sorten Fleisch ähnlich zubereitet zeigen sich aber nicht weniger empfänglich. Eine mit Orangensaft gemachte Vinaigrette passt besonders zu Endivien- oder Chicoréesalat, bei einem Salat aus gedünstetem Chicorée oder Endivie passt Orangenmayonnaise oder ein Orangen-Joghurt-Dressing. Dasselbe schmeckt zu Geflügelsalat. Selbst vor Fisch braucht niemand Halt zu machen, der seine Orangen verwenden muss. Z. B. bei einer Forelle, gemehlt und in Fett gebraten, in dem ich zuvor etwas sehr klein geschnittenen Speck angebraten habe (der nach dem Braten des Fischs jetzt knusprig braun ist). Dieses Bratfett kurz mit ein, zwei Esslöffeln Orangensaft aufgekocht, oder in ihm ein paar der strohigen oder angetrockneten Orangenstücke schmoren lassen (die man später ja nicht mitessen muss), das kann zu einer guten Soße werden. Außerdem: ➔Curry, ➔Chutney. Wie sich mit Hilfe von Orangensaft Obstreste nutzen lassen, steht unter ➔Gelatine. Siehe außerdem: ➔Grapefruit, ➔Orangenschalen, ➔Zitrone.

Orangenschalen.

Zum Verzehr geeignet, welch seltenes, teures Glück! Ein bisschen habe ich abgeraspelt, für eine Süßspeise, für eine Soße, und was mache ich jetzt mit dem wertvollen Rest? Das Einfachste ist: klein schneiden, mit Zucker vermischen. Die Mischung wird etwas klebrig-flüssig, aber hält im Kühlschrank lange, ohne zu verschimmeln. Für Süßspeisen und Gebäck, z. B. in improvisierten ➔Lebkuchen. Oder: messerspitzenweise, je nachdem auch mit etwas Knoblauch, jedenfalls mit Salz im Mörser zerrieben, als Würze in einer Vinaigrette. Dasselbe als Würze für Soßen. Für Orangenschalenaroma ohne Süße: Die Frucht spiralförmig schälen und die Schale zu einem halben Liter Weißweinessig in ein Glas oder eine Flasche geben.

Oregano. →Kräuter, →Gewürze. Meine Küche hat sich vielleicht über das normale Maß hinaus oreganoisiert, seitdem ich einmal griechische mit Oregano getrocknete Feigen aß. Schon vor diesem prägenden Geschmackserlebnis benutzte ich Oregano, um süßliche Currys damit zu verfeinern, doch seit den Feigen ist mir das Kraut fast bei allem Süß-Salzig-Gemischten unentbehrlich. Ein klares Echo davon findet sich unter: →Äpfel, →Bier, →Kartoffelpuffer, →Melone. Wenn ich Oregano unter →Brot oder →Hamburger erwähne, geht es aber um die klassische →Pizza-Connection.

Ostereier. Gefärbte hart gekochte Eier: →Eier, →Kroketten, →Remoulade. Schokoladeneier je nach Füllung: →Marzipan, →Nougat, →Schokolade. Zuckereier und ähnliche: →Bonbons.

P

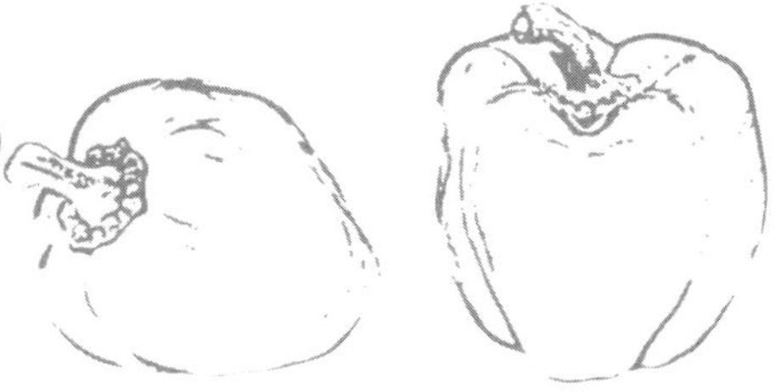

Palmenherzen. Ein Dosensnack. Warum ausgerechnet nur sie übrig bleiben und nicht wenigstens auch die Hälfte des Salates, den sie zierten – denn das ist ihre normale Bestimmung: Salatzierrat –, wird mir immer ein Rätsel bleiben. Aber wer bin ich, über anderleuts Reste die Nase zu rümpfen oder den Kopf zu schütteln? Am einfachsten: Die weißen Stäbchen aus dem Salat, der Soße oder was immer ziehen, in Scheibchen schneiden. Restliche Zutaten in eine →Brühe oder →Suppe verwandeln (auch: →Salat), z. B. unter Zuhilfenahme eines →Brühwürfels oder ein wenig Jus (→Knochen). Wenn kein

Käse dabei war, aber die Suppe trüb gerät, mit wenig Kokosmilch exotisieren, in Ermangelung von Kokosmilch: Sahne nehmen. Und Kokosflocken in Butter angebraten darüber streuen, sobald die Palmenherzenstücken in der Suppe heiß sind. Ist die Brühe klar, ebenfalls Kokosflocken nehmen. War Käse im Spiel – Palmenherzen, überbacken – Suppe evtl. mit noch mehr Käse anreichern, sofern einer zur Hand ist, der sich in der Suppe löst, mit Sahne und/oder Ei und Petersilie abschmecken.

Panade.

Zwei Bedeutungen hat das Wort laut Duden, von denen die erste einem Laienkoch wie dir und mir geläufig ist, dem Küchenprofi auch oder nur die zweite. Einmal ist die Panade das, was entsteht, wenn man paniert. Das pan, pain, Brot, das im Wort Panade steckt, tut das in Form von ➔Semmelbröseln. Die Brösel kleben am Ei, das Ei klebt am Mehl, diese drei aneinander klebenden Zutaten bilden die Panade, die wiederum an der panierten Zutat klebt. Es gibt die Panade in diesem Sinn auch mal ohne Mehl, mal sogar ohne Mehl und Ei, nie aber ohne Brösel. Denn etwas durch Mehl (Fisch, Auberginenscheiben) oder durch Mehl und Ei (Kroketten) ziehen, um es besser braten oder frittieren zu können, ist nicht panieren. Die Panade im ersten Sinn enthält Semmelbrösel, damit das von ihr Eingehüllte knusprig wird und den Geschmack von in Fett geröstetem Brot dazugewinnt. Außerdem schützt sie das Umhüllte vor Austrocknung und davor, dass es auseinander fällt. Panieren ist deshalb, neben einer Vorbereitung zum Garen zarter Lebensmittel (Filets von Fisch oder Fleisch, Käsestücke und vielem mehr), auch eine wichtige Technik des Wärmens schon gegarter Zutaten, insbesondere der ➔Gemüse. Die Panade im zweiten Sinn der Wortbedeutung ist ein zäher Brei, der gekocht wird, um Füllungen zusammenzuhalten. Etwa, indem ich etwas Milch, Wasser oder Brühe mit etwas Butter aufkoche, Mehl hineingebe und das Ganze so lange durchkoche, bis es sich vom Topfboden löst. Oder: entrindetes Weißbrot in kochender Milch einweichen, Butter hinzugeben und kochen, bis die Panade sich löst. Oder: ein Ei mit einer Hand voll Mehl verrühren, etwas Butter hinzugeben, auf dem Herd nach und nach mit weniger kochender Milch verrühren, bis die Panade sich löst. Mit dem so entstandenem Brei verrühre ich dann meine übrigen Zutaten und fülle, was zu füllen ist. Obwohl ich verstehe, dass solche mit Bedacht für ganz bestimmte Kombinationen von Zutaten und Geschmäckern hergestellten Panaden im Einzelfall zu feiner ausgewogenen Ergebnissen führen können, wüsste ich doch aus meiner eigenen Praxis beim Verwerten von Resten nicht ein Beispiel anzugeben, wo mir eine Béchamelsoße, ein Auflaufteig aus rohem Ei und eingeweichtem Brot, improvisierte Mischungen von Milch, auch Sahne und Semmelbröseln etc. nicht ebenso gute Dienste geleistet hätten. Siehe auch: ➔Füllungen, ➔Schnitzel.

Papaya. Für eine fade Papaya: Verfahren analog zu ➔Melone. Für Papaya im ➔Obstsalat, ebendort. Hinweis: Rohe Papaya beeinträchtigt die Gelierfähigkeit von ➔Gelatine. Papayagemüse in angedickter Soße: in ein ➔Curry, wenn das Anbraten der Zutaten beendet ist und ich Flüssigkeit zugegeben habe.

Paprika. Diesmal nicht das rote Pulver, sondern die in allen drei Ampelfarben erhältliche Schote. Ich benutze sie viel, sobald sie irgendwie erschwinglich ist. Der erste große Vorteil dieser Strauchfrucht in der Resteküche ist ihre kurze Garzeit. Denn Paprika schmeckt am besten knackig und einmal heftig angebraten ist sie auch schon fertig. In dem Öl, in dem ich Fleisch aufbrate, dann für ein improvisiertes Resteragout Zwiebeln und anderes dünste, in diesem Öl habe ich zuvor sehr oft etwas Paprika in Streifen gebraten. Um sie ganz zum Schluss als bissfeste frische Zutat mit ins ➔Ragout zu mischen. Im Prinzip ist dieses Verlängern von Resten mit einer frischen unverkochten Zutat auch mit anderen Gemüsen möglich. Aber es ist mit keinem Gemüse so einfach und so schnell getan wie mit Paprika. Und es hinterlässt auch nicht leicht ein anderes Gemüse einen so angenehmen Geschmack im Öl zurück wie eben jenes. Der andere große Vorteil der Paprika beim Verwerten von Essensresten ist selbstverständlich, dass sie hohl ist. Bequemer hohl sogar als Kalamare oder der Brustkorb und Bauch ausgenommener Geflügel. Wer nie gefüllte Tomaten, Kohlrouladen und

Ähnliches zubereiten würde, weil das alles zu umständlich ist, **gefüllte Paprika** stehen öfters auf seinem oder ihrem Speiseplan. Die ➔Füllung besteht traditionell meist aus einem Hackfleischteig, der mit etwas eingeweichtem Brot und Ei oder gekochtem Reis aufgelockert ist. Die so gefüllten Schoten werden in Öl angebraten und dann je nach Rezept zusammen mit Zwiebeln, Knoblauch, geschälten Tomaten, etwas Wein etc. im fest verschlossenen Topf geschmort. In Füllungen aus rohem Hackfleisch kann ich nur wenig Reste hineinmogeln, einige Krümel Schafskäse Typ Feta, gekochte Möhren, Sellerie oder Pastinaken, ein paar grüne Erbsen, Wurst- und Schinkenreste. Alle ohne Soße. Weder Nasses noch Mehliges bekommt einer zum Schmoren bestimmten Hackfüllung sonderlich gut. Ich selbst indes fülle meine Paprika schon lange nicht mehr mit Hackfleisch. Ich fülle sie mit Reis, Getreide, Kuskus, Bulgur, sogar Kartoffeln, kurz mit übrigen Beilagen vom Vortag, generell mit Ei, geriebenem Käse und gehackten Kräutern vermischt. Bei Reis beschränke ich mich dabei allerdings nicht auf den neutralen Reis der Beilage, sondern bediene mich auch eventueller Reste eines Pilaws, eines gebackenen Reises, eines Risottos etc. Fleischreste aus solchen Gerichten bevorzuge ich jedoch beiseite zu tun, das Dämpfen in einer feuchten Umhüllung macht sie leicht fad – eine Gefahr, die bei Wurstresten im Übrigen nicht besteht. Gemüsereste nehmen solche Füllungen gut auf, solange ihre Menge auf etwa ein Drittel der Menge der Füllung begrenzt bleibt. Ich wäre aber bei Gemüsen aus der Kohlfamilie zurückhaltend. Wenn ein Kohlrest in einer Paprika gut aufgehoben ist, das nebenbei, dann ein Rest ➔Sauerkraut oder wenigstens ein pikant gewürzter Weiß- oder Wirsingkohl, der in die – am besten grüne – Schote gegeben wird und diese mit etwas würzigem Mett oder Hackfleisch aufgefüllt und verschlossen. In Getreide- oder Reisfüllungen sind die Geschmäcker zart und mild, die in ihnen verwendeten Gemüsereste sollten eher ins Süßliche gehen; leicht gebräunt und möglichst klein geschnitten machen sie sich im Allgemeinen am besten. Ein wenig Geschick verlangt, dass die vorgeschlagenen Füllungen vor dem Garen durch das Ei oft wenig teigig, eher recht flüssig sind. Ich habe mir deshalb angewöhnt, von den Paprikaschoten keinen Deckel abzuschneiden, sondern mit einem spitzen Messer vorsichtig den Stiel der Frucht entlang seiner Rosette auszuschneiden. So entsteht mir ein 2-Euro-Stück-großes Loch von einer nach innen gehenden Krempe umgeben. Die Paprika einmal gefüllt, kann ich durch dieses Loch ein kleines Scheibchen altbackenen Brots zwängen, das dann unter dem Rand festhält und so das Auslaufen der Füllung verhindert.

Rezept

Scharfes Curry für Eltern mit kleinen Kindern

Zwei mittlere Paprikaschoten
1 Schüsselchen Reis oder Kuskus, Bulgur o. Ä.
2 Eier
150 g sehr milder Butterkäse
evtl. 1 Esslöffel roher Kuskus
2 mittlere Zwiebeln
5 Zehen Knoblauch
1 Dose Kokosmilch (oder Milch und Kokosflocken)
2 Scheibchen hartes Brot
Öl
Curry und Cayenne oder Thaicurry
Salz
Zitronengras, Lorbeerblatt, Sojasoße, Palmzucker etc. können etwas heben, sind aber nicht unverzichtbar.
Variante: ohne Kokos, in Currry-Tomatensoße, die mit etwas Erdnussbutter abgeschmeckt ist.

– Die Stiele der Paprika an der Rosette vorsichtig ausschneiden, Kerne entfernen und Schoten waschen.
– Käse reiben, mit dem Essensrest (Kuskus, Reis, ...) und den Eiern vermischen. Mit Salz und einer Messerspitze Curry abschmecken. Ist der Teig sehr flüssig, ein wenig rohen Kuskus hinzugeben.
– In die Paprika füllen, Öffnungen mit Brot verschließen, in einem Topf in Öl anbraten.
– Zwiebeln grob geschnitten, Knoblauchzehen geschält ins Öl geben und glasig dünsten. Etwas anbräunen, Gewürze, Zitronengras, im Fall von Kokosflocken auch

diese hinzugeben, kräftig erhitzen und mit Milch bzw. Kokosmilch ablöschen.
– Den Topf fest schließen und auf kleinstmöglicher Flamme mindestens 40 Minuten schmoren lassen. Mit Salz, Zucker, Soja etc. abschmecken.
Der so kinder- wie elternfreundliche Trick an diesem Essen ist, dass lediglich die Soße scharf ist, die saftige Füllung aber außerordentlich mild. Man nimmt die Paprika aus der Soße, schneidet sie in Scheiben, gibt davon den Kindern zu essen, wenn sie wollen mit Ketschup, während man selbst Füllung mit Soße genießt. Hat man rote Paprika verwendet, essen die meisten Kinder die Umhüllung mit.

Paprikagewürz.

Färbt und wärmt. Der scharfe Paprika ist in der Resteküche vielleicht entbehrlich, obwohl er aromatischer würzt als der berühmtere Cayenne- oder Chilipfeffer. Der süße Paprika ist unentbehrlich. Aber mit Vorsicht. In Gerichten, in denen Süßes mit Salzigem gemischt wird, ist er meist nur in Spuren gut, eine Spur seines schärferen Bruders oder auch Cayenne ist fast besser. Ebenso verhält es sich in der Regel bei Gerichten, die mit Wein zubereitet werden, wie ein ➔Risotto. Am besten schmeckt süßer Paprika an Brühen und was aus ihnen bereitet wird: klare Brühen mit Einlage, Suppen mit allen Hülsenfrüchten, Fischsuppe. Und zu aus solchen Brühen und Suppen gemachten Reisgerichten: gebackener ➔Reis, Arròs a banda (➔Fisch), auch zur ➔Fideuà, aus denen er nicht wegzudenken ist.

Pasteten.

Wie so manches andere Wort des Küchenvokabulars auch, bezeichnet das Wort Pastete zweierlei. Da haben wir zum einen jene meist zylindrische Blätterteigtöpfchen mit Blätterteigdeckelchen, die vor dem Auftragen mit einem ➔Haschee oder ➔Ragout gefüllt und im Ofen erhitzt werden. Haschees und Ragouts entstehen in der Resteküche alle Tage, aber Pastetenhüllen muss man kaufen. Einfacher finde ich es da, Blätterteig zu kaufen und ordinäre ➔Teigtaschen zu backen. Noch einfacher: das Blech mit einer Lage Blätterteig auslegen, das Haschee darauf, eine zweite Lage obenauf, Ränder etwas andrücken, obere Teiglage mit einem

Messer gitterförmig einschneiden, mit Eigelb überpinseln, backen, fertig. Habe ich aber ein Haschee, etwa ein mit Eigelb gebundenes, das bei zu langer starker Erwärmung verlöre, sind ➔Törtchen aus Blätterteig ein annehmbarer Ersatz für Pasteten. Wer will, kann ja auch Deckel backen. Die zweite Form der Pastete ist eine in durchschnittlichen Haushalten verloren gegangene Speise aus Urgroßmutterzeiten. Deren einziges vertrautes, jedoch kaum noch rückbezogenes Echo besteht in den Leberpasteten, die an der Wursttheke des Supermarktes in dicken Scheiben aus Plastikkisten oder Keramikterrinen geschnitten werden. Es handelt sich bei dieser Speise um eine Erfindung, Fleisch, Leber, Hackfleisch haltbar zu machen: geschichtet und mit würzenden Zutaten (Pilze, Kräuter) vermischt, in einer mit einem festen Teig oder einfach mit Fett oder Speck ausgekleideten Form (oft im Wasserbad) gebacken, entweder vor dem Backen mit einer Teigschicht oder danach mit einer Fett- oder Gelatineschicht luftdicht verschlossen. Eine solche Pastete gehört mithin weniger in die Reste- als in die Vorratsküche von A bis Z. Die Zubereitungen, die ihr in diesem Buch noch am ähnlichsten sehen, sind der unter ➔Avocado beschriebene Avocado-Eierflan und der Hack-Gemüse-Pudding unter dem Stichwort: ➔Hackfleisch. Zu Leberpastete: ➔Leberwurst.

Pastinaken. Vereinigen in sich die Süße der Möhre mit der Würze des Sellerie. Ich verwende diese Wurzel wie die ➔Möhre oft als Gewürz, wenn ich Reste in gedünsteten Zwiebeln wärme, klein gewiegt und mit den Zwiebeln angebraten; besonders bei Fleischresten für den ➔Pilaw, gebackenem ➔Reis, bei Füllungen für ➔Teigtaschen oder ➔Ragouts. Bei Resten von Pastinakengemüse, in groben Stücken gedämpft oder in klarer Brühe gekocht: trocken tupfen und in Butter bräunen, in dieser Form als Beilage oder als Zutat für einen Pilaw oder – ganz am Ende des Kochvorgangs untergemischt – in einem ➔Risotto. Der kräftige Geschmack der Pastinake erlaubt, sie mit guten Ergebnissen zu panieren und zu braten oder im Backteig (in Fett schwimmend) auszubacken. Das ist insbesondere für Pastinakengemüse in dicklicher Soße ein gutes Verfahren. Ist die Soße genügend zäh, brauche ich die Stücke vor dem Braten lediglich durch Semmelbrösel zu ziehen. Ist sie recht flüssig, mache ich einen Teig direkt im Topf, indem ich ein Ei und Mehl dazugebe, vorsichtig verrühre, nachwürze und die Pastinaken als Plätzchen in der Pfanne backe. Dazu: Chutney. Der Geschmack der Pastinake ist im Übrigen so ansprechend, dass es fast keine Soße, keinen Fond, keine Suppe, keinen Teig für ➜Auflauf, ➜Gnocchi etc. gibt, in dem ein pürierter Rest von ihr nicht immer mit guter Wirkung, wenigstens aber ohne Schaden verschwände.

Pesto.

Es wäre verdammt ungerecht gewesen, hier zu schreiben: Pesto ➜Basilikum. Denn was ich dem Basilikum antue – ihn mit (Hagel-)Salz, Pinienkernen und Knoblauch im Mörser zerstoßen, mit Olivenöl verrühren und geriebenem Hartkäse verfeinern –, warum soll ich das nicht auch mit anderen Kräutern tun? Die vergessene Petersilie wird, mit Rubén Darío zu sprechen, ohnmächtig in ihrem Glas? Ab dafür! In den Mörser mit ihr! Mehr grüne Minze sprießt im Blumenkasten als eine viel besuchte arabische Teestube in einem Jahr verbrauchen kann? Desgleichen! Das kostbare Sträußchen Oregano beim Heimkommen in den Kühlschrank geschoben und erst nach drei Tagen wieder gefunden? Mit Vergnügen! Das Öl, der Knoblauch, das Salz machen aus dem zum Welken sich neigenden aromatischen Kraut einen Vorrat, der immer längere Zeit halten würde, als man ihm tatsächlich lässt. Denn der nächste Nudelteller kommt sehr schnell. Ich mische sogar verschiedene Kräuter in ein Pesto, mache dabei weder vor den genannten noch vor Dill oder Majoran halt, aber – Einschränkungen: Die härteren aromatischen Kräuter, Thymian, Rosmarin und Salbei, sind zu stark, um in größeren Mengen in einem solchen Pesto zu verschwinden. Korianderkraut mit seinem etwas blattwanzigen Geruch (kore = altgriechisch: Blattwanze) braucht meines Erachtens einen orientalischen Aromendschungel vieler zerstoßener Samen, um zu gefallen. Petersilie alleine ist besser ohne die Zutat von Pinienkernen und Käse, dann aber, als Pesto mit Knoblauch, Salz und Öl, eine hervorragende Soße zu gegrilltem Fisch, besonders auch Tintenfisch, sowie zu gegrilltem Fleisch.

Petersilie. ➜Kräuter, auch: ➜Pesto.

Petersilienwurzel. Eine harte, dürre, oft etwas gewundene Wurzel, die manchmal Bestandteil des Suppengrüns ist. Ein Gewürz. Sie wird manchmal verwechselt mit ihrer nahen Verwandten, der mehr möhrenförmigen, fleischigeren und süßeren ➜Pastinake.

Pfannkuchen. Flädle sagen die Schwaben mit Sinn für die entscheidende Eigenschaft der Sache: Ein Pfannkuchen ist ein kleiner Fladen. Ich kann ihn im Prinzip auch ohne Ei zubereiten, mit einem lediglich ans Mehl, Milch, Salz und etwas Öl oder zerlassener Butter bestehenden Teig; sogar mit Wasser anstelle von Milch lassen sich Fladen produzieren. Ich backe Pfannkuchen generell nicht in Fett aus, die Zutat an Öl oder geschmolzener Butter an den Teig macht das in einer guten Pfanne möglich. In die so entstehenden Flädle kann ich alle möglichen Reste einrollen oder einschlagen, um sie in veränderter Form aufzutragen, wie beispielsweise unter ➜Fisch beschrieben. Will ich die Reste einrollen, müssen sie recht klein gehackt und manchmal durch Zutaten wie Ei, Eigelb, Béchamel, Semmelbrösel etc. etwas gebunden werden. Will ich zudem die gefüllten Pfannkuchen schneiden, um sie später in Scheiben zu panieren und zu braten, ist es günstig, sie zuvor eine Zeit in den Kühlschrank zu stellen. Aber auch mit den kälteren und etwas steiferen Röllchen verlangt das Kunststück geübte Finger und ein scharfes Messer. Weniger Sorgfalt auf die Konsistenz der Füllung wie auch auf alles andere muss ich verwenden, wenn ich die Röllchen einfach in eine leicht gefettete Form lege, mit Reibekäse, Brösel, evtl. Butterflöckchen bestreue und überbacke. Variante: mit einer Käsekruste überziehen, indem ich recht harten, sehr fein geriebenen Käse mit etwas Sahne oder Milch zu einer Paste verrühre und vor dem Überbacken auf die Röllchen streiche. Oder auch: die Röllchen mit einer eher dünnflüssigen Béchamel überbacken und den Käse mit in die Füllung geben. Diese drei letzten Möglichkeiten des Aufwärmens von Resten in Pfannkuchen stehen mir auch offen, wenn ich kein Haschee oder Gehäcksel in die Pfannkuchen einrolle, sondern Fleisch-, Fisch- und/oder Gemüsereste in gröberen

Stücken und in ihrer Soße in die Fladen einschlage. Doch auch ein heißes Resteragout, auf dem Teller in einen heißen Pfannkuchen eingeschlagen und mit Salat aufgetragen, dürfte jederzeit eine Mahlzeit sein, die alle Mitessenden zufrieden stellt. Tipp: solche Pfannkuchen aus 4/5 Mais- und 1/5 Weizenmehl backen. Buchweizenmehl eignet sich auch sehr gut. Weitere **Hinweise**: Ohne Ei gebacken, erst recht ohne Milch, werden Pfannkuchen leicht spröde, liebevoller gesagt: krustig. Wie Mazzebrot. Lege ich aber die Pfannkuchen nach dem Backen übereinander in einen Stapel, werden sie durch ihren eigenen Dampf weich und biegsam. Der Pfannkuchenteig ist am besten so dünnflüssig, dass ich ihn in der Pfanne verlaufen lassen kann, bis er den ganzen Pfannenboden ausfüllt, indem ich die Pfanne zu den verschiedenen Seiten hin schräg halte. Für den ersten Pfannkuchen muss ich im Allgemeinen die Pfanne leicht mit Fett auswischen, ein Arbeitsgang, der sich erübrigt, wenn ich in derselben Pfanne Butter zerlassen habe, um sie in den Teig zu geben. Dies alles bleibt sich gleich, wenn ich **Reste im Pfannkuchenteig** verwende. Habe ich etwas anderes in den Teig getan als die bisher angeführten Zutaten, ist es ratsam, zuerst einen kleinen Probepfannkuchen zu backen. Im Dasein eines Durchschnittsflädle nicht vorgesehene Beimengungen können dazu führen, dass der Fladen stärker als gewöhnlich klebt. Dies gleiche ich aus, indem ich den Teig mit Weizenmehl und Milch verdünne. Gut geeignet für den Pfannkuchenteig sind kleine Reste von Cremesuppen, sehr gut auch ein Schluck Tomatensuppe, sahnige Soßen, kurz alles, was flüssig, aber nicht wässrig ist und außerdem geschmacklich passt. Von den nächst festeren Resten sind Schrotgrützen im Pfannkuchenteig gut angebracht, wobei ich einräumen muss, in meinem Leben nur einen einzigen Haushalt kennen gelernt zu haben, in dem Schrotgrütze verzehrt wurde. Hat gar nicht mal schlecht geschmeckt. Normaler dürfte ein Rest vom Porridge, vom Kindergrießbrei und vom →Babybrei aus Getreide sein: Ein Schüsselchen dieser Zutaten in einem Teig von ein bis zwei Eiern, rund einem Viertelliter Milch und Mehl bis zur gewünschten Zähigkeit des Teigs führt eigentlich nie zu Katastrophen, denn die in den Resten verwendeten Getreide, obwohl bereits gekocht, helfen den Fladen zusammenzuhalten. Ebenso: ein Schüsselchen gut durchgezogenes übriges →Müsli sowie sämtliche in gesüßter Milch ertrunkenen Tütenfrühstücke (siehe: →Cornflakes). **Stückige Reste**, Gemüse oder Obst, sind nicht schlecht im Pfannkuchenteig, wenn ich sie sehr dünn schneide, damit sie ganz vom Teig eingeschlossen sind und sich mit ihm gut in der Pfanne verteilen lassen. Scheiben von Wurst, Typ Salami, oder Speck lege ich zuunterst in die Pfanne und übergieße sie mit Teig, wenn sie etwas von ihrem Fett ausgelassen haben. Verwende ich **Pfannkuchenteig als Ausbackteig** für größere Stücke, die ich in ihn hineintauche, brate oder frittiere, dann sollte er geringfügig zäher sein als für seine normale Verwendung. Er sollte zudem kaum Öl oder Fett enthalten, da ich bei dieser Art der Bereitung entweder mit siedendem Fett im Topf, wenigstens mit reichlich Fett in der Pfanne arbeiten muss. Siehe dazu speziell: →Blumenkohl und Brokkoli. **Übrige Pfannkuchen** sind, wie allgemein bekannt, eine gute Einlage in einer klaren Suppe. Das umso mehr, wenn sie, wie hier vorgeschlagen, ohne Fett ausgebacken wurden. Enthalten sie aber Gemüsestücke oder Speck, ist es besser, sie in einer gefetteten und mit Bröseln ausgestreuten Form mit geschlagenem Ei zu übergießen, mit gehackter Tomate und geriebenem Käse zu belegen und als Pizza auszubacken, wie auch für →Kartoffelpuffer und →Puffer beschrieben. **Süße Pfannkuchen** sind in der Suppe natürlich noch weniger brauchbar, als Boden für einen Quarkkuchen (→Quark) aber durchaus annehmbar. Oder gerollt mit Quarkteig gefüllt und gebacken. Weitere Anregungen: →Ananas, →Artischocke, →Auflauf, →Bananen, →Füllungen, →Gemüse, →Hirn, →Kaltschale.

Pfeffer. Überall. In Spuren. Sicherlich steht in den einschlägigen Kochbüchern und Nachschlagewerken, kaum dass das Stichwort fällt, sofort dahinter: wichtigstes Gewürz. Auch das hinterlässt Spuren in manchem Topf und manchem Gaumen. Wie und warum der Pfeffer zu der Ehre kommt, so überaus wichtig zu sein, ist mir ein Rätsel. Ich käme niemals ohne Kräuter, aber lange ohne Pfeffer aus. Aber gut, das halte jeder, wie er will. Siehe: →Gewürze.

Pfefferminze. →Kräuter. Pfefferminzbonbons: →Bonbons.

Pfirsiche. Die Pfirsiche in der Dose und die frischen vom Obst- und Gemüsestand sind nicht die gleichen. Nektarinen und frische Pfirsiche sind sich untereinander in Geschmack und Struktur ähnlicher als dem gelben Dosenpfirsich. Sie sind frisch-säuerlich, saftig, etwas faserig im Biss und zerfallen beim Kochen. Dosenpfirsiche sind süßer, trockener, überhaupt nicht faserig und zerfallen beim Kochen nur schwer. In der Tat haben in anderen Sprachen beide Arten verschiedene Namen, auf Spanisch »pavía« die eine und »melecotón« die andere. Melecotón, Dosenpfirsich bleibt sich immer gleich, bissfest, honigsüß. Wie ein Stück kandiertes Obst beträgt er sich dort, worein ich ihn mische: im →Quark, im Quarkkuchen, auf einem Kuchenboden (→Keks- und Kuchenkrümel), unter →Gelatine, →Pudding, im →Obstsalat. Am schwierigsten werde ich seinen übrigen Sirup los. Wenn ich ihn aber für ein Sorbet (→Bowle) oder einen Tortenguss (→Gelatine) verwende, sind säuerliche Obstsorten gut zur Ergänzung. Bei der anderen Art der Pfirsiche und bei der Nektarine stellt sich öfter dasselbe Problem wie im Fall von →Aprikosen oder →Melonen: Sie schmecken oft nach nichts, entweder weil sie unreif sind, aber nicht reif werden, oder weil sie künstlich gereift wurden, mithin altreife Grünlinge sind. In diesem Zustand sind Pfirsiche faden →Äpfeln so ähnlich, dass ich sie umstandslos wie diese verkochen würde, geschält, mit Fleisch und Soße, im →Curry oder →Chutney. Weisen sie Ansätze von Eigengeschmack auf oder handelt es sich um von Kindern angebissene Früchte, die niemand essen mag, kann ein Kompott viel retten. Einfacher: Pfirsiche mit Banane pürieren, im Joghurt, im Joghurt- oder Milchmixgetränk, im Quark.

Pflaumen. Reste vom Pflaumenkompott wandern bei mir in die →Obstgrütze. Sie ist außer Pflaumenmus die einzige Süßspeise, in der mich ihre – sich irgendwann doch ablösenden und einrollenden – Schalen nicht stören. Gut, im →Chutney wär's mir auch egal. Ist das Kompott nicht überzuckert, kann ich es mit einer Nelke zu einem Pflaumenmus einkochen, dass eigentlich alles süßt, was auch →Lebkuchen süßen. Gut auch auf einen Tortenboden (→Keks- und Kuchenkrümel) gestrichen und mit Streuseln bestreut. Meist hat man aber nicht so große Reste, dass größere Umkochaktionen lohnen. Dann sorgen ein paar Stücke aus einem Pflaumenkompott auch in einem süßen Brot- oder Quarkauflauf (→Auflauf) oder unter einem Vanillepudding für Abwechslung.

Pilaw. Folgt man in deutschen Kochbüchern den Rezepten für einen Pilaw, kommt dabei ein mit vielen bunten Zutaten vermischter feuchter Reisbrei heraus, der nichts mit einem Pilaw zu tun hat. Die Rezepte sind deswegen nicht gleich ganz zu verwerfen, doch würde ich den in ihnen meist angegebenen Langkornreis durch Rundkornreis austauschen, die Proportion von Reis zu Wasser oder Brühe von 1 zu 2 auf 1 zu 4 erhöhen und ansonsten den deutschen Kochbuchpilaw so beginnen wie eine Reispfanne: Fleisch, wenn vorgesehen, anbräunen, danach auch Zwiebel, Knoblauch, grobe Stücke von Wurzelgemüsen (zartere Gemüse dagegen höchstens sehr kurz mitbraten), alles mit gehackter Tomate schmoren, würzen (Safran, Lorbeer, Paprika). In der Mischung den Reis glasig werden lassen, mit kochender Brühe oder Wasser aufgießen, mit Salz abschmecken und im offenen Topf langsam gar kochen. Dieses Gericht, ein Arroz caldoso, ein suppiger Reis (aber keine Reissuppe!), in dem die Reiskörner einzeln in einer sämigen Soße schwimmen, ist viel angenehmer zu essen als jener die Zähne verklebende Matsch, als der ein »auf Deutsch« gekochter Pilaw immer herauskäme. Ruhmor kennt sich dagegen besser aus. Er weiß, dass bei einem Pilaw »... die Körner härtlich gesotten und wiederum abgekühlt, dann mit animalischem Stoffe noch einmal zum Feuer gebracht, gewürzt und völlig gar bereitet werden.« Das ist es! Wenn auch der animalische Stoff öfter fehlen als dabei sein dürfte. Für einen Pilaw koche ich Reis in sehr viel sehr salzigem Wasser, bis ich ein Probereiskorn zwischen den Fingern zerdrücken kann, einen krümeligen harten Kern in der Mitte des Korns aber nicht. Je nach Reissorte – für den Pilaw taugen alle – dauert das unterschiedlich lang, bei Basmati oft nur zwei, bei Vollkornreis manchmal 15 Minuten und länger. Ist der Punkt erreicht, gieße ich den Reis in ein Sieb, lasse das Kochwasser ablaufen und wasche ihn unter fließendem Wasser aus. Auch den Topf muss ich waschen. Ich stelle ihn trocken wieder auf den Herd, gebe Öl hinein, bis es den Boden bedeckt, lege in das Öl dünne Scheiben roher Kartoffeln oder Möhren und auf die schütte ich den mit meinen anderen Zutaten vermischten Reis, so dass alles in einem schönen runden, leicht spitz nach oben zulaufenden Haufen locker übereinander zu liegen kommt. Dann erhitze ich den Topf, decke ihn fest mit seinem in ein Küchentuch geschlagenen Deckel zu und stelle ihn je nach Reissorte länger oder kürzer zwischen 45 Minuten und anderthalb Stunden auf die kleinstmögliche Flamme. Ist auch die noch zu heiß, tut eine einfache Blechpfanne unter dem Topf gute Dienste, sie verteilt die Hitze etwas. Wird allerdings der in das Handtuch geschlagene Deckel nicht innerhalb einiger Minuten heiß, ist die Hitze zu klein. Der fertige Reis ist dann vollkommen körnig und durchzogen von den Aromen der anderen Zutaten: angebrätelte ➔Rosinen, alle Hülsenfrüchte, jedes Gemüse, das man als angenehm empfindet, Fleisch und, wenn man Lust hat, viele Gewürze, Koriander, Kardamom, Fenchelsamen, Kumin, Zimt, Nelke usw. Sämtliche **Zutaten für ein Pilaw**, die ich mit dem Reis ziehen lasse, müssen vorher gar sein – was die herausragende Stellung des Gerichts in der Resteküche erklärt. Wenn sie nicht soßiger sind als etwa eine ➔Bolognese, kann ich mit Hilfe des Pilaws sogar aus einem Rest Linseneintopf oder Curry noch ein neues Gericht machen, was sonst sehr schwer ist. Es empfiehlt sich, alle Reste, ob Fleisch oder Gemüse, anzubraten oder wenigstens sanft anzubräunen, dabei mit den Gewürzen zu erhitzen und alles zusammen, einschließlich eventuell verwendeter Rosinen und Pinienkerne, etwas durchziehen zu lassen. So kommt etwas mehr aromatisiertes Öl an den Reistopf, was ihn saftiger macht. Ist der Reis, etwa weil lediglich mit Rosinen und Linsen zubereitet, sehr trocken, kann ich vor dem Auftragen etwas Butter hineinsickern lassen. Für weitere Zutaten für einen Pilaw siehe: ➔Auberginen, ➔Bananen, ➔Fenchel, ➔Fleisch, ➔Melone, ➔Möhren, ➔Pastinaken. Für Reste vom Pilaw: ➔Frikadellen, ➔Füllungen.

Pilze. Was von Hutpilzen mit Lamellen zu sagen ist, steht unter ➔Champignons, denn die habe ich am ehesten. Doch auch für Steinpilze finden sich Rezepte, sie mit einer Füllung im Ofen zu backen, und da es Jahre gibt, wo diese schmackhaften Pilze plötzlich auf dem Rasen hinter der Dorfkirche erscheinen, sei es erwähnt. Das Füllen ist bei ihnen nicht anders als bei Champignons, nur dass ich rund um die Bruchstelle des Stiels vorsichtig die schaumige Unterseite des Pilzes wegnehmen muss, damit eine Schale entsteht. Die Stiele verarbeite ich mit in die Füllung, den Schwamm nur, wenn er noch weißlich und fest ist. Andere Röhrenpilze sind manchmal etwas schleimig und geraten deshalb gefüllt unter Umständen nicht besonders; giftig sind heimische Röhrenpilze bis auf den leicht erkennbaren Satanspilz nie, speibittere freilich gibt es. Ein interessantes Essen mit Pilzen ist das folgende Gericht, Pilzbraten genannt: ein Kilo Pilze, zwei bis drei Zwiebeln, ein Bund Petersilie hacken und mit drei in Wasser eingeweichten und gut ausgedrückten Brötchen, wenigem Öl, Salz zu einem Teig verrühren, zwei Eier und zwei Esslöffel geriebenen Käse untermischen, in einer gefetteten und mit Bröseln ausgestreuten Kastenform im Ofen backen. Dieses Gericht kann ich leicht mit Resten abwandeln, sofern sie geschmacklich passen, z. B. indem ich gekochtes Gemüse (Möhren, Pastinaken, Brokkoli) in groben Stücken vorsichtig auf die Teigschicht am Boden der Kastenform lege, wenn diese halbvoll ist, und dann mit dem Restteig auffülle. Dasselbe mit Fleischstücken, Stücken von Leber etc. Reste in kleineren Stücken kann ich mit einer Béchamel oder Ei(gelb) und Bröseln binden, in eine Scheibe gekochten Schinken einrollen und so in den Teig geben. Darüber hinaus sind Pilze, meistens geschmort, hauptsächlich als würzende Beigabe wichtig für die Resteküche, in ➔Frikassees, ➔Füllungen, ➔Haschees, ➔Kroketten, ➔Risottos, ➔Ragouts, ➔Soßen etc. Inwieweit Pilze etwas sind, was man aufwärmen kann, ist von Pilz zu Pilz und von Pilzgericht zu Pilzgericht verschieden. Geschmorte Champignons, Steinpilze oder Austernpilze, mit Zwiebeln oder ohne, sind am nächsten Tag ohne weiteres im Risotto und anderem zu gebrauchen, geschmorte Pfifferlinge dagegen werden sehr schnell ledern, wenn man sie aufwärmt. Magengrimmen verursachen Pilze offensichtlich öfter, wenn sie mit Ei zubereitet wurden und dann aufgewärmt werden. Die manchmal recht eigentümlichen Eiweißverbindungen der Pilze vertragen sich da nicht mit denen des Hühnereis.

Piment. Nelkenpeffer. Sehr brauchbar, vor allem an ➔Eintöpfen, ➔Kohl, ➔Brühen. Ich zerstoße Piment grob, bevor ich ihn benutze. Gemahlen gehört er zu den Gewürzen für ➔Lebkuchen, manchmal auch zum ➔Curry.

Pinienkerne. Nüsse und Mandeln im Essen sind das, was die Speckwürfel in der Blutwurst sind: etwas zum Beißen, das den Gaumen ölig abstumpft, aber ein Kratzen im Rachen hinterlässt, wie ein heiseres Rufen nach einem alkoholisch oder ätherisch reinigenden Kitzel. Pinienkerne sind auch speckig, aber das Verlangen nach dem ätherischen Kitzel bedienen sie, schon während man sie zerkaut. Wegen dieser Qualität sind die Pinienkerne die einzigen Nüsse, denen das Dämpfen bekommt. Sie verlieren Aroma an ihre Umgebung wie ein Kraut und ölen nicht nur halbgar vor sich hin. Andere Nüsse und Mandeln muss ich roh oder geröstet, jedenfalls knackig genießen, Pinienkerne kann ich in ➔Füllungen aus ➔Hackfleisch, aus Kuskus oder im ➔Pilaw mitziehen lassen. Geröstete Pinienkerne sind außerdem eine schnelle Dekoration für ➔Ragouts aus Resten, wenn dort ein würzig-stimulierender Kontrapunkt fehlt.

Pistazien. Sind kaum anders erhältlich als geröstet und gesalzen in ihren Schalen. Vergisst man sie in der geöffneten Tüte, werden sie weich, das sie umgebende Salz hat Wasser gezogen. Ihr Geschmack ist davon wenig beeinträchtigt. Darum: Schalen entfernen, Pistazien im Mörser mit etwas Salz und Knoblauch zerstoßen, evtl. mit etwas Honig süßen und mit einem milden Öl und wenig Essig zu einer Vinaigrette verarbeiten. Besonders zu härtlich abgedämpftem ➔Blumenkohl.

Pizza. Als Pizzakäse kommt, grob geraspelt, jeder weich schmelzende leicht süßliche in Frage, ein Butterkäse, ein junger Gouda, Mozarella selbstverständlich. Ich persönlich mache auch vor Ziegengouda oder einem jungen Manchego nicht Halt, wenn ich sie billig bekommen habe. Lochkäse – Emmentaler, Maasdamer, Leerdamer, Bergkäse – eignen sich besser zum Gratinieren. Durch den Käse unterscheidet sich die Pizza von ihrer westlichen Schwester, der Coca (dazu eingehender: ➜Hefeteig). Durch die Tomate unterscheidet sich die Pizza von den Wähen und Zwiebelkuchen. Die Tomate ist billigerweise geschält, in welchem Zustand sie darüber hinaus auf den leicht eingeölten Pizzaboden kommt, in Scheiben, Stückchen, püriert oder etwas eingekocht, sei der Laune des Kochs oder der Köchin überantwortet. Bei faden Tomaten ist das Einkochen oder -schmoren aber oftmals ein Weg, ihren Geschmack zu intensivieren. Schmore ich die Tomaten vorher, kann ich sie zudem durch Zutaten würzen, die ich vorher in Öl angebraten habe, z. B. sehr klein gewiegten Speck oder Knoblauch. Pizzateig aus Vollkornmehl gebacken lässt die Pizza weniger knackig geraten, bewahrt sie aber länger frisch. Belegen kann ich die Pizza im Prinzip mit jedem Rest, der nicht Soße oder Suppe ist bzw. erhitzt nicht zu Suppe oder Soße zerläuft. Von den Fleischresten behagen mir allerdings nur die hackfleischigen wirklich; eine mit etwas Tomate verlängerte Bolognese auf einer Pizza gefällt, ein aufgeschnittener Bratklops auch. Desgleichen eine aufgeschnittene kalte Bratwurst, wie überhaupt die meisten Wurstreste und Schinken. Fisch trocknet auf einer Pizza zu sehr aus, die Überbleibsel eines Muschelessens befinden sich besser auf ihr. Von den Gemüsen sträuben sich die Mitglieder der Kohlfamilie am heftigsten gegen die neue Umgebung, mit Ausnahme von Blumenkohl und Brokkoli. Hülsenfrüchte sind zusammen mit dem Hefeteig zu schwer. Alle Zutaten schneide ich in möglichst dünne Scheiben, von keiner brauche ich größere Mengen. Für einige weitere mögliche Zutaten siehe: ➜Ananas, ➜Essiggurken, ➜Käse. Für Pizzen mit anderen Böden als Hefeteig: ➜Brot, ➜Döner und ➜Hamburger, ➜Kartoffelpuffer, ➜Pfannkuchen. Übrige Pizza habe ich schon in den Teig für ➜Semmelknödel getan. War für den Knödel zu viel Auflage dabei, habe ich sie abgenommen und zu einer Tomatensoße verarbeitet.

»Unterwasserbomben einsetzen! röhrte Gordon. Keiner wusste, wo die Unterwasserbomben aufbewahrt wurden. Betty fand eine, aber das Ding explodierte nicht. Dafür explodierte Evelyn, als sie erfuhr, dass Betty ihren schönen Plumpudding auf den Grund der Biskaya geschossen hatte.« Ich darf vorstellen: der wahrscheinlich berühmteste Plumpudding der Literaturgeschichte, wenigstens der Kinderliteratur. Verschossen 1938 gegen ein franquistisches Unterseeboot, dessen Besatzung das Ende der Menschheit durch eine ausschließlich Menschen versteinernde Wolke in den Tiefen des Meeres verpasst hatte. Und nun einer Gruppe von ebenfalls entkommenen Kindern aus der berühmten antiautoritären Schule von Summerhill Schwierigkeiten bereitet. 1971 ist A. S. Neills *The Last Man Alive*, von Harry Rowohlt wundervoll übersetzt, unter dem Titel *Die grüne Wolke* in Deutschland erschienen und gleich mit einer Startauflage von 50 000. Ein Klassiker des kindergerecht gewalttätigen Humors. Bei dem ich mich wundern würde, wenn er nicht auch noch dann zu haben sein wird, wenn von der bemühten Kinderliteratur autoritätsbeseelter Kanzlergattinnen nicht mehr die leiseste Erinnerung geblieben ist. Ein Plumpudding, im Wasserbad aus Rindernierenfett, Bröseln, Trockenpflaumen, Reibeäpfeln, Mehl, Eiern, braunem Zucker, Zitronat und Orangeat, Weinbrand, Sherry und Gewürzen gegart, sieht übrigens einem Torpedokopf wirklich ähnlich und wiegt in der Hand auch ebenso schwer. Wie ➔Lebkuchen zum Andicken von Fleischsoßen im Schmortopf, zum ➔Sauerbraten etc.

Plumpudding.

Polenta.

Steht Polenta auf der Packung, handelt es sich in der Regel um vorgekochten Maisgrieß. Steht Maisgrieß drauf, handelt es sich um nicht vorgekochte Polenta. Die Anhänger des Authentischen machen einen Geschmacksunterschied zwischen 30 bis 60 Minuten selbst gekochter und fünf bis sechs Minuten nachgekochter Polenta aus, an den ich nicht recht glaube. Ein Preisunterschied zwischen beiden Grießsorten besteht allerdings. Bei rohem Maisgrieß nehme ich 100 bis 125g auf einen halben Liter Wasser, das heftig kochen sollte, wenn ich den Grieß hineinrühre. Der Brei braucht auf kleiner Flamme bis zu einer Stunde, spritzt beim Aufstoßen vulkanisch fies, will aber (wie die meisten Fiesen) ab und an gerührt werden – man sieht schon, warum der Gedanke, Polenta vorgekocht auf den Markt zu bringen, keine ganz abwegige Geschäftsidee war. Den fertigen noch heißen Brei gebe ich auf einen gefetteten Teller zum Abkühlen. Oder auf ein gefettetes Backblech bzw. flach in eine gefettete Form, bestreiche ihn mit etwas Öl und lasse ihn kurz überkrusten. In der zuletzt angeführten Form ist die Polenta eine Beilage, wird in Stücke geschnitten und mit Tomatensoße, Fleisch und Soße und zu allem Möglichen mehr gegessen, was in der Küche an- und abfällt, kräftige Geschmäcker bevorzugt. Raffinierter serviere ich mein Resteragout mit Polenta, wenn ich den Brei in kleinen Formen zu ➔Krüstchen verbacke, was kaum mehr Arbeit erfordert als das Überkrusten der Polenta auf dem Blech. Kommen wir aber auf die Polenta zurück, die ich vorhin auf einem gefetteten Teller zum Abkühlen zurückließ – inzwischen dürfte sie kalt sein. Entweder hat man die Polenta mit Absicht sehr dick gemacht. Dann schneidet man sie (ganz wie einen Biskuitboden für eine Torte) mit einem Faden in Scheiben, legt eine zuunterst in eine gebutterte Form, gibt Butterflocken und Parmesan darauf, abwechselnd bis zur obersten Scheibe, auf die nur Butterflocken kommen, um das Ganze im Ofen zu überkrusten. Oder man hat sie gleich auf einer großen Fläche 1 1/2 cm dick ausgestrichen, schneidet sie dann in möglichst gleich große Stücke und schichtet diese übereinander. Bei aller Mühe, die das Verfahren mit sich bringt, bietet sie dem Restekoch doch seine, wenn auch bescheidene Chance. Außer Parmesan und Butterflocken gibt er krümelige, bröckelige Reste, Hackfleisch, aufgebratene Fleischfitzchen, Gemüsehack (selbstverständlich kein rohes) zwischen die Scheiben; gut gewürzt, evtl. auch mit eingekochter Tomate und/oder Eigelb vermischt. Dazu Salat. Die eigentliche Bestimmung der Polenta ist aber dieselbe wie die der Klöße. Nämlich einmal als Beilage und ein zweites Mal aufgebraten (und mit geriebenem Käse bestreut) auf den Tisch zu kommen. Unübertrefflich.

Pörkölt. In der Resteküche wie ➔Gulasch.

Porridge. →Müsli, →Pfannkuchen.

Pralinen. →Marzipan, →Nougat, →Schokolade.

Preiselbeeren. →Beerenobst, auch: →Marmelade.

Pudding. Eins: Creme. Zwei: Flammeri. Zwei Süßspeisen, von denen zwar nicht anzunehmen ist, sie würden einmal nicht aufgegessen, die sich aber Reste-logisch ergänzen. Denn wir produzieren zuerst einen Rest und rühren die **Creme**. Dazu kochen wir einen halben Liter Milch mit Zitronenschale oder einem Stück Vanilleschote oder einer Zimtstange auf und geben sie dann nach und nach und unter ständigem Rühren in sechs geschlagene Eigelb. Die befinden sich zweckmäßigerweise in einem Topf, den wir dann, wenn Eigelb und heiße Milch innig ineinander verrührt sind, in einen größeren Topf stellen, der halb mit siedendem Wasser gefüllt ist und auf dem Herd steht. Nicht zuviel Hitze geben, aber immer rühren, nach einiger Zeit wird die Sache cremig dick. Dann in Schüsselchen geben und abkühlen lassen. Für die sechs Esslöffel Zucker, die hineingehören, macht es keinen Unterschied, ob ich sie im Eigelb, in der Milch oder in der Mischung von beiden löse. Der Rest, resultierend aus dieser Bereitung, besteht in sechs Eiweiß. Gut, machen wir also einen **Flammeri**. Wieder einen halben Liter Milch mit Gewürz, auch Schokolade, Karamell oder Espresso aufkochen, vorher aber die sechs Eiweiß zu festem Schnee schlagen, sowie sechs Esslöffel Zucker und zwei Esslöffel Speisestärke mit Milch glatt rühren. Dann zwei Blatt eingeweichter und ausgedrückter Gelatine in etwas heißer Milch auflösen. Kocht die Milch, erst Zucker und Stärke einrühren, aufkochen lassen, dann vom Feuer nehmen, Gelatine einrühren, schließlich das Eiweiß darunter ziehen. In eine Puddingform oder in Schälchen geben. Dieser Pudding lässt sich auch mit Grieß zubereiten, was die Gelatine erübrigt und nur halb so viel Eiweiß braucht. Er sollte immer sturzfest werden. Beide Löffeldesserts kann ich heiß über Kompott- oder über je nachdem verschieden klein geschnittene Obstreste geben (siehe dazu auch: →Obstsalat); was ihre ausführliche Besprechung an diesem Ort noch einmal mehr als rechtfertigt.

Dass für den gleichen Zweck jederzeit auch ein Tütenpudding ausreicht, will ich natürlich überhaupt nicht bestreiten. Aber niemand soll sagen, ich hätte mich vor richtigen Puddings gedrückt. Unter Pudding versteht man ferner Speisen, normalerweise mit Ei vermischte Pürees, die im Wasserbad und/oder im Ofen zum Stocken gebracht werden. Ein Grundrezept dafür findet sich unter ➔Avocado. Auch ein feiner süßer Brotauflauf (➔Brot, ➔Semmelbrösel) ist in dem Sinn ein Pudding. Noch feiner: aus alten biskuitähnlichen Keksen (Löffelbiskuit, Katzenzungen, Orangenplätzchen, trockener Tortenboden) ein Mehl machen, mit Milch zu Brei rühren, zuckern, geschlagenes Eigelb oder ganze Eier hineinmischen, Rosinen oder Korinthen untermengen, und in einer Form (im Wasserbad) backen, die man zuvor mit Karamellsoße ausgeschwenkt hat. Mengenverhältnisse: auf ein Pfund Biskuit ein halber Liter Milch, drei Eier oder vier Eigelb, zwei bis drei Esslöffel Zucker, eine Handvoll Korinthen. Karamellsoße macht man, indem man etwas Zucker in einem Topf mit Zitronensaft und Wasser anfeuchtet und erhitzt, bis er Farbe bekommt. Für die Verwendung von **Puddingpulver** siehe: ➔Holunder, ➔Kuskus, ➔Milch, ➔Quark. **Für Reste vom Pudding:** ➔Blätterteig, auch: ➔Marmelade, ➔Vanillepudding. Für **Zutaten** zum Pudding, sei es dazu als Soße oder darunter in Stücken oder gleich mit in der Milch verkocht: ➔Obst und alle Obstsorten, ➔Kakao, ➔Kompott, ➔Nougat, ➔Schokolade. Ferner: ➔Plumpudding, ➔Yorkshire Pudding.

Puffer. Reibekuchen bestehen notwendig aus Geriebenem. Die Notwendigkeit, dass es immer bloß Kartoffeln und Zwiebeln sein sollten, die gerieben werden, besteht nicht. Unter ➔Möhrenrohkost gebe ich ein Beispiel für einen Möhrenrohkostpuffer. Denkbar sind auch Waldorfsalatpuffer, Rote-Beete-Salatpuffer, Krautsalatpuffer mit Speck etc., immer mit der Einschränkung, dass sie wenigstens zur Hälfte dennoch Kartoffelpuffer bleiben. Bei Puffern, die gehackte Reste von grünem Salat aufnehmen, muss der Kartoffelanteil noch größer sein. War an der Salatsoße Joghurt, können die Puffer stärker zum Kleben und Zerfallen neigen, bei Mayonnaise, saurer und süßer Sahne habe ich das nicht beobachten können. Vinaigrette lässt man vorher ablaufen. Schwieriger als rohe Reste ist Gekochtes in Puffern unterzubringen, es brät anders als Rohes. Ein paar zufällig vorhandene Fleischreste sind die Ausnahme, ihnen kann gut tun, in saftiger Umgebung eine Kruste zu bekommen. Knoblauch ist dann kein schlechtes Puffergewürz.

Püree. Aus ➔Kartoffeln, ebendort. Sonst: ➔Gemüse bzw. unter den einzelnen Sorten. Auch: ➔Obst sowie einzelne Obstsorten. Außerdem: ➔Babybrei, ➔Suppe.

Q

Quark. Schneller Nachtisch, praktischer Nachtisch. Außer vielleicht mit Äpfeln mit jedem zerkleinerten Obstrest zu kombinieren. Zitronenschale steht ihm gut, etwas Zitronen- oder Orangensaft ebenfalls. Gemuste braune Bananen süßen ihn optimal, Zucker oder Honig tun es auch. Schoko- oder Zuckerstreusel, ein Löffelchen Marmelade sind Dekoration genug. Für den Rest **drei Rezepte**. Das erste, besonders bei Quarkspeisen, die nicht zu flüssig geraten sind: etwas Butter mit Zucker, dann mit Ei, dann mit der Quarkspeise verrühren. Dann Mehl und Backpulver, vom Gewicht her gut halb so viel Mehl wie Quark, untermengen. Rosinen oder Korinthen verfeinern, wenn nicht gerade Johannisbeeren im Quark sind. Den Teig löffelweise in etwas Öl oder Butter in der Pfanne von beiden Seiten goldbraun braten. Fällt der erste Quarkpuffer – denn darum handelt es sich – auseinander, muss etwas mehr Mehl an den Teig. Das **zweite Rezept** setzt Pfannkuchen voraus und ist mit Oststückchen in der Quarkspeise fast besser als ohne: Eiweiß mit etwas Zucker steif schlagen. Dann Butter mit etwas Zucker schaumig rühren, eine Prise Salz und etwas Vanillinzucker sind nicht verkehrt. Das notwendigerweise vorhandene Eigelb in die Zuckerbutter verrühren, danach den Quarkspeisenrest. Den

Eischnee unterziehen, die Mischung in die Pfannkuchen einrollen, die Rollen in eine gefettete Form legen und backen. Mengenverhältnisse: Auf einen Quarkrest von ungefähr einem halben Pfund dürften drei mittelgroße Eier gut ausreichen. **Das dritte Rezept** ist ein Quarkkuchen. Dafür muss die Mischung für die Quarkfüllung keine andere sein als die für die Pfannkuchen. Allerdings gefällt ein Quarkkuchen auch, wenn er nicht schaumig abbäckt, so dass es nicht wirklich nötig ist, die Eier zu trennen und das Eiweiß zu schlagen. Habe ich ein Ei weniger, als ich denke zu benötigen, helfe ich mir mit etwas Puddingpulver, das ich einfach mit einrühre. Es färbt auch gelb und trägt wegen der in ihm enthaltenen Maisstärke zum Festwerden der Masse bei. Und Vanillegeschmack ist ohnehin bei Quarkkuchen angesagt. Einen solchen Quarkkuchen kann ich ohne Boden backen, wenn ich bei meiner Springform den Spalt zwischen Boden und Rand gut mit Fett verschmiere, ansonsten normal fette und reichlich mit Semmelbrösel oder Kekskrümeln ausstreue. Einen Boden mache ich, wenn ich gleichzeitig noch Obst- oder Kompottreste, Marmelade, rote oder grüne Grütze verbrauchen möchte, Dinge, die eine festere Unterlage benötigen. **Weitere Süßspeisen** mit Quarkspeise: ➔Auflauf, Quarkschnecken aus süßem leichten ➔Hefeteig, Quarkbrötchen, für die ich die Quarkspeise in den Hefeteig verarbeite, ➔Teigtaschen. Für letztere bräuchte ich ausnahmsweise mal kein Ei. Es reicht, den Nachtischquark bei Bedarf mit Kekskrümeln fester zu machen, besser ist Mandelmehl. **Für pikant angerührten Quark** sieht die Sache ähnlich aus. Quarkpuffer? Sehr gut. Doch Zwiebeln sollte der Quark nicht enthalten, sie würden nicht gar. Gefüllte Pfannkuchen? Warum denn nicht?! Den Zucker weggelassen, das Eigelb mit oder ohne Butter in den Quark gerührt, das Eiweiß zu Schnee geschlagen. Enthält der Teig rohe Zwiebeln, bei etwas kleinerer Hitze länger backen. Quarkkuchen? Nur zu! Doch immer mit Boden aus Mürbeteig, im Stil einer Quiche. Und weil Quiche in meinem Buch sich mit ➔Gemüsekuchen übersetzt, wird es außerdem ein Gemüserest sein, der den Kuchen inspiriert. Ein Auflauf? Das ist die Lösung, wenn ich zum Quark den Gemüserest habe, aber kein Mehl im Haus. Dasselbe, aber zusätzlich mit Nudeln.

Auf Hefegebäck? Sehr schön. Noch besser ist Quark freilich mit geriebenem Käse vermischt als flache Schicht in einem flachen gedeckten Fladen eingebacken. Dieselbe Mischung, pikante Quarkspeise und Reibekäse in einer Teigtasche, in der wiederum gut mit Gemüsestückchen zu kombinieren. Darüber hinaus: Quarkspeise mit Ei vermischt vor dem Backen auf einen Zwiebelkuchen gegossen. Oder an Stelle von Käse in vegetarischen ➔Füllungen, mit Kuskus, Reisresten oder Grieß und Ei zubereitet. Besonders reizvoll ist das in ➔Krautwickeln. Für **weitere Anregungen** zu Quarkspeisen oder mit Quark bereiteten Speisen: Unter ➔Babybrei, auch ➔Grieß ist ein Hefezopf beschrieben, den man mit Quark füllen kann. Für besondere Quarkkuchen: ➔Eierlikör, ➔Eis, ➔Holunder. Außerdem: ➔Gelatine, ➔Obstsalat, ➔Orange. Siehe außerdem: ➔Obst und alle Obstsorten, bis auf Äpfel und Birnen. Sowie: ➔Avocado, ➔Joghurt, ➔Kondensmilch, ➔Mayonnaise und ➔Nudeln. Zum weiteren Themenkreis Quark gehört auch der Artikel ➔Dickmilch.

Quenelles.

Es gibt viele Sorten. Die für mich brauchbarste ist eine Art Brandteiggnocchi, für deren Teig konzentrierte ➔Brühe Verwendung findet und die sich deshalb geschmacklich am besten in ein Resteragout einfügt. Gut auch einfach mit ➔Pesto. Ein Brandteig geht so: 1/4 Liter Flüssigkeit mit 75 g Butter zum Kochen bringen und auf einen Schlag 150 g Mehl mit dem Holzlöffel einrühren. Energisch rühren, bis die Masse glatt ist, dann bei kleiner Flamme so lange weiter rühren, bis der Teig sich von der Topfwand löst. Etwas abkühlen lassen, dann nacheinander vier Eier, edlere Version: fünf Eigelb, Salz, Zucker, Gewürze je nach Rezept unterziehen. Langes Schlagen des Teigs verbessert das Ergebnis. Die verwendete Flüssigkeit kann Milch, Wasser oder eben Brühe sein. Aus einem süßen Brandteig kann ich Windbeutel backen oder in Öl Krapfen. Für alle Anwendungen muss der Brandteig zäh genug sein, um mit dem Esslöffel Klöße abstechen zu können, aber auch so flüssig, dass ich den Teig jederzeit durch die große Sterntülle an der Spritztüte drücken könnte – auch Spritzkuchen werden nämlich aus Brandteig gemacht. Die grobe Version der Quenelles ist das eben Erwähnte: Teig nach obiger Anleitung mit Brühe bereiten, einige Zeit kühl stellen, Klößchen abstechen in sanft simmerndem Wasser gar ziehen, bis sie hochsteigen, Topf vom Herd nehmen und die Klößchen zugedeckt einige wenige Minuten schwellen lassen. Dann mit dem Schaumlöffel entnehmen und etwas abtropfen. Raffiniertere Version: Klößchen nicht nur einfach mit dem Löffel abstechen, sondern ihnen zudem noch mit den Händen auf einem gut gemehlten Brett die Form eines fast fingerlangen Röllchens geben. Als würzende Zutaten zum Teig kommen z. B. geriebener harter Käse, Muskat oder Kräuter in Frage.

Quiche. ➔Gemüsekuchen.

Quitten. Quittengelee, Quittenmus: ➔Marmelade. Quittenbrot: ➔Milch. Quittenbrot ist fest genug, um in Backteig frittiert zu geraten: Das geht auch zusammen mit dem unter Milch erwähnten Frischkäse. Dasselbe mit Semmelbrösel und Mandelmehl paniert und in Butter gebraten. Hat man keinen Frischkäse, ist anzuraten, die Abschnitte vom Quittenbrot vor dem Eintauchen in den Teig mit einigen Tropfen Weinbrand, Rum oder – am teuersten und am besten – Kirschwasser zu parfümieren.

R

Radieschen. Im Gemüsegarten der deutschen Politik gedieh, wie ein Spottlied aus den zwanziger Jahren beschreibt, »auch das bescheidene Radieschen, außen rot und innen weiß.« Das geht natürlich gegen jene Partei, von der Tucholsky seinen »älteren, leicht besoffenen Herrn« schwärmen lässt, bei ihr könne man so schön für die Revolution sein und doch ganz sicher wissen, »mit diese Pachtei kommt se nich«. Der politische Gemüsegarten brachte bis in die späten siebziger Jahre noch neue Früchte. So kamen die Grünen zu der Ehre, dass ihnen vorgeworfen wurde, sie seien umweltpolitische

Wassermelonen: außen grün und innen rot. Worauf sie die Entgegnung fanden, die anderen seien umweltpolitische Gurken, außen grün und innen wässrig. Diese Retourkutsche ist die einzige prophetische Aussage aus dem Umfeld der Grünen, an die ich mich erinnern kann. Sie fiel nicht nur in der Folge auf die Partei selbst zurück, sie traf auch genau das Schicksal der konkurrierenden Vereine. Rot war bald nicht einmal mehr als sentimental getragene, bloß äußere Schale akzeptabel. Kriechende Pflanzen mit weißlich-grünen, gelblich-grünen oder schwärzlich-grünen, wässrigen Früchten überwuchern seitdem die einst streng voneinander abgezirkelten Beete des Gemüsegartens der deutschen Politik, nichts als Gurken allerorten. Und sollte sich, vom haarigen Laub der anderen halb zugedeckt, irgendwo doch noch ein bescheidenes Radieschen zeigen, so können wir sicher sein, dass ihm das Einzige fehlt, was sein innen Weißes genießbar macht: Schärfe und Biss. Diese Wässrigkeit ist indes auch immer wieder das Kennzeichen wirklicher Radieschen vom Gemüsestand. Was uns die Frage aufgibt: Wohin mit den vergurkten Dingern? Die Antwort ist: Kochen oder Schmoren. Sie färben ein bisschen, aber schmecken gegart so, wie ➔Weiße Rüben – auch Wasserrüben (!) genannt – eben schmecken. Gut. Siehe außerdem: ➔Thaicurry

Ragout.

Ein Ragout ist Vielerlei: ein buntes Durcheinander gegarter Zutaten verschiedener Größe in einer Soße. Diese ist selten mit Mehl angedickt. Schon deshalb nicht, weil das Ragout eine Tendenz hat, für sich allein eine Mahlzeit oder einen Gang einer Mahlzeit auszumachen, d. h. ohne Beilagen serviert zu werden. Es kann aber gut Mehlspeisen wie Klößchen, Gnocchi oder Kartoffeln als Zutat enthalten, immer ganz oder in größeren Stücken und in einer alles verbindenden Soße gewärmt. Kleinteilige mehlige Zutaten wie Reis oder Kuskus dagegen würden aus dem Ragout eine breiige Suppe machen und den Reiz des Gerichts zerstören. Ein **Beispiel** für die Herstellung eines Ragouts, ausschließlich aus dem Buchstaben R: Ich habe als Reste eine ➔Ratatouille aus Zwiebeln, Auberginen, Zucchini und Tomaten, einige Ravioli mit Spinatfüllung und eine Roulade, gefüllt mit Vierteln einer Essiggurke, Speck und Zwiebel. Ich wickele die Roulade auf, entnehme die Füllung, schneide die Gurken in daumennagelgroße, die Speck- und Zwiebelstreifen in sehr kleine Stücke, das Fleisch der Roulade aber in grobe. Dann wärme ich die Ratatouille, evtl. mit dem Rest der Soße von den Rouladen. Sobald sie heiß ist, gebe ich die geschnittene Roulade hinzu, lasse sie noch einmal aufkochen, stelle die Flamme ab, gebe vorsichtig die empfindlichen Ravioli hinzu, rüttele lieber den Topf als sie hineinzurühren, decke für einige Minuten den Topf ab, bis sich auch die Nudeln erwärmt haben. Dieses Ragout ist nicht sonderlich raffiniert, aber mit gehackter Petersilie und etwas geriebenem Käse genossen, durchaus eine anständige Mahlzeit. Die meisten anderen Ragouts sind ähnlich einfach, ein mittels verbindender Soße nachträglich hergestellter Eintopf aus allem, was zur Hand ist und geschmacklich zueinander passt. Verbindende Soßen lassen sich sehr schnell aus ➔Zwiebeln und/oder ➔Tomaten improvisieren, evtl. mit ➔Möhren und/oder ➔Pastinaken süßen, mit ➔Wein, mit ➔Sahne, mit Eigelb abrunden. Würzige, den Gaumen reizende Zutaten passen in diese immer neuen Speisen: Kapern, manchmal saure Gurken, Oliven, Pinienkerne oder auch süßliche wie Stücke von Obst. Das Ragout ist das Gericht, bei dem es am leichtesten fällt, neue Kombinationen auszuprobieren. Servieren kann ich in oder mit meinen Ragouts Grießklößchen, ➔Quenelles, ➔Gnocchi, aufgebratene ➔Klöße aller Art. Oder auf ➔Krüstchen, in ➔Pasteten oder ➔Pfannkuchen, mit ➔Polenta sowie allen anderen Beilagen. Für einige ausgewählte Zutaten siehe: ➔Äpfel, ➔Keimlinge, ➔Kompott, ➔Mais, ➔Paprika und ➔Pilze. Reste von Ragouts werden ➔Gemüsekuchen, ➔Gratins oder ➔Teigtaschen.

Ratatouille. Auch Pisto. Es gibt so viele Rezepte wie Köche. Wichtig ist Folgendes: Es handelt sich um Gemüse in kleinen Stücken, das in Öl angeschmort nur im eigenen Saft gart. Damit dieser Saft nicht als Dampf entflieht, wird eine Ratatouille im geschlossenen Topf gekocht. Allenfalls bei sehr vielen Tomaten lüfte ich den Deckel, zu flüssig darf eine Ratatouille nicht geraten. Das Anschmoren beginnt sinnvollerweise mit der Zwiebel, denn die zieht Saft. Dann nach Garzeiten oder gewünschter Konsistenz der Zutaten die einzelnen Sorten zugeben: Hartes wie Möhren sehr schnell nach den Zwiebeln, Mittelhartes wie Knoblauch, Auberginen, Stangensellerie etwas später, Zartes wie Zucchini, Paprika, Mangoldstiele gegen Schluss – Tomaten, wenn man sieht, dass Flüssigkeit zu fehlen beginnt; bei Ratatouilles ohne Zwiebeln, etwa nur aus Aubergine und Zucchini, direkt nach dem Anbraten der zweiten Zutat, der Zucchini. Ratatouilles ohne Tomaten verlangen etwas mehr Geschick. An Stelle der hier aufgezählten Gemüse könnten auch andere stehen (z. B. grüne Bohnen oder Erbsen, Brokkoli). Manche geben auch gewürfelten Schinkenspeck, Bratwurststückchen und Ähnliches mit zu den Zwiebeln, auch Ratatouille mit Kartoffeln habe ich schon gegessen, bevorzuge sie aber als Beilage. Weitere mögliche Zutaten: Lorbeer, Piment, Rosmarin, Thymian, Oregano, süßer, auch ein wenig scharfer Paprika, Zimt darf, Kumin und Muskat auch. Nur eins sollte nie an eine Ratatouille kommen: Wasser. In der Resteküche dient ein Rest Ratatouille zum Wärmen. Vornehmer ausgedrückt: als Basis für ein ➔Ragout. Ein paar angebratene Fleischreste, Gemüsereste in größeren Stücken, ein paar Grießklöße, Quenelles, ein paar Kapern oder Oliven in eine Ratatouille gemischt, ergeben eine schmackhafte frische Mahlzeit. Dasselbe, aber ohne die Notwendigkeit von Fleisch, dafür mit Hülsenfrüchten, am besten mit Kichererbsen. Wieder dasselbe, doch mit Resten von Tintenfisch, Thunfisch, Muschelfleisch. Noch einmal dasselbe, aber mit keinem anderen Rest als Gemüse und mit geriebenem Käse gegessen oder aber mit Ei und/oder Käse überbacken; der Variationen kein Ende. **Übrige Ratatouille** ist gut auf einem Pizzateig, ein häufiger Typ der unter ➔Hefeteig beschriebenen Cocas ist nichts anderes als ein dick mit Pisto (siehe oben) bestrichener und gebackener Hefeteigfladen. Auch diese Coca lässt sich leicht durch andere Zutaten – aufgeschlagenes Ei, Sardellenfilet und vieles mehr – abwandeln und gehaltvoller machen. Ratatouille vermischt mit Dosenthunfisch oder gebratenem Hackfleisch füllt ➔Teigtaschen. Ferner: zu Nudeln, auf ➔Polenta usw.; zwischen ➔Nudeln oder gekochten Kartoffeln, mit ➔Béchamel überbacken; im ➔Scheiterhaufen. Weitere Hinweise: ➔Gemüse, ➔Gemüsekuchen.

Räucherfisch. Von der Menge her, die als Rest anfallen könnte, eine würzende Zutat. Im ➔Auflauf aus Brotteig etwa mit Brokkoli, in ➔Kroketten, in ➔Salaten und Gehäckseln. Oder zu Nudeln: eine Nuss Butter schmelzen, gehackten Knoblauch darin garen, ohne dass er verbrennt, evtl. ein Blatt Salbei. Die noch heißen Nudeln in die Butter geben, ein Eigelb oder Sahne zum Binden, vorsichtig den zerkleinerten Räucherfisch darunter heben, etwas ziehen lassen und auftragen. Dasselbe, nur anders gewürzt, Muskat könnte passen, auch scharfer Paprika, Petersilie, aber auch grüne Minze. Bei sehr zart schmeckenden Räucherfischen wie einer Forelle, die überraschenderweise keinen Modergeschmack aufweist und trotzdem verschmäht wurde, siehe: ➔Avocado. Siehe außerdem: ➔Algen.

Ravioli. Italienische Minimaultaschen. Wer Small more beautiful findet als schwäbisch breit, wandele das unter ➔Maultaschen gegebene Rezept ins Fingerspitzige ab.

Reis. Verwunderlich ist, dass der Rundkornreis in Deutschland immer noch fast ausschließlich als Süßspeisenreis gilt. Die Mittelmeerküche hat an Beliebtheit die mehlschwitzig-dicke gut-bürgerliche Küche lange überflügelt, denn sie ist leichter, gesünder und in vielem einfacher zu handhaben. Aber bei der Wahl des Reises zeigt sich dieser Einfluss nicht. Mögen die Türken, Griechen, Ex-Jugoslawen, Italiener und Spanier mit Rundkornreis pikante Gerichte noch und nöcher zaubern, in Deutschland schreit der gleiche Reis stur nach seiner gezuckerten Milch. Ich will nicht missverstanden werden: Nichts gegen Langkornreis, als weißer, unter Umständen mit Gewürzen parfümierter, unvermischter Beilagenreis ist er unbedingt der beste. Aber in der Resteküche bleibt nichts lange weiß und für sich, in der Resteküche muss gemischt werden. Das ist nichts für Langkornreis, der, ganz wie ein platonischer Liebhaber, einmal angekocht bereits an Dampf und Düften genug hat. Rundkornreis will dagegen sich mit Brühe verbinden, sich mit in Fett gelösten Aromen und Geschmäckern sättigen. So ist es kein Wunder, dass die Reisgerichte, die ich in diesem Buch vorschlage, um vom Vortag Übriges zu verwenden – bis auf den ➔Pilaw, der mit allen Reissorten zu machen geht –, sämtlich mit Rundkornreis gemacht werden: der Arròs a banda und seine Variationen unter ➔Fisch, der ➔Risotto und der im Ofen gebackene Reis, um den es an dieser Stelle gehen wird. **Der gebackene Reis**, Arroz al horno, ist ein Suppen- bzw. Eintopfschlucker. Cremige Suppen oder Eintöpfe taugen nicht, sämige bedingt. Die Flüssigkeit im Topf muss nicht klar oder durchsichtig sein, aber wässrig doch. Meistens muss ich aber ohnehin meine Eintopfreste mit Wasser auffüllen, da mir sonst die Flüssigkeit nicht für den Reis reichen würde. Danach ist dann auch ein Bohnensuppenrest meist wässrig genug. Ich brauche einen feuerfesten, flachen und weiten Topf oder eine ebensolche Form. Ideal sind Keramikformen. Ich brate in Öl etwas Knoblauch an, danach (wenn ich mag oder es passt) auch etwas klein gewiegte Zwiebel, dann geschälte und gehackte Tomate und eine halbe Hand voll gehackte Petersilie. Ist die Tomate etwas eingeschmort, einen Teelöffel Paprikapulver, wenn vorhanden auch ➔Safran, sonst ➔Kurkuma, dann den Reis und evtl. vorhandene festere Fleisch- und Gemüsereste in Stücken aus dem Eintopf. Ich erhitze alles unter Wenden, bis der Reis etwas glasig wird, gebe dann die Brühe des Eintopfes mitsamt den anderen Zutaten kochend hinzu, schmecke mit Salz ab und stelle die Reispfanne für zwanzig Minuten in den vorgeheizten Ofen. Das ist eine Grundformel, die eine Unzahl von **Varianten** erlaubt, solange sichergestellt ist, dass der Reis mit kochendem Eintopf im Verhältnis von grob einem Teil Reis auf zwei Teile Flüssigkeit für 20 Minuten im Ofen gebacken wird. Die Tomate, mir schmeckt sie, ein Muss ist sie nicht. Anstatt den Knoblauch anzubraten, kann ich eine kleine Knolle nehmen, die weißen Außenhäute und die Würzelchen entfernen, die Schale der einzelnen Zehen mit dem Messer etwas einritzen und sie so von Anfang an mitschmoren und mitbacken. Das würzt sanft, weil der Knoblauch süßlich ausgart. Es geht aber auch ganz ohne Knoblauch. Es geht mit Wurst und/oder Speck, die ich gleich zu Beginn im Öl anbrate. Es geht ohne Eintopf, nur mit einem Gemüserest. Dann mache ich mir eine Reste- oder auch Würfelbrühe, brate vielleicht etwas Speck oder Fleisch an. Es geht sogar ohne Gemüserest und nur mit einem Fleischrest. In diesem Fall dünste ich ein frisches Gemüse in der Tomate knackig gar und füge dann Fleisch und Reis, später Brühe hinzu. **Weitere Zutaten**: In einem gebackenen Reis sind sämtliche Gemüsereste gut aufgehoben, solange sie nicht zu sehr verkocht oder von angedickten Soßen umgeben sind. Eine Ausnahme bilden nur Spinat und grüne junge Erbsen, die besser frisch an den Reis kommen. Und Sauerkraut. Bei Rotkohl (ohne Äpfel) und roten Beeten hätte ich farblich Bedenken, geschmacklich nicht. Klassisch ist die Kombination von weißen Rüben und dicken weißen Bohnen (Arròs amb fesols i naps), doch auch ein Rest Wirsing oder Weißkohl und Bolognese vom Vortag vertragen sich in diesem Gericht. Manche Rezepte sehen vor, eine reife Tomate in dicke Scheiben geschnitten zu dem Reis zu geben, was eine angenehm frische Note bringt. Sehr lecker sind ➔Kichererbsen – in fast allen Kombinationen. Gewürze braucht dieses Gericht außer den erwähnten keine, ein Lorbeerblatt allenfalls wäre zu erwägen. Variante: einige Eier verschlagen und über den Reis geben, bevor man ihn in den Ofen schiebt. Er bekommt dann eine schöne Kruste. Auf diese Weise wärme ich auch einen Rest gebackenen Reis. **Nicht sonderlich geeignet** ist gebackener Reis für Fischiges, obwohl in der Not – d. h. in Ermangelung einer Paellapfanne – sich ein Arròs a banda und seine Varianten (➔Fisch) auch backen ließen. Ich rate für diesen Fall jedoch an, solche Reisgerichte im Topf zu beginnen und einmal mit Brühe aufgegossen auf ein Backblech zu geben und so zu backen, damit eine untere Kruste entsteht. Für einen gebackenen Reis wäre dieses Verfahren denkbar ungeeignet. In ihn kommen gare Zutaten, die eine dickere Schicht Reis in einer halbhohen Form benötigen, um von ihr eingeschlossen weder auszutrocknen noch zu zerfallen. Für einige **ausgewählte Zutaten** zum gebackenen Reis und ihre Behandlung siehe: ➔Birnen, ➔Bohnen, ➔Bratensaft, ➔Eintopf, ➔Fleisch, ➔Grüne Bohnen, ➔Hackfleisch sowie alle ➔Hülsenfrüchte und die meisten ➔Gemüse. **Reste von Reisgerichten**, wenn sie nicht zu soßig oder ölig sind, lassen sich nach der Art des ➔Pilaws **wärmen**: mit zwei Esslöffeln Wasser und etwas Öl am Boden eines hohen Topfes, die ich zum Kochen bringe, dann meinen Reis zu einem runden Haufen locker in den Topf schütte, den Deckel in ein

Küchentuch schlage, damit den Topf fest verschließe, um ihn auf möglichst kleiner Flamme rund zehn Minuten zu erhitzen. Zum Verfeinern eines gewärmten Reises: ✈Pastinaken. **Reste** aller Reisgerichte **verarbeiten** kann ich in ✈Frikadellen (dazu auch: ✈Bohnen), in ✈Füllungen (Weiteres bei: ✈Paprika, ✈Krautwickel, ✈Hackfleisch, auch: ✈Leberwurst, ✈Quark) oder in ✈Krüstchen. Kleine Mengen sind in ✈Kroketten mit anderem gemischt wohl aufgehoben. Für ✈Milchreis: siehe ebendort; für Reisgrieß: ✈Babybrei; für Reissalat: ✈Salat.

Remoulade.

Viele verstehen unter einer Remoulade eine mit Kräutern, Kapern, Sardellen, Zwiebeln und anderen Dingen angereicherte ✈Mayonnaise. Sieht man genauer hin, ist der Unterschied, dass die Mayonnaise aus rohem Eigelb und Öl, die Remoulade aber aus hart gekochtem, durch ein Sieb gestrichenem Eigelb und Öl gerührt wird. Da die Remoulade sowieso kleine Stückchen enthält, sehe ich keinen Grund dafür, ihr nicht auch das Eiweiß klein geschnitten hinzuzufügen. Damit wäre die Remoulade dann eine Soße, um wenigstens zwei oder drei der schrecklich vielen Ostereier zu verarbeiten: das Eigelb durch ein Sieb streichen, mit etwas Zitronensaft glatt rühren, dann tropfenweise mildes (Oliven-)Öl unterrühren, bis die Soße dick wird. Mit einer gehackten Gewürzgurke, Senf, Kräutern, Salz etc. abschmecken, verlängern mit etwas saurer Sahne oder festem Joghurt. Ein Rest Remoulade ist keine schlechte Grundlage für einen Kartoffelsalat aus einer einsam ungegessenen Pellkartoffel: schälen, in Scheiben schneiden, mit der Remoulade mischen. Ein Sonderfall der Remoulade ist die Frankfurter grüne Soße, in die (eine Variante) außer hart gekochtem Ei, Zitrone, Öl, Salz und Senf, sieben Kräuter – Borretsch, Gartenkresse, Kerbel, Petersilie, Pimpinelle, Sauerampfer und Schnittlauch – sowie ein Becher Schmant kommen. Mir schmeckt Kartoffelsalat auch grün.

Rettich.

Die Sache funktioniert: Um Hundefleisch genießbar zu machen, muss man es mit Rettichen kochen. Proportionen: auf einen Deutschen Schäferhund zwei große. Die Rettiche kann man danach nicht weiterverwenden; was am ungekochten Hund noch stank, ist jetzt in ihnen. Aber der Tausch lohnt: Wer gäbe nicht gerne zwei Stück billigen Gemüses für etliche Kilo Fleisch her, wenn er sonst keines findet? Die ganze Geschichte stand im *Spiegel*. Vor Jahren, wie man gleich merken wird, es war eine kritische Geschichte. Darüber nämlich, wie der Deutsche Schäferhund als der Welt liebster Polizeihund einerseits Demonstranten oder Aufständische beißt, andererseits verliebt in des Führers Auge blickt, mithin eine Sache, die heute niemandem mehr einfiele zu erzählen – außer vielleicht in einem Restekochbuch als recyceltes Wissen – und die der Spiegelautor von damals mit dem Fazit enden ließ: »Ich finde Deutsche Schäferhunde einfach ekelhaft.« Dem widersprach in der nächsten Nummer per Leserbrief ein koreanischer Koch: Deutsche Schäferhunde seien nichts weniger als ekelhaft, es komme allerdings darauf an, wie man sie zubereite, anbei Rezept. Welches das Magazin brav vollständig abdruckte. Sie sind ein eingeschworener Feind des Hundes Ihres Nachbarn? Ab ins Spiegelarchiv, Mitte bis Ende der siebziger Jahre des letzten Jahrhunderts werden Sie fündig! Mit einer modernen Suchmaschine gar kein Problem. Wenn doch: In Vorfreude auf den Hund übereilt gekaufter Rettich, aber auch ein ganz unschuldiger Rest Rettichsalat ist in einem ➔Thaicurry oder einem Eintopf mit ➔Kichererbsen oder in einem gebackenen ➔Reis zusammen mit weißen Bohnen nicht schlecht. Siehe auch: ➔weiße Rüben.

Rhabarber. Als Kompott oder grüne Grütze, Rhabarber ist angenehm säuerlich. Und wenig resistent dagegen, sich ins Musige zu zerfasern. Beide Zubereitungen auf einem ➔Hefeteig dick mit Streuseln bedeckt gebacken; oder auf einem Tortenboden von ➔Keks- und Kuchenkrümeln und mit einem Teig aus süßem ➔Quark und Ei übergossen. Oder mit einer Schneehaube aus Eiweiß. Variante: Tortenboden nackt backen, mit Kompott oder Grütze füllen und mit warmem ➔Pudding übergießen. Ist die Grütze sehr fest, kommen auch Taschen aus ➔Blätterteig in Frage. Für Rhabarbermarmelade: ➔Marmelade.

Ich verstehe gut, dass zwanzig Minuten heißen Reis zu rühren, nicht jedermanns Sache ist. Diese sportliche Übung ist indes die Voraussetzung dafür, einen Risotto zu erhalten. Für einen Risotto brauche ich außer dem Rundkornreis, einem hohen Topf und einem Holzlöffel, heiße →Brühe und etwas Öl oder Butter. Alle weiteren Zutaten sind optionale, was nicht heißt, dass man sie weglassen sollte: gehackte Zwiebeln, Knoblauch, geschälte gehackte Tomate, Weißwein, Fleischreste, Gemüsereste, geriebener Käse. **Fischreste** und Muschelfleisch sind mit Einschränkungen ebenfalls zu gebrauchen. Sie sollten aber, vorsichtig unter den schon fertig gerührten Reis gehoben, in diesem nur ein wenig mitziehen; allenfalls mit Tintenfisch oder Krabbenschwänzen kann ich etwas ruppiger umgehen. Ohne die Verwendung einer Fischbrühe bleibt ein Fischrisotto jedoch reizlos – einer der wenigen Fälle, wo eine Gemüsebrühe nicht den Joker machen kann. Weißwein ist eine gute Ergänzung bei knapper Fischbrühe. Fische aus der großen Familie der Heringe würden mir persönlich in einem Risotto nicht behagen. Und der Käse wird, bis auf rare Ausnahmen, die feinen Meeraromen nur erschlagen. Das **Grundrezept** klingt arbeitsintensiv, ist aber sehr einfach. Die ersten Schritte sind identisch mit denen anderer hier erwähnter Gerichte wie dem gebackenen →Reis, dem Arròs a banda (→Fisch): Ich dünste in meinem Fett Zwiebeln und/oder Knoblauch glasig, dann unter Umständen geschälte gehackte Tomate. Sobald die etwas eingekocht ist, gebe ich den Reis dazu und lasse ihn unter Rühren durchsichtig werden. Der nächste Schritt ist derjenige, durch den, bestimmt 15 Mal wiederholt, der Reistopf zum Risotto wird. Ich gebe die siedende Brühe nicht mit einem Schwung in den Topf, sondern kellenweise; falls ich Wein verwende, das Glas Wein zuerst. Der Reis darf nie schwimmen und die nächste Kelle Brühe darf erst folgen, wenn die vorangegangene vollständig aufgesogen ist. Da der Reis nicht schwimmt, muss ich ihn nahezu ununterbrochen rühren – andernfalls würde er mir sofort anbrennen. Wenn ich nach rund 15 Minuten Rühren merke, dass meine Reiskörner langsam essbar weich werden, gebe ich eine letzte Kelle Brühe, dann meine übrigen Zutaten und den Käse dazu. Ich rühre sie vorsichtig

Risotto.

ein, dann alles zusammen sehr kurz weiter, bis die Flüssigkeit sich wieder zu reduzieren beginnt, nehme den Topf von der Flamme und stelle ihn zugedeckt an einen warmen Ort, damit der Risotto zwei bis drei Minuten nachquellen kann. Das Ergebnis rechtfertigt mühelos die investierte Mühe: ein Reis in einzelnen Körnern, die durch ein sahnig-breiig-cremiges Medium miteinander verbunden sind, dazwischen die anderen Zutaten in Stücken. Aus dieser Anleitung dürfte hervorgehen, dass die angeführten anderen Zutaten nicht roh sein können – es sei denn, es handelt sich um Spinat oder Zuckererbsen – denn länger als fünf Minuten sind sie vor dem Auftragen nicht im Topf. Der so berühmte edle Risotto ist somit ganz entschieden ein Resteessen. **Ein Beispiel**: Einen guten Anlass für einen Risotto bieten übrig gebliebene in Wein gebackene Hühnerteile; das Rezept findet sich unter ➔Wein. Dazu löse ich das Fleisch von den Knochen und schneide es in mundgerechte Happen. Die Haut wiege ich in winzige Fetzchen. Die – wahrscheinlich gelierte – recht konzentrierte Wein-Hühnerbrühe erwärme und verdünne ich, bis zu der Menge, die ich benötige oder um ihren Salzgehalt etwas zu mindern. Außerdem entnehme ich ihr alles Gemüse, so vorhanden, und stelle es beiseite. Ist Wurzelgemüse dabei und noch hinlänglich hart, tupfe ich es trocken und bräune es in Butter etwas an. Knoblauchzehen werfe ich in die Brühe zurück, sie zerfallen ohnehin. Das Anbraten im Topf beginnt mit der Hühnerhaut. Ist die kross, folgen Zwiebeln, dann Tomate, dann der Reis, die siedende Brühe, zum Schluss die vorbereiteten Fleischstücke, das Gemüse und der Käse – wie oben beschrieben. Variante: dasselbe, aber mit im Ofen und in Wein gegarten großen Stücken aus der Lammschulter, wie überhaupt jede Kombination von ➔Fleisch, ➔Brühe und ➔Wein (siehe auch: ➔Knochen). Von den Gemüsen sind, bis auf die Rote Beete, die Wurzelgemüse, von denen besonders ➔Möhre und ➔Pastinake am glücklichsten in einem Risotto aufgehoben sowie alle Arten von Pilzen. Vom Mangold die Stiele. Aus der Kohlfamilie nur die feinsten, Kohlrabi, Kohlrübe, Blumenkohl und Brokkoli, die nach derberen Geschmäckern verlangenden Kopfköhle hingegen eher nicht. Ebenso vorsichtig wäre ich mit den Hülsenfrüchten, kurzum, alles, was sich gern mit Wurst und Speck vermählt, steht hier abseits. Genau wie alles Obstige. **Reste vom Risotto** sind wunderbar in ➔Frikadellen und ➔Füllungen. Die zarten, durch Konzentration der Brühe aufgefächerten und gesteigerten Aromen eines Risottos sowie seine gleichermaßen kompakte wie cremige Konsistenz gestatten es aber auch, ihn mit allen seinen – klein gehackten – Zutaten zu Kroketten zu verarbeiten. Man bindet dazu den Rest mit etwas Eigelb, formt kleine Kügelchen, die man durch Semmelbrösel wälzt, und bäckt sie in Fett schwimmend aus. Oder wie unter ➔Kroketten beschrieben mit Hilfe einer Béchamel. Siehe auch: ➔Safran.

Rohkostsalat.

➔Möhrenrohkost. Auch: ➔Rote Beete.

Rosenkohl.

In Butter, in Zwiebeln, mit Speck gedünstet, in Wasser gekocht, mit Butter übergossen, mit gerösteten Semmelbröseln, mit Petersilie bestreut. Sogar Rosenkohl in Sahne gibt es. Diese Differenzen übergehend, frage ich: Sind die Köpfchen noch intakt oder fallen sie schon leicht angemust auseinander? Tun sie das Letztere: ➔Gratin. Tun sie es nicht: in geschmorter ➔Tomate oder mit Zwiebeln, Speck und einem Schuss ➔Sahne wärmen. Alternative für eine größere Menge: beide unter ➔Nudeln beschriebene Aufläufe, auch: ➔Scheiterhaufen. Alternativen für wenig Rosenkohl: in einer Tortilla (➔Omelett) am besten mit würziger Wurst. Sehr kleine Mengen, gehackt mit geriebenem milden Käse im ➔Omelett. Größere noch halbwegs feste Köhlchen, halbieren, panieren und braten, eine Vorspeise.

Rosinen.

Integriere ich mit folgender Operation in meine verschiedenen Gerichte (➔Pilaw, ➔Currys, ➔Fleischtöpfe, ➔Teigtaschen): Ich erhitze sie mit etwas Öl oder Butter in einer Pfanne. Sie plustern sich dann auf. Ist es soweit, sind sie auch schon gleich gebräunt und ich muss sie von der Flamme nehmen. Die Operation misslingt, wenn ich die Rosinen dabei nicht die ganze Zeit mit dem Kochlöffel bewege. Die ganze Zeit ist, sobald das Fett heiß ist, höchstens eine Minute lang. So angebratene Rosinen sind weniger süß als zuvor, ihr Fruchtzucker ist karamellisiert. Ein Gewürz. Für Süßspeisen ist es besser, die Rosinen in Weinbrand,

Rum etc. einzulegen, wenn ich ihren Geschmack verändern möchte. Wo sie in einem feuchtem Medium die Gelegenheit haben, sich voll zu saugen, wie in einem Quarkkuchen, ist das Einlegen nicht unabdingbar.

Rosmarin. ➜Kräuter.

Rote Beete. Der Farbschocker. Geschmacklich ist die Rote Beete von der Kohlrübe nicht so weit entfernt. Sie ist ein sanftes, ins Süße gehende Gemüse. Das leider alles dunkelrot färbt, mit dem es in Berührung kommt. Rote-Beete-Rohkost zu ➜Puffern verarbeitet, ergibt dunkelrosa Puffer; gekochte Rote Beete, in Scheiben paniert und gebraten, Gemüseschnitzel mit Blutflecken. Vorausschauende Menschen, die am Vortag die Rote Beete erst in Schale gekocht oder gebacken, dann in Butter gedünstet gegessen haben, kochen noch am selben Tag Pellkartoffeln und besorgen Bismarckhering, Gewürzgurken und Mayonnaise. Für den beliebten roten Heringssalat. Für dunkelrote Eintöpfe mit Roter Beete: gebackener ➜Reis – Tomate, Paprikapulver und Kurkuma verändern bei ihm das Rübenrot ins Ziegelrote.

Rotkohl. Die merkwürdigsten kleinen Reste werde ich an Rotkohl los: Waldbeerenmarmelade, Pflaumenmus, Kompotte aus Äpfel oder Birnen, leicht oxidierten Rotwein, nicht allzu guten Süßwein, sogar Brombeerlikör und einiges andere mehr. Das geschmackliche Gegengewicht bilden der Kohl, in Schmalz gedünstete Zwiebeln, Essig, manchmal Fleischbrühe. Nelken, Lorbeer, Piment, Wacholderbeeren sind die alles versöhnenden Gewürze. Das ist alles so weit so nett und praktisch, bis ich den Rotkohl übrig habe. Was passt dann zu dem süßen Kohl mit seiner schrecklichen Farbe? Die Frage nach der passenden Farbe ist die einfachere: Orange, Grün, Schwarz und Weiß. Übersetzt in Lebensmittel: mit Paprikapulver gefärbter Teig für Teigtaschen, Möhren, grüne Paprika, Petersilie, Blutwurst und Bratwurst. Das Grün ist in der Mischung am entbehrlichsten. Für den Teig mische ich Mehl mit etwas Salz und einem gehäuften Teelöffel süßen Paprika, erhitze in einer Pfanne Öl und gieße es rauchend in das Mehl. Sofort verrühren, etwas

Wasser hinzugeben und verkneten. Ein äußerst formbarer, sehr dünn ausgerollt noch einfach zu verarbeitender Teig ist das Ergebnis (eingehender: ✈Teigtaschen). Von diesem Teig nehme ich ein Drittel ab. Zwei Drittel rolle ich tellerförmig aus, legen den dünnen Fladen in eine gefettete Form mit einem kleinen Rand, so dass der Rand des Teigs über den Rand der Form hinaus hängt. Dann fülle ich, lege das andere Drittel des Teig, ebenfalls zum Teller ausgerollt, auf die Füllung, schlage den herunterhängenden unteren Teigrand nach oben um, dass auf diese Weise die Füllung völlig eingehüllt ist, drücke etwas fest, steche Löcher hinein, bepinsele mit Ei und backe den Kuchen. Für die Füllung: Sud des Rotkohls ablaufen lassen, Kohl beiseite stellen. Eine kleine Bratwurst braten, beiseite stellen. Eine Möhre schälen, sehr klein stifteln, eine Zwiebel hacken. Beides im Bratwurstfett bräunen, Stücke von grünem Paprika kurz mitbraten, den Inhalt einer ausgedrückten Blutwurst dazugeben, ein- oder zweimal wenden. In den Kuchen gebe ich Rotkohl und die Blutwurstzubereitung abwechselnd, entweder in Häufchen nebeneinander oder in zwei Schichten. Mit der in Scheiben geschnittenen Bratwurst dekoriere ich die Rotkohlhäufchen, mit der Petersilie alles. Bei diesem Rezept schadet es kaum, die eine oder andere Zutat wegzulassen oder durch anderes (gebratenes Mett, kalte Hamburger, aufgebratene Fleischreste) zu ersetzen, je süßer der Rotkohlrest aber ist, umso eher sollte man bei der vorgeschlagenen Blutwurst bleiben.

Rouladen.

Eingerolltes. Genauer in einer rohen Hülle Eingerolltes, das mit dieser Hülle zusammen gegart wird. Das klingt nach einem großen Thema für die Resteverwertung, ist es aber nicht. Bis auf Blätter von Kohlköpfen (✈Krautwickel) und wenigen anderen Blattgemüsen sind die Zutaten, in die ich etwas wickeln kann, recht teuer, denn es handelt sich um Fleisch- und Fischfilets verschiedener Sorten. Habe ich sie eingerollt, sind sie an ihren beiden Enden offen. Das bedeutet, ich kann keine Füllung hineingeben, die nicht schon in sich fest hält oder aus Stücken besteht, was mich noch einmal einschränkt. Und so nett es auch sein mag, das Seezungenfilet um den Hummerkrabbenschwanz zu rollen, der Schwerpunkt meines Buches ist ein anderer. Bei den Rinderrouladen kommen einige wenige gegarte Wurzeln zum Einsatz, saure Gurken, Zwiebelstreifen, etwas roher Schinken oder Speck. Bei einer Hackfleischfüllung werde ich vielleicht einen Esslöffel gewürfelten Gemüses los. Auch nicht weltbewegend. **Übrige Rouladen** aus Fisch oder Fleisch wickele ich auf oder schneide sie auseinander, lasse die Stücke vom Fleisch oder Fisch dabei möglichst groß, während ich die würzende Füllung recht klein wiege. Dann bereite ich eine Soße aus Zwiebeln, Wein, saurer Sahne, was immer zur Hand ist und passt, selbstverständlich unter Verwendung der Soße für die Roulade, und lasse meine Stückchen, meist auch noch anderes – gekochtes Gemüse, Klößchen – darin warm ziehen. Näheres siehe: ➔Ragout.

Rührei. Leichter zu machen als ein Omelett, die Pfanne kann schlechter sein. Denn wenn hier etwas anbäckt, kratze ich es beim Rühren weg. Rührei mache ich aus mit einem Esslöffel Milch pro Ei verschlagenen Eiern und auf kleiner Flamme. Die Schwierigkeit ist, zum richtigen Zeitpunkt mit dem Braten aufzuhören. Das Rührei darf weder roh sein, noch trocken. Dass es zu trocken gerät, ist die größere Gefahr. Zumal erhitztes Ei noch etwas nachstockt, wenn ich die Flamme schon ausgestellt habe. Rührei ist gut, um diverse kleine Reste aufzunehmen, ein paar grüne Erbsen, eine Scheibe Mortadella in Streifen, ein wenig geriebener Käse und frische Kräuter. Aus solchen Dingen wird üblicherweise das Rühreigericht zusammengestellt. Mehr gastronomischen Ruhm erlangt hat, was Wunder, Rührei mit Krabben und Spargelspitzen. Am trostlosesten gerät es mit Nudeln – Stücke von angebratenen Klößen, selbst in Butter oder Öl gebräunte Brotwürfel sind da allemal besser. Bei entsprechend vorsichtigem Wenden gerät ein zarter Rest Fisch, der zu groß ist für ein Omelett, im Rührei sehr gut, besonders wenn auch noch passender Gemüserest dabei ist. Will ich mit frischen Zutaten verlängern, nehme ich Gemüse, die ich in wenigen Momenten in der Pfanne braten kann, bevor ich die geschlagenen Eier mit den anderen Zutaten in die Pfanne gebe: Zucchini, Paprika, Champignons. Selbstverständlich gehen auch Speckwürfel oder Schinkenstückchen. Habe ich Reste in Soße oder wässrigem Sud, wie Spinat oder mit Tomate zubereitetes Gemüse, ist es besser, sie zu erhitzen, die verschlagenen Eier einfach darüber zu geben und sie, ohne zu rühren, unter dem Deckel der Pfanne oder im Ofen fest werden zu lassen. Diese Variante gewinnt mit einer Zutat von Käse im Ei. Reste von Rührei sind meistens gut auf Toast, auch auf Schwarzbrot mit Butter. Ich habe sie aber auch schon klein gehackt auf die Hackfleischfüllung einer ➔Teigtasche gelegt. Siehe außerdem: ➔Ei.

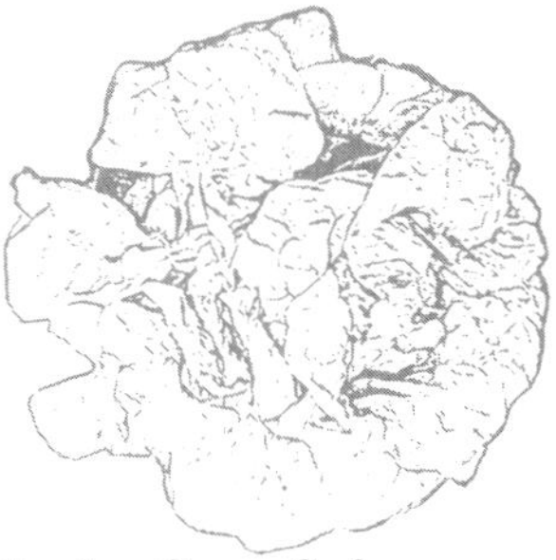

S

Safran.

So stereotyp wie in den Büchern bei Pfeffer »wichtigstes Gewürz« steht, so heißt es bei Safran: »teuerstes Gewürz«. Das bezieht sich auf den Kilopreis um 6000 Euro. Ich benötige für eine vierköpfige Familie etwa zwei Gramm Safran pro Jahr, vielleicht neun Fäden Safran pro Reisgericht oder Fischsuppe und Woche. 500 Jahre würde es dauern, bis ich ein Kilo Safran verkocht hätte. Die erwähnten Fäden des Safrans sind Staubfäden. Safran ist ein violetter Krokus, der im Herbst blüht, und er hat pro Blüte drei. 80 000 Blüten haben 240 000 Staubfäden, die 1000 g Gewürz ergeben – auch das eine Angabe, die ihrer beeindruckenden Zahlen wegen in fast keinem Buch fehlt. Die Anzahl der Staubfäden pro Kilo durch meinem Verbrauch geteilt, gewinne ich knapp 13 Jahre zu den oben errechneten 500 Jahren hinzu, mehr als zwei Jahre pro Jahrhundert. Ist Safran wirklich so teuer? Eine sinnvollere Bezugsgröße als das Kilo wären seine Kosten pro Mahlzeit für vier Personen. Safran ist sehr unterschiedlich verpackt erhältlich, aber von der einfachsten bis zu aufwendigsten Verpackung dürfte sich sein Preis pro Mahlzeit immer zwischen denen von Stangenzimt und echter Vanille pro Nachtisch bewegen. Ganz billig ist auch das nicht. Weshalb ich den Safran öfter durch ➔Kurkuma ersetze, wo der Geschmacksunterschied nicht auffällt, aber das

Essen gelb gefärbt schöner aussieht, beim gebackenen ➔Reis, in der ➔Fideuà. Im ➔Risotto merkt man den Unterschied, im Arròs a banda und in einer Fischsuppe ebenfalls (siehe für beide Gerichte: ➔Fisch). Genauso in sahnigen Soßen für Ragouts mit milden Gemüsen wie die Stiele vom ➔Mangold, Fenchel (hierzu: ➔Babybrei) und Weißfisch. Damit der Safran sich der Soße oder Brühe mitteilt, muss ich ihn mit etwas Salz im Mörser zerreiben. Eine andere Technik, Safran löslicher zu machen, besteht darin, die Staubfäden auf einem Teelöffel an die Herdflamme zu halten, vorsichtig zu rösten und in etwas Flüssigkeit aufzulösen, bevor ich ihn ans Essen gebe.

Sago. Kröteneier. Die weißen Perlchen quellen in heißer Flüssigkeit auf und werden durchsichtig. Die Bezeichnung »Kröteneier« kommt aus der Zeit, in der Sago noch als Suppeneinlage genossen wurde. Ich habe die Perlen für meine improvisierten Obstgrützen entdeckt, wo sie die Konsistenz ins Körnige verändern, was sehr angenehm ist. Am wenigsten nötig ist das bei Rhabarbergrütze. Siehe: ➔Obstgrütze.

Sahne. Kenne ich als Crème double, Crème fraîche, saure Sahne, Schmant und süße flüssige Sahne. Schmant ist manchmal mit Speisestärke angedickt. Von allen hier genannten ist die Crème double die fetteste, die saure Sahne die magerste. Flüssige süße Kochsahne hat rund 20 % Fett, Schlagsahne um 35 %. Je fetter eine Sahne ist, umso stabiler ist sie gegen das Ausflocken. Schlagsahne kann ich deshalb auch in einem sauren Medium wie reduziertem Wein heftig kochen, bis auch sie dickflüssiger wird (➔Brühe, ➔Wein). Bei Crème fraîche werde ich das nicht tun. Ihre milde Säure und cremige Konsistenz ist genau das, was ich meinen Speisen hinzufügen möchte. Mit ihr vollende ich meine Zubereitungen deshalb nur, lasse sie mit der Soße auf kleiner Flamme ziehen, bis auch sie heiß ist, aber werde das Aufkochen strikt vermeiden. Das gilt erst recht für die saure Sahne. Die meisten Situationen, in denen ich zu Sahne greife, sind sich recht ähnlich: Reste von Gemüse, Fleisch oder Fisch, aber keine oder sehr wenig Soße oder Brühe – kein Hackfleisch, nichts Vermustes, nichts Paniertes. **Beispiele**: in Mehl gewälzter gebratener Fisch und Brokkoligemüse. Oder: ein im Ofen gebackenes Gericht aus Fleisch in Wein mit Wurzelgemüse und Pilzen, dessen Sud ich für ein Reisgericht (→Reis, →Risotto) am nächsten Tag aufheben will, aus dem ich aber heute etwas für ein kleines Mittagessen, Fleisch und Gemüse entnehme. Oder: übrige Beilagen, Pellkartoffeln, mit Zwiebeln und Kastanien geschmorter Rosenkohl. Bei all diesen Resten werde ich in der Regel die Zutaten in mundgerechte Bissen zurechtschneiden und in der Pfanne mit Zwiebeln beginnen, die ich auf kleiner Flamme weich dünste, je nach Geschmack der Zutaten auch anbräune, auch zusammen mit Speck, oder mit Brühe und/oder Wein ablösche, um die Flüssigkeit wieder nahezu ganz zu verkochen. In dieses Bett schmorender Zwiebeln gebe ich meine Reste je nach Festigkeit und Größe zu unterschiedlichen Zeitpunkten: Fleisch habe ich oft vorher angebräunt und wieder beiseite gelegt, um es erst unmittelbar vor Schluss wieder hinzuzufügen. Vielen Wurzelgemüsen tut Bräunen gut, sie kommen in die Pfanne, wenn die Zwiebel glasig ist. Alles Zartere erst, wenn die Zwiebel völlig durch ist. Habe ich auf diese Art meine Zutaten gewärmt und gewürzt, fehlt mir etwas Verbindendes. Das ist die Sahne. Ich nehme gerade so viel, bis alle Zutaten von ihr überzogen sind. Fisch kommt erst nach der Sahne in ein solches, sehr einfaches Ragout, da er leicht zerfällt und deshalb nur in die Pfanne gesetzt und nicht bewegt werden sollte. Und, wie die Sahne auch, sollte er keinesfalls aufgekocht werden. Gewürze: Muskat, frische Kräuter, manchmal auch eine Spur Zimt. Dazu: Nudeln, Spätzle oder aufgebratene Klöße. **Andere Anwendungen**: Bei Resten von Fleischschmortöpfen mit →Obst – Schwein mit Äpfeln, Kaninchen mit Birnen etc.– oder bei Resten von mit Obst gefüllten Vögeln. Ich verwende diese Reste genau wie die zuvor beschriebenen, erhalte aber wegen des zerfallenen Obstes oft dickliche Soßen, die ich mit Sahne glätte. Sahne ist hier vor allem geschmackliche Ergänzung. Solche obstigen Sahnefrikassees sind gut zu Reis; mit Curry abgeschmeckt und mit gekochten Linsen vermischt, sind sie auch ohne Beilage hervorragend. Ferner: zum Verfeinern von aus Pürees und Brühe gerührten →Suppen. Zum Herstellen von Käsepasten aus hartem geriebenen Käse, entweder zum Füllen (Beispiel: ➔Blumenkohl) oder zum Gratinieren (Beispiel: ➔Pfannkuchen). Zum Binden von ➔Bratensaft. Zum Binden von Gehäckseln, die ich als Füllung verarbeiten will (➔Pfannkuchen). Zum Schmelzen und Verdünnen – Blauschimmelkäse! – von ➔Käse für Soßen. Vermischt mit Ei auf ➔Zwiebel- oder ➔Gemüsekuchen. Geschlagene Sahne ist bei der Bereitung mancher Süßspeisen aus Resten hilfreich, siehe dazu: ➔Nougat. Außerdem: ➔Halwa, ➔Kaiserschoten, ➔Palmenherzen.

Salat. Grundsätzlich gilt: Solange ich die Zutaten nicht soße, kann ich das, was als Salat gegessen werden sollte, aber nicht wurde, anderswo besser unterbringen als bereits Geölt- und Geessigtes; **Blattsalat** z. B. umstandslos überall dort, wo auch ➔Spinat passen würde. Außer der Revision seiner Salatsoßenrezepte (siehe: ➔Essig) ist daher jedem, der gewohnheitsmäßig auf einem Salatrest sitzen bleibt, anzuraten, die Soße in einem Kännchen anzurühren und nur das zu netzen, was er sich auf den Teller tut. Sinnlos ist dieser Ratschlag allerdings bei Salaten, die etwas durchziehen müssen, um zu schmecken, also bei Kartoffel-, Nudel-, Reissalaten mit Mayonnaise oder Joghurt, bei frisch zu essenden Gehäckseln wie z. B. aus gekochtem Thunfisch, Kapern, Zwiebeln und geschälten Tomaten. Während sich bei letzteren die Verwendung in einer Teigtasche oder auf einer Pizza anbietet, fällt mir zu einem Rest **Kartoffelsalat** schon nichts anderes mehr ein, als ihn mit kräftiger Brühe zu einer Kartoffelsuppe umzukochen oder, wenn es wenig ist, ihn in die Linsensuppe zu rühren. Im Fall aber, dass er anstatt Äpfeln Ananas enthält, es ganz genau so zu machen, doch, hilflos genug, noch ein, zwei Teelöffel Currypulver hinterher zu werfen. **Nudel- oder Reissalate** allerdings sind für Weiterverarbeiter mit die dümmsten Erfindungen, seit es Partys gibt. Hat wirklich niemand ein Schwein zur Hand, muss der Allesfresser wieder ich sein? Also gut: Eier verquirlen, Backpulver rein, unter den Partyrest ziehen, ausbacken. Vielleicht finden sich im Partyabfall ein paar Wurst- und Schinkenreste, um sie unterzumischen oder die Auflaufform damit auszulegen, vielleicht machen sich aber auch Reste von Räucherfisch, auch Ölsardinen gut, etwa weil der Mitbringsler der großen Plastikschüssel an allem gespart hat, außer am billigen Grundstoff und an schlechtem Essig. Tröstliche Zutaten wären außerdem: geriebener Käse, grüne Bohnen, Brokkoli. Die beiden Letzterwähnten müssen gegart sein, bevor ich sie wie beschrieben verwenden kann. **Grüne und bunte Salate**, die schon leicht angematscht in der Vinaigrette schwimmen, lasse ich im Sieb abtropfen, zerkleinere sie mit dem Mixer, koche sie in möglichst kräftiger Fleischbrühe kurz auf und passiere sie durch ein Sieb. Ich erhalte so eine gute, leicht säuerlich schmeckende Suppe, die ich nach Belieben noch mit Ei, Sahne und Gewürzen verfeinern kann. Das gleiche Rezept ist auch für Salate mit Joghurtdressing geeignet, hier würde ich allerdings auf das Abtropfen verzichten, wenn der Salat nicht gerade sehr sauer ist. Käse, der Salatschafskäse ganz besonders, macht diese Suppe nur besser. Nüsse hingegen würde ich vorm Zerkleinern aussortieren. Wie auch alles Obstige. Enthält der Salat von beidem zum Aussortieren zu viel, ist von allen möglichen Brühen wahrscheinlich Hühnerbrühe die am besten geeignete; der Geflügelgeschmack verträgt sich sowohl mit dem Nussigen als auch mit dem Obst einigermaßen, der entschiedene Griff ins Gewürzregal wird allerdings meistens einen Rest Unausgewogenheit ausgleichen müssen. Ich gebe grob drei Richtungen an, in die man Versuche anstellen kann. Einmal: frischer Salbei mit Cognac oder einem rosinigen Süßwein (insbesondere wenn Walnüsse mit im Spiel sind). Oder: Kokosmilch und Kardamom plus Spuren von Nelke, Zimt und Muskat. Oder auch, vor allem im Fall von sehr viel Säure und anderen Ursachen von Ratlosigkeit: Knoblauch, Kreuzkümmel, Chili, Sojasoße. Kleinere Reste Salat eignen sich, wenn sie nicht allzu durchgeweicht sind, für ➔Puffer. Die gut gewaschenen **Putzabfälle** von Salat verwende ich manchmal zum Auskochen, Reis, auch Nudeln, in diesem Kochwasser gegart, gewinnen an Geschmack (siehe auch: ➔Brühe). Selbst **in die Blüte geschossener Salat** ist noch für eine Mahlzeit gut: Die Stängel, in reichlich Salzwasser gekocht und geschält, sind so köstlich, dass ich mich wundere, noch nirgendwo »Frische Salatsprossen an Sauce du Beurre« als Delikatesse empfohlen bekommen zu haben. Zugegeben, das Herausfummeln des essbaren Teils aus den strohig harten Schalen des Stängels ist noch aufwendiger als das Schälen winziger roher Krabben. Hier wäre wirklich mal ein Züchter gefordert, eine neue Sorte zu ermendeln, auch wenn die Gefahr besteht, dass er sie dann wegen der Eigenschaften schaftstark und schießfreudig, Bondal 07 tauft. Aber was soll's. Keiner, der mit Verstand in die Gegend blickt, wird leugnen, dass vor Ende des Kalten Krieges die Notwendigkeit Restekochbücher zu schreiben kleiner war als danach. Was unsere mögliche Kritik an den alten James-Bond-Filmen deutlich milder ausfallen lässt.

Salbei. ➔Bratensaft, ➔Gnocchi, ➔Kräuter, ➔Süßwein.

Salpicón. Ein ➔Ragout auf halbem Wege zum ➔Haschee: in kleinen Stücken und auf keinen Fall in Soße schwimmend. Salpicón wird auch kalt genossen. Dafür zerkleinere ich mit einem Messer geeignete Eintopfreste – Rindfleisch, nicht zu verkochtes Gemüse, Kichererbsen, hart gekochtes Ei –, mische mit sehr fein gewiegten Zwiebeln; Kräuter verbessern, klein geschnittene Scheiben roher Schinken, Oliven, saure Gurken ebenfalls, salze und pfeffere und schmecke mit gutem Essig ab; mit Öl nur, wenn die Eintopfreste weitgehend fettfrei sind. In dieser Form war das Salpicón das gewöhnliche Abendbrot des edlen Ritters Don Quijote de la Mancha aus Cervantes großem Buch.

Salzgurken. ➔Essiggurken.

Sardellenfilet. Eine würzende Zutat. Normalerweise ringelt sich das Sardellenfilet, für den kleinen Happen noch vor der Vorspeise, auf einem hart gekochten halben Ei. Mit exakt den gleichen Zutaten plus einer Handvoll frischer Kräuter, zwei Esslöffeln Öl und einem Paket Nudeln mache ich allerdings auch eine vierköpfige Familie satt: Ich hacke das halbe Ei und die Kräuter und ziehe sie mit dem Öl und der Sardelle unter die frisch abgegossenen heißen Nudeln. Das Sardellenfilet zerfällt und bringt eine fischige Note an die Kräutertunke. Sardellenfilets würzen ferner und deshalb kommen sie hier vor: ➔Pizza, ➔Aufläufe, mit ➔Béchamel Überbackenes und Salat.

Besser als die eingesalzenen Sardellenfilets fand ich immer die in Öl eingelegten. Letztere halten in einem Glas mit Deckel im Kühlschrank praktisch unbegrenzt, wenn ich darauf achte, dass sie immer mit Öl bedeckt bleiben.

Saubohnen. Ackerbohnen, dicke Bohnen, Pferdebohnen, Puffbohnen. Je mehr Namen etwas hat, umso verbreiteter ist oder war sein Gebrauch. Bei Saubohnen ist die Verbform eindeutig und schon lange: war. Bis zum Ersterscheinungsjahr 1910 musste ich in meinen Kochbüchern zurück, um nicht den obligaten Hinweis zu finden, die Dinger seien Viehfutter und eigentlich nicht für den menschlichen Verzehr bestimmt. Wenn die Saubohne überhaupt vorkam. Zwei vor wenigen Jahren erschienene nationale Küchengeschichten besitze ich, von denen eine den Anspruch erhebt, mit der Erfindung des Kochtopfes anzufangen. In beiden nicht die Spur einer Saubohne. Das ist erstaunlich bei einem Samen, der bis vor wenigen Jahrhunderten für einige Jahrtausende, nämlich ungefähr seit der Erfindung des Kochtopfs, in großen Teilen der Alten Welt eine ähnliche wichtige Rolle gespielt hat wie heute die Kartoffel. Saubohnen werden meist gekocht, dann mit Butter, Kräutern oder einer getrennt zubereiteten Soße – Sahne, Tomaten – genossen. Ich rate an, dem Kochwasser für die Saubohnen ein paar zerriebene Fenchelsamen, süßen Paprika und ein, zwei Knoblauchzehen zuzusetzen, auch ein Kräutersträußchen ist nicht verkehrt. Gekochte Saubohnen ergeben ein gutes Püree, das ich mit Butter, auch Sahne abschmecke. Ganz lassen sie sich hervorragend in Tomatensoße wärmen. Mit anderen Zutaten vermischt, sind sie in einem gebackenen →Reis oder in einem tomatigen →Ragout mit Lammfleisch am besten. Beziehungsweise: erst in einem Ragout und am Tag darauf mit dem Ragout im Reis.

Sauerbraten. Was einem Hirsch recht ist, ist einer Kuh billig: das zähe Fleisch in einer Marinade aus Wein, Wasser, Essig und Gewürzen wieder zart zu machen. Wie auch beim Wild wird beim Sauerbraten die das Fleisch imprägnierende Säure durch süße Zutaten an der Soße und/oder süße Beilagen ausgeglichen. Im Fond des Bratens köcheln außer Suppengrün und Zwiebeln auch Rosinen, Kochlebkuchen dicken ihn ein. Gereicht werden dazu beispielsweise Kartoffelklöße und Backobst. Es ist dies unbedingt ein Essen, das ich als besonders exotisch Besuchern aus fernen Erdteilen vorsetzen würde. Ein Rest davon ist freilich eine Herausforderung. Zuallererst, wenn ich es für das erste Auftragen noch nicht getan habe, werde ich die Bratensoße mitsamt Suppengrün, Zwiebeln und Rosinen durch ein Sieb geben und das Fleisch in Würfel schneiden. Leser, die mein Buch von A bis Z durchlesen, geben jetzt einen Tipp ab. Und der lautet, tippe ich: Linsen. Aber ich muss sie enttäuschen. Des Rindfleisches wegen sage ich: Bohnen. Und zwar kleine schwarze oder rote. Gewürze: Cayenne, Kumin, Paprika, frische Petersilie. Ich koche die eingeweichten Bohnen in Wasser gar und vermische sie ohne oder nur mit wenig Kochwasser mit dem Sauerbraten- und Soßenrest. Weitere Zutat: mit Knoblauch geschmorte Tomate, angebratener grüner Paprika. Doch vielleicht ist das noch nicht wagemutig genug. Haben wir nicht noch einen kleinen Rest Sauerbraten mit Soße? Und servieren nicht die Chinesen in den Restaurants dickliche, süß-säuerliche Soßen zu ihrem Gemüse? Also los: in Öl, möglichst Sesamöl, kleine Scheiben von Ingwer und etwas Knoblauch rösten, herausfischen, sobald sie braun sind. Dann kommen grob geschnittene Zwiebeln ins Öl, danach, je nach Garzeit, die restlichen ausersehenen Gemüse – Möhren, Lauch, Paprika, Bambus- und Sojasprossen – in breiten, aber dünnen Streifen, sofern sie zurechtgeschnitten werden müssen. Unter vielem Wenden braten, bis alles al dente ist, mit etwas Ingwerwein oder Sherry ablöschen, Sauerbratensoße und das in Streifen geschnittene Fleisch hinzufügen, mit Sojasoße und Chinagewürz abschmecken – stört die zimtig-lebkuchige Note trotz allem noch, hilft ein Esslöffel Erdnussbutter. Mit weißem Reis servieren.

Sauerkirschen. ➔Kirschen, auch: ➔Beerenobst.

Sauerkraut. Ich fand ein Rezept für Sauerkrautsuppe: eine helle Mehlschwitze machen, mit Fleischbrühe auffüllen, das Sauerkraut vom Vortag hinzugeben, mit Salz, Zucker, Knoblauch und Ketschup abschmecken. Ich weiß nicht – das habe ich nicht ausprobiert. Besser ist ein Sauerkrautauflauf, genauer Sauerkraut, überbacken. Hierfür kann das Sauerkraut sein, wie es im Allgemeinen ist, mit in Schmalz angeschwitzten Äpfeln und Zwiebeln in etwas Weiß- oder Apfelwein und Brühe gedünstet, mit Würsten, Bauchfleisch, Speck oder Pökelfleisch gegart, mit Wacholder, Piment, Lorbeer gewürzt. Auch einen Rest Szegediner Gulasch kann ich für diesen Auflauf verwenden, wie überhaupt Sauerkraut, das anstatt mit Äpfeln und Zwiebeln mit Knoblauch und Tomate zubereitet und mit Paprika abgeschmeckt wurde. Es spielt keine Rolle. Der Trick besteht darin, sich etwas Hackfleisch und je einen kleinen Becher Crème fraîche und süße Sahne zu kaufen. Semmelbrösel wird jeder zu Hause haben, eine Zwiebel auch. Allenfalls eine Wurst im Stil einer Cabanos oder Knackwurst könnte unser Glück noch steigern. Der Rest ist ein Kinderspiel. Ich brate das Hackfleisch mit der Zwiebel, darin zum Schluss evtl. vorhandene Fleisch- oder Wurstreste, salze, pfeffere, würze; fette eine Auflaufform und schichte immer abwechselnd das abgetropfte Kraut und Hackfleisch hinein, zuoberst sollte Sauerkraut liegen. Die Wurst gebe ich in Scheiben geschnitten dazwischen. Dann verrühre ich die Crème fraîche mit der Sahne, übergieße den Auflauf, streue Semmelbrösel darüber, ein paar Butterflocken schaden nicht und backe das Ganze eine halbe Stunde im Ofen. Die Hackfleischzubereitung kann ich ohne Bedenken mit etwas gekochtem weißen Reis verlängern. Habe ich aber Kartoffeln über, kann ich mit ihnen entweder den Boden der Form auslegen oder sie mit dem Fleisch vermischt in den Auflauf geben. Eine weniger sahnige Alternative: mit dem abgetropften Sauerkraut eine oder mehrere, am besten grüne Paprikaschoten zu zwei Dritteln füllen, das oberste Drittel aber mit gewürztem rohem Hackteig oder Mett. Die so gefüllten Schoten anbräunen, dann mit angeschwitzten Zwiebelringen, evtl. auch einigen Apfelstücken und/oder etwas Wein dünsten. Dazu: weißer Reis.

Scampi.

→Shrimps.

Schafskäse.

Kann ganz normaler Schnittkäse sein, Schafsgouda z. B., auch viele spanische (Manchego puro de oveja) und italienische Käse (Pecorino) sind aus Schafsmilch gemacht. Die beiden letzten sind gereift hart und besonders kräftig. Zu Nudeln oder einer Ratatouille braucht man sie gerieben nur in kleinen Mengen. Aber das ist bei sehr alten Kuhkäsen nicht anders. Nicht wie Schnittkäse sind die Schafskäse vom Typ Feta. Sie sind Frischkäse, aber nicht streichbar, nur wenn sie anschmelzen, werden sie quarkig. Gleichzeitig sind sie viel kräftiger im Geschmack als Quark oder der unter ➔Milch beschriebene Frischkäse eigener Herstellung. Sie werden, wenn man sie nicht in Salzlake aufhebt, schnell hefig-muffig. Als Rest kommen sie in Brocken und Bröckchen in übrigem Salat vor, meist mit Vinaigrette oder sonst einer Salatsoße vollgesogen. Das schadet nichts, Fetakäse ist ohnehin leicht säuerlich: Bröckchen herausfischen, evtl. Vinaigrette durch ein Sieb geben und den Käse auffangen und als cremig-würzige Zutat verwenden: auf einer ➔Pizza anstelle von anderem Käse, sehr lecker in der Kombination mit Hackfleisch und Spinat. In ➔Teigtaschen, Böreks, ➔Maultaschen, ebenfalls hervorragend in der Kombination mit Hackfleisch und Spinat, aber auch mit anderen Gemüsen. In ➔Frikadellen aus Getreide und/oder Hülsenfrüchten, auch in Bratklopsen aus Hack. Ferner: in ➔Füllungen aller Typen, die nicht durch anderen Käse gebunden werden; auf mit ➔Béchamel überbackenen Speisen.

Scheiterhaufen. Ein Brotauflauf, der es gestattet, die Zutaten ordentlich zu stapeln. Ich nehme Weißbrotscheiben und andere Zutaten und schichte sie, angefangen mit dem Brot, in meine gefettete Auflauf- oder Kastenform. Auch die oberste Schicht ist Brot. Dann übergieße ich den Stapel mit in Milch verrührten, geschlagenen Eiern – zwei bis drei auf einen halben Liter – und backe es im Ofen rund 25 bis 30 Minuten. Das Brot saugt sich mit Eiermilch voll und stockt in derselben Form, die es zuvor hatte. Das ist vor allem ein Vorteil, wenn ich krümelige, leicht soßige Reste habe oder solche in Form eines Haschees. Eine Bolognese, eine Ratatouille würde in jedem anderen Brotauflauf mit dem Teig grau vermanschen, hier kann ich sie anbringen. Ich muss allerdings auch beim Scheiterhaufen relativ schnell arbeiten, wenn ich ihn mit solchen Zutaten zubereite, da sich das Brot sonst an den Säften der Füllungen voll saugt. Zwei Wege, das zu vermeiden: Ich kann das Brot schichtweise mit Eiermilch begießen, bevor ich die Füllung hinauflege, wie man das bei den Keksen im Tiramisu mit dem Kaffee macht, bevor eine neue Schicht Frischkäse kommt. Und/oder: Ich lege unter und auf meine Füllung gekochten Schinken in Scheiben. Weitere Füllungen: Ein Rest Zwiebeln, gedünsteter Blumenkohl, Brokkoli, Rosenkohl, grob gehackt und mit grob geriebenem Käse vermischt. Dasselbe mit Möhren und Lauch. Für Gemüse-Scheiterhaufen würde ich das Brot immer anrösten. Ist Fleisch mit im Spiel, röste ich das Brot ohne Fett, habe ich nur Gemüse, bringt ein mit Knoblauchstückchen in Öl gebratenes Brot noch mal eine deftige Note. Die Eiermilch salze ich und würze sie mit etwas Muskat. Mit gesüßter Milch und Eiern wird der Scheiterhaufen zu einer **Süßspeise**. Füllen mit: Obststückchen vermischt mit Rosinen und/oder einem Rest Vanillepudding. Siehe auch: ✈Mohn. Obstgrützen verbacken sich am besten mit Zwieback.

Schinken und Speck.

Auch Schinkenspeck, für den, der beides auf einmal will. Immer eine Geschmackszutat. Im Fall von fettem oder durchwachsenem Speck auch eine Zutat Fett, um darin Gemüse, Fleisch, besonders auch Fisch zu braten. Noch besser als fetter Speck schmeckt der von vielen Leuten vom rohen Schinken abgerissene weiße Fettstreifen in der Pfanne. Es ist durchaus kein Geiz, die weißen Streifen in Papier gewickelt im Kühlschrank für einen Fisch aufzubewahren, es ist vorausplanende Genusssucht. Schinkenfett oder fetter Speck schmeckt mir am besten braun gebraten. Für das Würzen von Aufläufen (✈Auflauf) und Gemüsepuddings (✈Avocado), für die ich die Form mit Speck auskleide, bevorzuge ich durchwachsenen Speck. Zum Würzen eines Gerichts durch Anbraten in der Pfanne taugen aber alle bisher erwähnten Schinken- und Specksorten. Rohen Schinken, selbst wenn es winzige Abschnitte von einer dünnen Scheibe sind, brate oder dünste ich in jeder Zubereitung immer wenigstens für einige Sekunden an. Ausnahme: roher Schinken als Gewürz in ✈Kroketten und in ✈Füllungen – bei **gekochtem Schinken** ist das nicht nötig. Er ist deshalb besser geeignet, nachträglich in Streifen zu einer hellen Nudelsoße hinzugefügt oder auf ein Gemüse gelegt zu werden, dass ich gratinieren oder mit ➔Béchamel überbacken möchte. Da ich ihn nicht mitbraten muss, nehme ich Scheiben vom gekochten Schinken, wenn ich lockere, auch etwas feuchte Füllungen, Gehäcksel, Haschees etc. von einer teigigen Umgebung isolieren will, in der sie sich ohne Umhüllung verlören. Das ist z. B. der Fall in einem Gemüsepudding (➔Avocado) aus einem oder zwei verschiedenfarbigen Teigen aus Ei und Püree, in den noch ein anderer Rest soll, sei es gehackter Spinat, Hackfleisch und Gemüsestückchen oder Gemüsestückchen mit Käse. Ich schlage diesen Rest einfach in eine Scheibe Schinken ein, fülle meine Form mit Teig bis zu der Höhe, wo ich mein Schinkenröllchen haben möchte, lege es hinein und bedecke es mit dem Rest des Teigs. Das funktioniert selbstverständlich auch in Aufläufen aus Brot, ein Beispiel dafür findet sich unter ➔Pilze. Ferner: gekochter Schinken zum Trennen von Schichten in gebackenen Speisen. Beispiel: zuunterst Nudeln mit Ei übergossen, dann Schinken, dann eine leicht feuchte Gemüsezubereitung, wieder Schinken, wieder Nudeln, Käse und Béchamel. Ein weiteres Beispiel findet sich unter ➔Scheiterhaufen. Dann: **Schinkenscheiben beider Typen** als Würzfüllung, oft mit Käse kombiniert, in Fischen und Fleischstücken, zwischen zwei dünnen Scheiben ➔Sellerie gelegt und diese dann zusammen paniert und gebraten, in einem armen Ritter (➔Brot) usw. In diesem Buch erwähne ich Schinken und Speck außerdem bei den meisten Gemüsen sowie bei den Eierspeisen wie ➔Omelett, ➔Pfannkuchen, ➔Rührei.

Schmalz. ➔Bratenfett, ➔Fett, ➔Hefeteig.

Schnittlauch. Zwiebelwürze aus dem Blumentopf. Schnittlauch verliert sein Aroma, wenn er mitgegart wird, ich verwende ihn also ausschließlich zum Bestreuen schon fertiger Gerichte – Omeletts, Ragouts, Suppen – oder in kalt gerührten Soßen wie einer Vinaigrette oder einer Remoulade. Schnittlauch ist recht vorschmeckend, auf Soßen mit einer ausgetüftelten Mischung vieler schwieriger Gewürze und komplexer Aromen wirkt er verheerend.

Schnitzel.

→Fleisch. In größere Verlegenheit setzt einen die Hinterlassenschaft eines panierten Schnitzels. Meist fällt die Panade ja ab, wenn ich den Fleischlappen in Stückchen schneide. Aber wohin dann mit ihr? Oft genug fällt sie aber auch nicht ab oder erst, wenn das Fleisch schon so klein geschnitten ist, dass es auf eine wahre Aschenputtelei hinauskäme, sie vom Fleisch zu trennen. Folgendes: in einer Pfanne etwas Knoblauch in Öl anbraten, Fleisch und Panade sehr klein geschnitten dazu geben, anbräunen, geschlagenes Ei darüber gießen und wie ein →Omelett oder →Rührei stocken lassen. Eine Hand voll gehackter Petersilie am Ei ist kein Fehler. Ohne Petersilie: einige Streifen rote oder grüne Paprika mit dem Fleisch anbraten.

Schokolade.

Fettreif auf dem Schokoladenüberzug, so steht auf den Packungen edler Pralinen geschrieben, mindere weder die Qualität noch den Wohlgeschmack des Produkts. Wird Schokolade eigentlich alt? Dass ich Schokolade in etwas Butter, etwas Sahne, etwas Milch, auch Wasser leicht schmelzen kann, die so entstehenden Massen oder Flüssigkeiten ebenso leicht in Teigen, Puddings etc. verarbeiten kann, wird jeder wissen. Ich habe das in diesem Buch am Beispiel von →Nougat vorgeführt. Auch der unter →Pudding beschriebene Flammeri lässt sich jederzeit mit Milch bereiten, in der ich Schokolade geschmolzen habe. Bei Kuchenteig, etwa für einen Marmorkuchen, sind solche Rezepte vorzuziehen, die vorsehen, das Eiweiß zu Schnee geschlagen unter den Teig zu heben. Geschmolzene Schokolade ist schwerer als Kakaopulver und könnte den Teig zusammendrücken. Einfacher: Topfkuchen oder Kekse mit Schokoladenstückchen im Teig. Für Schokoladensoße zu Eis, Pudding, gebackenen Bananen etc. koche ich die Schokolade mit wenig Wasser auf und rühre die Wasserschokolade mit süßer Sahne glatt. Fehlt ihr der Pfiff, hilft Vanillinzucker und ein kleines Stückchen Butter. Das alles macht so geringe Schwierigkeiten, dass es schon fast keine Resteküche mehr ist. Ein paar mehr Gedanken verschwenden muss ich an Schokolade in, um oder auf altem Gebäck. Nicht, dass solche Kekse und Kuchen nicht ebenso willig zu Tortenboden aus →Keks- und Kuchenkrümeln werden wie andere auch.

Aber sie prägen das Ergebnis geschmacklich entscheidend. Und zu Schokolade passt nicht jedes Obst. Hervorragend gehen: Bananen, Birnen, rotes Obst wie Beeren und Sauerkirschen, Vanillepudding.

Schokoladenkuss. Zuckerschaum unter Schokoladenkuvertüre auf einer Waffel, geschmacklich so aufregend wie eine Oblate. Das alles, innig ineinander zerdrückt, befindet sich zwischen zwei Brötchenhälften, denn so will es das Rezept für den Sekundensnack Schokoladenkussbrötchen. Und nach einem Kindergeburtstag habe ich davon drei halb gegessene, zwei angebissene und ein unberührtes aus verschiedenen Ecken der Wohnung aufgelesen und nun vor mir auf dem Küchentisch liegen. Selbst ich vertage eine solche Angelegenheit auf den nächsten Tag. Besser ist es ohnehin, die Brötchen etwas antrocknen zu lassen, dann wird der Mixer leichter mit ihnen fertig. Sind die Brötchen zerfleddert und zerstückt – der verspritzte Zuckerschaum am Schüsselrand bezeugt, was für ein Schlachtfest das war –, erhitze ich Milch, verquirle Eier und verweise im Übrigen für die nun folgenden Schritte meine Leser auf ➔Auflauf bzw. ➔Brot. Da ein Schokoladenkussbrötchen-Auflauf Schokolade enthält, auch auf den Artikel ➔Eis. Weitere Zutat: Sauerkirschen aus dem Glas.

Schwarzwurzeln. Insofern dem Spargel doch nicht ähnlich, obwohl auch weiß, lang und sehr zart, als dass ich aus ihren Schalen und Abschnitten keine Schwarzwurzelsuppe kochen kann. Kalt lässt sich die Schwarzwurzel aber genau wie der Spargel sehr gut mit Vinaigrette essen, in der sich hier allerdings ruhig ein paar Kräuter befinden dürfen. Schwarzwurzelstücke sind, darin dem Spargel schon wieder unverwandt, auch im Backteig frittiert oder gebraten hervorragend.

Schwein. ➔Fleisch. In punkto Anschaffungskosten ist mein Buch billiger als ein Schwein, Sie sparen ungeheuer. Aber wenn Sie das, was mein Buch Ihnen an Ausgaben für Lebensmittel erspart, immer schön zurücklegen, können Sie bald wenigstens ein Ferkelchen kaufen. Und alle Reste, mit denen ich Sie quäle, umstandslos dem Tier verfüttern. Wenn Sie aber, um das Schwein zu haben, meinen, Land und Stall und Haus im Grünen zu benötigen, und auch auf die durch fleißiges Anwenden meiner Tipps im *Restekochbuch* hinsparen wollen, dann kann ich Sie nur warnen. Ich bin im Grunde ein Verschwender und ein schlecht verkappter dazu. Was Sie durch mein Buch einsparen, schwatze ich Ihnen zu zwei Dritteln durch das ausführliche Erwähnen und Bereden kostspieliger Leckereien wieder auf. Selbst was Ihr Haus angeht, mit Land und Stall und im Grünen dazu: Mit mir als Ratgeber kommen Sie doch nur darauf, dass auch ein Eichengrund dabei sein muss. Wegen der ➔Eicheln.

Sellerie.

Drei Zuchtformen des Echten Sellerie (Apium graveolens) kennen Gärtner und Köche. Eine davon ist wegen ihrer Blätter, die zweite wegen ihrer Stängel, die dritte wegen ihrer Wurzelknollen in Gebrauch. Der Blattsellerie ist meines Erachtens ein in durchschnittlichen Haushalten entbehrliches Küchenkraut. Ein wenig Grün vom Stangen- oder Knollensellerie, ein paar klein gehackte Abschnitte der Stängel, erfüllen jederzeit den gleichen Zweck. Wie überhaupt auch der **Stangensellerie** meistens als Suppenwürze oder klein geschnitten im bunten Allerlei aus gedünsteten, gekochten, geschmorten ➔Gemüse in der Resteküche erscheinen dürfte. Wenn nicht, besteht ein Rest davon aus mit etwas Brühe oder Wasser, auch Wein gedünsteten Stangen, die mit Käse, mit Käsesahne überbacken oder mit Soße begossen, manchmal auch kalt mit Vinaigrette serviert wurden. Seines starken Eigengeschmacks wegen, und auch weil Stangensellerie eigentlich nie musig wird, eignen sich Reste davon sehr gut, um in Backteig frittiert oder gebraten als Vorspeise zu dienen. Manche Soßenreste kann ich für den Backteig verwenden anstelle von anderer Flüssigkeit, solche mit Käse allerdings nicht. Ferner: in ➔Kroketten, ➔Füllungen, in Reisgerichten, ➔Ragouts etc., das Würzige des Stangenselleries macht aus dem Rest eine fast überall willkommene Zutat. **Knollensellerie** wird ebenfalls selten für sich als Gemüse aufgetragen. Wenn doch, dann aber in ähnlichen Zurichtungen wie die der Stangen, manchmal allerdings auch als Püree. Die fleischigere, weichere Konsistenz des Knollenselleries macht, dass er, in Mehl gewälzt, durch Ei gezogen und mit Semmelbröseln paniert, besser gerät als in Backteig frittiert. Kleine Stücke vom Knollensellerie bereichern ➔Frikassees und ➔Ragouts, in Butter oder Öl gebräunt auch einen ➔Pilaw. Kleinere und mit Soßen vermischte Reste: in ➔Kroketten, ➔Füllungen, ➔Frikadellen. Pürees in ➔Suppen und ➔Soßen. Ähnlich wie Kohlrabi lässt sich in der ganzen Knolle gekochter Sellerie aushöhlen und mit einem Gehäcksel aus dem Selleriefleisch, Fleischresten, evtl. Käse, Kräutern, das ich mit Béchamel binde, füllen und überbacken. Varianten: mit gebratenem Hackfleisch, mit zerbröckeltem Lachs usw. Manchmal, insbesondere bei größeren Knollen, trifft es sich, dass sie im Innern leicht schwammig und weich sind. Solche Knollen lassen sich auch roh aushöhlen und entsprechend mit Gemischen füllen, die durchgaren müssen, seien sie aus rohem Hackfleisch oder aus mit Ei und Käse gemischtem Getreide bzw. Reis. Gefüllte Sellerie setzt man mit der Öffnung nach oben in einen Bräter oder in eine hohe feuerfeste Form und lässt sie in etwas Brühe langsam im Ofen durchgaren. Übrigen **Selleriesalat aus rohem geriebenen Sellerie**, selbst einen mit Mayonnaise- oder Joghurtdressing verarbeite ich mit geriebenen Kartoffeln, etwas Mehl und Ei zu ➔Puffern.

Semmelbrösel. Semmelbrösel sind ein Grund mehr, Weißbrot zu kaufen. Natürlich wird Weißbrot schneller trocken und hart als jedes andere Brot. Aber Semmelbrösel brauche ich immer. Ich reibe hartes Weißbrot über die Reibe, mit kleinen harten Brocken wird der Pürierstab fertig. Die einfachste Anwendung: in Butter oder Öl gebräunt über gedünstetes Gemüse gegeben, egal ob Wurzeln, Stängel, unter- oder überirdische Knollen; bei Blattgemüse am ehesten zu Chicorée. Auch zu Maultaschen, Pflaumenknödel und vielem mehr. Die häufigste, wenigstens die am meisten geläufige Anwendung: **zum Panieren**. Normalerweise ein Verfahren in drei Schritten, ins Mehl, ins Ei, in die Brösel. In der Resteküche paniere ich so ➔Frikadellen, vor allem solche, die Käse enthalten oder größere Stücke gekochter Gemüse (➔Sellerie) oder aus ➔Milch hergestellten Frischkäse. Diese Panade ist dick und haltbar. Lege ich etwas auf das zu panierende Stück – ein

Salbei- oder Minzblatt, eine Scheibe Käse, Wurst oder Schinken –, hält sie es mir zuverlässig fest. Sie ist wenig geeignet für Fisch oder für sehr zarte Gemüse, da sie einen starken Eigengeschmack hat, der Zartes leicht überdeckt – die Hersteller von Fischstäbchen sehen das freilich anders als ich. Der erwähnte Frischkäse oder auch ➔Tofu schmecken, im Gegensatz zum Fisch oder manchem feinen Gemüse, nach nichts, so dass bei ihnen die Panade den Zweck hat, sie geschmacklich aufzuwerten. Reste einer Ei-Mehl-Bröselpanade rühre ich zusammen, mische ein paar frische Kräuter, auch Käse, winzige Schinkenstückchen hinein und brate sie in Form eines flachen Plätzchens. Bei vielen klebrigen Zubereitungen, etwa Frikadellen oder Kroketten aus Reis, Bulgur, Getreide, Hülsenfrüchten, die mit etwas Ei, Eigelb zusammengehalten werden, reicht es aus, sie ohne Mehl und Ei direkt mit Semmelbröseln zu panieren. Mit dem gleichen Ziel, eine Kruste zu erhalten und gleichzeitig das von dem Bröseln Bedeckte sicher abzuschließen, streut man Brösel auch auf Aufläufe und Überbackenes und setzt ein paar Butterflocken darauf. Semmelbrösel an Stelle von eingeweichtem Brot **im Auflaufteig** machen aus dem Brotauflauf einen feinen ➔Pudding, der noch lockerer gerät, wenn ich ihn mit unter den Teig gehobenen Eischnee zubereite. Dieser Auflauf braucht außer Milch, Eiern, Zucker oder Honig, etwas Butter und den Bröseln keine weiteren Zutaten außer aromatischen wie Orangen- oder Zitronenschale, echte Vanille oder Zimt; eine Hand voll Waldbeeren kann sehr gut sein oder anderes seltenes Obst, aber auch in Butter ankaramellisierte Apfelstücke und Ähnliches mehr. **In Füllungen** und **Frikadellen** dienen Semmelbrösel der Regulierung der Konsistenz. Sie binden überschüssige Feuchtigkeit, halten die Füllmasse zusammen, machen die Frikadellen formbar. Es ist dies eine sehr schnelle Lösung, wenn etwas zu feucht ist, manchmal schmeckt nachher das Brot vor. Und man hätte besser Kuskus genommen sowie eine Viertelstunde Warten in Kauf. Ferner: zum Ausstreuen von Backformen vor dem Backen von Kuchen, ➔Gemüsekuchen, ➔Törtchen, ➔Krüstchen, um das Ankleben der Teigmasse an den Rändern der Form zu verhindern. Siehe außerdem: ➔Semmelknödel, ➔Keks- und Kuchenkrümel.

Semmelknödel. Einen großen Nachteil hat der Semmelknödel: Er gelingt nur mit Übung. Die meisten Rezepte für Knödelteige gehen für zehn bis zwölf Knödel von der Größe einer Mandarine von sechs bis acht oder 300g Brötchen in kleinen Würfeln aus, vermischt mit einem Drittelliter heißer Milch, vier Eiern und etwas Mehl. Mit in diesen Teig kommt auch immer Fett, meist Butter, teils in der Milch geschmolzen, teils indem die Hälfte des Brotes in Butter geröstet wird, teils indem Zwiebeln mit Speck, auch bloß Speck oder bloß Zwiebeln, geröstet und dem Teig zugefügt werden. Ungefähre Mengen: Zwiebeln ein bis zwei, Speck zwischen 50 und 100g, Butter ebenfalls um 50g. Dieser Teig muss gut durchziehen. Das Mehl wird von den Könnern meist nicht mit hineingemischt, sondern der Teig vor dem Formen der Klöße damit bestreut, ferner die fertigen, mit mehligen Händen geformten Klöße durch es gewälzt. Der Teig muss einigermaßen fest sein, die Brotstückchen jedoch nicht zu Brei gerührt. Ist er zu feucht, reguliere ich das mit Semmelbröseln. Besser halten Knödel, die mit gebrochenen oder gezupften Brotstückchen bereitet werden, nicht mit glatt geschnittenen. Ich mache Semmelknödel selten, weswegen ich nicht ohne Probeknödel auskomme. Fällt er mir auseinander, rühre ich Mehl in den Teig, sogar ein wenig Backpulver. Allerdings zerfällt jeder Knödel, der in zu stark kochendes Wasser gesetzt wird, das Wasser sollte sich im offenen Topf nur leicht bewegen. Nach zwanzig Minuten sollte der Knödel gar, das heißt, innen trocken sein. Ich bediene mich des Semmelknödels für zweierlei Reste, denen von Hefegebäck wie Pizza oder, noch mehr, von Zwiebelkuchen. Es sind davon immer mehr Ränder als alles andere übrig, so dass in der Regel die Auflage der Blechkuchen kaum mehr als würzende Zutat ins Gewicht fällt. Nur bei größeren Mengen lohnt es, die Auflage abzukratzen, das Stückige abzuklauben und den verkochten Rest püriert in eine Soße zu retten (→Zwiebelkuchen). Die Ränder röste ich zusammen mit einem Teil der außerdem benutzten Brötchen oder Brotscheiben an, bevor ich sie in den Teig gebe. Geschmacklich passt dazu, die Knödel mit Speck zuzubereiten. Der andere Rest, der in einen Semmelknödel passt, ist Blattspinat, eigentlich alle durch Hitze oder eine Salatsoße in sich zusammengesunkenen schlappen Blätter, Kopfsalat, Feldsalat, Rucola usw. Ich lasse ihre (Salat-)Soße ablaufen und gebe sie mit in den Teig. Geraten meine unorthodoxen Zwiebel-, Speck-, oder Spinatknödel außen etwas feucht oder matschig, brate ich sie nach dem Abtropfen in etwas Butter an. Semmelknödel, wie alle Klöße, sind am nächsten Tag in Scheiben aufgebraten fast besser. Sie schmecken sehr gut mit einer leichten Vinaigrette.

Senf. Ein guter Senf ist entbehrlicher als ein guter Essig. Doch lohnt es auch hier, nichts Schlechtes zu kaufen. Ich bevorzuge groben Senf und benutze ihn hauptsächlich, um Salatsoßen zu variieren sowie manchmal in hellen Soßen z. B. aus Zwiebel, Wein, mit Sahne gebunden, um einen Rest Fisch zu wärmen. Mehr Anwendungen, als man gemeinhin denkt, erlauben auch Senfkörner, die – etwas im Mörser zerstoßen – eine angenehme, wenig aufdringliche Schärfe an viele Speisen bringen. Bestandteil vieler Currymischungen.

Sesam. Dekorative Streuware von leicht sandigem Geschmack. Ersetzt in vielen Haushalten die gebräunten Semmelbrösel auf dem Gemüse. Schmückt in dieser Form auch Teigtaschen, besonders solche aus Hefeteig, Piroschki. Interessanter ist für mein Dafürhalten, Sesam nicht nur zu rösten und zu verstreuen, sondern ihn auch grob zu zermahlen – was die meisten Pürierstäbe leisten – und mit Meersalz zu vermischen. So erhält man Gomasio, das gut auf Butterbrot schmeckt. Und auf gebratenem gedünsteten Gemüse nicht schlechter. Siehe auch: ➔Kichererbsen, ➔Halwa.

Sherry. Schlechte Sherrys sind ein Gräuel, aber als Soßenwürze oft dennoch nicht zu verachten. Besonders zu Innereien. Auch als Ersatz für Ingwer- oder Pflaumenweine, die in einem chinesischen Kochbuch als Zutat erscheinen. Siehe: ➔Wein, ➔Sauerbraten, ➔Süßwein.

Shrimps. ➔Taschenkrebs.

Sirup. Rübenkraut. Zutat für ➔Lebkuchen.

Sojabohnenkeime. ➔Keimlinge. Um Sojabohnenkeime roh zu verzehren, sollten sie fünf bis sechs Tage Zeit zum Keimen gehabt haben. Vorher sind sie etwas schwerer verdaulich. Zum Kochen, etwa in einer Teigtasche oder in einem improvisierten chinesischen Gericht (➔Sauerbraten), kann ich auch jüngere Keime nehmen.

Sojasoße. Zum Chinisieren. Siehe z. B.: ➔Backobst, ➔Salat, ➔Sauerbraten.

Sonnenblumenkerne. Geschält und leicht angeröstet, ein Gaumenkitzler auf warmen und kalten Salaten, besonders gut natürlich mit einer Vinaigrette, in der kalt gepresstes Sonnenblumenöl verwendet wurde. Von geringer Bedeutung, wenn nicht öfter übrige gedünstete Gemüse als Salat zubereitet werden.

Soße. Sich den Soßenrest alleine vorzustellen und nicht bereits vermischt mit Gemüsen, Fleisch, Fisch, fällt in der Resteküche schwer. Aber immerhin, es gibt Soßenkännchen und Tage, in denen sie gefüllt auf den Tisch kommen. So wird es auch Tage geben, wo sie nicht ganz leer in die Küche zurückgehen. Meistens wird es andere Reste geben, mit diesen werde ich die Soße zu ➔Frikassee, ➔Haschee, ➔Ragout verarbeiten. Je nachdem, wie die Soße gebunden ist, muss ich dazu erst die Zutaten erwärmen und dann die Soße mit ihnen warm ziehen lassen oder umgekehrt, erst die Soße und dann meine Reste in ihr. Das Erste trifft auf mit rohem Eigelb gebundene oder **abgeschlagene Soßen** zu. Für sie wurde ein bisschen Bratenfett und Bratenfond, Bratensatz in der Pfanne, mit etwas Wein aufgekocht, mit Eigelb und/oder kalter Butter gebunden. Oder: Eigelb im Wasserbad mit konzentrierter Brühe, Jus oder Fond (➔Knochen) und/oder Wein schaumig geschlagen, von der Flamme genommen und mit in Flocken dazugegebener kalter Butter cremig gerührt. Oder eine Hollandaise, eine Bearnaise, aus Eigelb und flüssiger Butter im Wasserbad gerührt. Von diesen Soßen gibt es nie große Mengen, Reste teelöffelweise. Wenn ich sie zu stark erhitze, laufe ich Gefahr, dass sie mir gerinnen, sich in fettige und eiweißhaltige Inhaltsstoffe aufspalten. Ich werde meine Reste also wärmen, in Zwiebeln aufbraten oder Ähnliches und die Soße ganz zum Schluss als Würze hineinrühren, evtl. mit noch einem Eigelb verlängern. Oder ich lasse sie gleich in einer der Mischungen aus Ei und Milchprodukt verschwinden, mit der ich z. B. einen ➜Gemüsekuchen überbacke. Das Gleiche würde ich übrigens auch mit einer misslungenen Hollandaise machen, wenn es nicht gerade so viel ist, dass ich sie der Butter wegen, die von irgendetwas aufgesaugt gehört, in einen Auflaufteig aus Brot rühre. Reste abgeschlagener Soßen machen sich aber auch gut in vegetarischen ➜Füllungen aus gekochtem Kuskus oder Reis. Oder mit Bulgur in ➜Kroketten. Andere Soßen sind **Sahnesoßen**. Sie bestehen aus reduzierter Brühe, auch Wein und dick gekochter Sahne (siehe dazu: ➜Brühe), manche einfach nur aus ➜Sahne, die zum abgelöschten Bratensatz, zu gedünsteten Zwiebeln, zu eingekochter Tomate hinzugegeben oder in der etwas Käse geschmolzen wurde. Diese Soßen kann ich verdünnen, oft werden sie allein durchs Erhitzen dünnflüssiger. Das bedeutet, sie mischen sich ohne Probleme in jedes Frikassee oder helles Ragout, wo immer sie geschmacklich passen. Ich kann sie in jede Püreesuppe rühren, die ich aus gleichzeitig übrigen Gemüse mache. Vermischt mit etwas Gemüse und mit Käse überbacken werden sie ein Gratin. Oder sie bereichern eine Béchamel. Ferner: in geringen Mengen in ➜Füllungen. Der dritte Typ übriger Soßen, zu dem auch die Béchamel zählt, sind die **mit Mehl oder Stärke gebundenen Soßen**. Ob für sie das Mehl in Butter gebräunt oder nur erhitzt oder ob es in einem mit Butter geformten Bällchen hinzugegeben wurde, ob das Mehl Weizenmehl, Pfeilwurzelmehl oder Kartoffelstärke und ob die Flüssigkeit Milch, Brühe, Bratensaft war, ob Suppengrün in die Soße durchpassiert und ob sie mit Wein, Cognac oder Johannisbeergelee aromatisiert wurde, spielt eine untergeordnete Rolle. Solche Soßen bleiben beim Erhitzen stabil oder werden dicker. Ich kann sie für ein Ragout mit Brühe, Milch, Sahne, Eigelb verflüssigen, ich kann sie leichter als jede andere Soße ins Teigige ziehen – mit Mehl und Ei vermischte Soßenpfannkuchen habe ich schon gebacken und mit einem Haschee aus übrigen Gemüsen und Fleischresten gefüllt (➜Pfannkuchen). Alternative für kleine Mengen: ➜Kroketten, am einfachsten aus Bulgur oder Reis, idealerweise vermischt mit kleinen Resten Fleisch, Fisch oder Gemüse. Dafür gebe ich so viel gekochten Reis oder Bulgur in die Soße, bis diese völlig absorbiert ist, binde mit Eigelb, forme Kroketten und rolle sie durch Semmelbrösel. Ist die Soße sehr cremig und der Teig dadurch schwer formbar, hilft kalt stellen. Alternativen für nichts als Soße und vielleicht ein paar Stücken Gemüse: mit Eigelb verschlagen, Eischnee unterheben, über die Gemüsestücke in eine gefettete und mit Bröseln ausgestreute Form geben: ein Soufflé. Oder: mit Gemüsepüree und Ei verrührt als Pudding (siehe dazu: ➔Avocado). Eine verwandte Möglichkeit ist der unter ➔Gemüsekuchen beschriebene Gemüsekuchen ohne Boden. Die hier aufgestellte Einteilung der Soßenreste nach ihrer Bindung, rohes Eigelb, Sahne oder mehlige Stoffe, dient hauptsächlich der Orientierung. Denn selbstverständlich ist es möglich, Sahnesoßen mit Eigelb anzudicken und Mehlsoßen mit Sahne und Eigelb zu verfeinern. Vollends aus dem Schema fallen die ➔Bolognese, die Tomatensoße (➔Tomaten) und die ➔Vinaigrette, die alle extra behandelt werden. Ebenso die länger haltbaren, würzenden Soßen ➔Aïoli, ➔Chutney, ➔Mayonnaise, ➔Ketschup, ➔Pesto, ➔Remoulade, ➔Senf. Für aus Joghurt angerührte kalte Soßen siehe: ➔Tsatsiki, ➔Quark (da ich solche Soßen mit Quark mischen kann) und ➔Joghurt.

Spargel. Schmeckt mit einer Vinaigrette, mit einer guten Mayonnaise. Hervorragend kalt. Davon abhalten, übrigen Spargel so zu essen, könnte mich die Tatsache, dass er mit ➔Soße oder Butter übergossen übrig geblieben ist. Meistens werde ich jedoch für den Tag nach einem Spargelessen eine Spargelcremesuppe vorbereitet haben, denn dass ich die Spargelabschnitte und Schalen nicht in etwas Brühe auskochte, die Suppe durchs Sieb gäbe und mit einer hellen Mehlschwitze sämig machte, ist schlicht undenkbar. So eine Spargelcremesuppe wird meistens noch mit etwas Milch geweißt und dann mit Sahne und Eigelb legiert. Nicht, wenn ich Spargel in Soße übrig habe. Die meisten Soßen für Spargel sind abgeschlagene Soßen, in denen aus rohem Eigelb, etwas reduziertem Wein und Butter eine Emulsion hergestellt wurde, Hollandaise und Bearnaise sind die Klassiker. Ich schneide also den Spargelrest in seiner Soße in Stücke, nehme die Suppe von der Flamme, lasse sie etwas abkühlen und gebe dann die Spargelstücke mit der Soße nach und nach und unter Rühren hinzu. Normalerweise ist danach die Suppe cremig wie durch ein Eigelb und zwei Esslöffel Sahne (auf einen halben Liter Brühe), wenn nicht, kommt entweder noch ein Eigelb oder noch etwas Sahne daran. War die Suppe zu heiß, schwimmt nach der Operation ein gelbes Butterfettauge auf ihr. Das ist auch der Fall, wenn ich Spargel in die Suppe schneide, der mit Butter übergossen wurde und den ich deshalb nicht kalt essen mag. Spargel passt natürlich auch immer in ein ➔Frikassee. Dasselbe mit Spargel in Sahnesoße. Kleinere Reste: ➔Rührei.

Speck.

➔Schinken und Speck.

Spinat.

An der Frankfurter Grünen Soße – eine mit allerhand Grünzeug und Kräutern angereicherten ➔Remoulade – und am Spinat kann man bemerken, wie groß das Bedürfnis in früheren Zeiten gewesen sein muss, nach dem langen Winter wieder etwas frisches Grünes zu sich zu nehmen. Im Fall des Spinats merkt man es daran, wie verbreitet das einigermaßen nutzlos gewordene Wissen darüber noch ist, welche Wildkräuter alles für oder zum Spinat genommen werden können: Brennesseln, Brunnenkresse, Melde, Löwenzahn, Sauerampfer, Sprossen vom Wiesenkümmel, Vogelmiere und andere. Und auch Mangold, Blätter vom grünen Salat, Feldsalat, Rucola werden Spinat, wenn der Koch oder die Köchin das will. Bei Resten von Gerichten aus den genannten Blättern ist, wie immer, die Frage, wie die verschiedenen Blätter nach dem ersten Kochen oder Dünsten aussehen. Viele lieben den Spinat fein gehackt gedünstet. Oder sie schmelzen einen der grünen Eisziegel ein, den die Industrie dazu bereitstellt. So zubereitet ist der Spinat ein Püree, das manchmal mit Béchamel, mal mit Zwiebeln, Mehlschwitze und etwas Fleischbrühe oder auch einfach mit etwas Sahne oder Butter angereichert wird. Ein Rest davon mit Brühe aufgefüllt, evtl. mit etwas zusätzlicher Sahne abgeschmeckt, mit einem hineingequirlten Ei oder Eigelb angereichert und mit gerösteten Brotwürfeln serviert: eine Suppe. Verrühre ich das Spinatpüree mit Ei und backe es in einer Form im Wasserbad: ein Pudding (➜Avocado). Bei sehr viel Béchamel am Püree ist ein Spinatsoufflé reizvoller: den Béchamelspinat mit Eigelb verrühren, das steifgeschlagene Eiweiß unter die Masse ziehen, in eine gefettete und mit Bröseln ausgestreute Form füllen, mit Reibekäse bestreuen und backen. Kleine Reste von püriertem Spinat mit Frischkäse verrührt, auch mit Frischkäse und etwas geriebenem Hartkäse, evtl. auch etwas klein geschnittener gekochter Schinken, sind eine gute Füllmasse, etwa für Champignons (dann noch zusätzlich mit den gehackten Stielen vermengt), für Böreks oder ➜Teigtaschen aus ➜Hefeteig. Ferner: in einen Pfannkuchenteig gemischt, für grüne Pfannkuchen. Für einen weiß und grün gedeckten Gemüsekuchen: einen Teil der Sahne-Ei- oder Quark-Ei-Mischung mit dem Spinat verrühren, in Schichten oder in Klecksen über die Gemüse (Möhren, Blumenkohl) auf dem Teig geben. Eine unterste Schicht gegarter und zerbröckelter Lachs sieht auch gut aus. Ganze Blätter gedünstet ergeben, wer hätte es gedacht, **Blattspinat**. Dünsten heißt bei Spinat, ihn nach dem Waschen (das Wasser nicht allzu gründlich ausgeschüttelt) in das heiße Fett in eine Pfanne zu geben, einmal umzuwenden und etwas bei geschlossenem Deckel ziehen zu lassen. Bei mir ist das Fett Olivenöl, in dem ich zuvor nacheinander etwas Knoblauch, eine Handvoll Rosinen und zum Schluss ein paar Pinienkerne zum Anrösten hineingetan habe; man kann auch mit fingernagelgroß geschnittenen Möhrenstücken beginnen. Letztlich ist nicht wichtig, was sich im Spinatsud befindet, da ich die Blätter zum Weiterverwenden immer herausnehmen und abtropfen lassen muss. Der Sud aus Wasser und Öl ist dunkelgrün und schmeckt ausgezeichnet. Er sollte in der nächsten Soße, Suppe oder im nächsten Reisgericht landen. Gedünstete Spinatblätter finden in geschichteten mit ➜Béchamel überbackenen Speisen ihren Platz, wie in Aufläufen aus ➜Nudeln oder Kartoffeln, auf ➜Pizza, Coca (➜Hefeteig), zwischen den Stücken der Gnocchi alla romana (➜Grieß) wie überhaupt auf oder zwischen überbackenen Mehlspeisen. Grob gehackt und mit anderen Zutaten vermischt (Brocken vom ➜Schafskäse, Pinienkerne, angebratene kleine Möhrenstücke und vieles mehr), füllen sie ➔Teigtaschen, Piroschki, Böreks, mit etwas Ei und Semmelbröseln gebunden auch ➔Pfannkuchen. In den verschiedensten Dingen eingebackener Blattspinat verträgt sich ausgezeichnet mit einem Rest Fisch, besonders mit Lachs. Lachs mit Spinat in etwas Sahne ist außerdem eine gute Nudelsoße. Blattspinat vermengt mit Teig für ➔Semmelknödel ergibt Spinatknödel. Einfacher ist, Spinatblätter zusammen mit einem aus Ei und Semmelbröseln schnell mit den Fingern gekneteten Teig zu kleinen Bällchen zu formen und diese zu frittieren oder etwas abgeflacht in reichlich Öl zu braten. Weitere Anregungen unter: ➔Gnocchi, ➔Kroketten, ➔Kürbis, ➔Leberwurst, ➔Reis, ➔Rührei, ➔Schinken und Speck, ➔Thaicurry. Für Zubereitungen aus Blättern, deren Reste ich wie Spinat einsetzen würde: ➔Algen, ➔Feldsalat, ➔Salat.

Stachelbeeren.

➔Kaltschale, ➔Kompott, ➔Marmelade, ➔Obstgrütze.

Suppe.

An der Suppe ist das Wichtigste, dass sie flüssig ist. Für den Restekoch ist an der Suppenflüssigkeit das Wichtigste, wie sie beschaffen ist. Ist sie sämig, cremig? Ist sie wässrig, brühig? Diese letzte Sorte Suppe kann ich durch ein Sieb in einen anderen Topf geben und habe dann im Topf Brühe, im Sieb Fleisch, Gemüse, Einlage, alles zusammen oder einiges davon. Die andere Sorte könnte ich höchstens durch ein Tuch geben, ich erhielte ein Püree und gefärbtes Wasser – die Operation hätte nicht viel Sinn. Die erste ja. Ich kann das Gemüse aus dem Sieb nehmen, klein schneiden, Wurzelgemüse in Öl oder Butter bräunen, ich kann das Fleisch von den Knochen lösen und ebenfalls verarbeiten, die Einlagen kann ich wenigstens zur Seite tun, Reis für ➔Füllungen, Nudeln, um sie später in einer Nudelpfanne, der ➔Fideuà, hinzuzufügen, die ich aus dem Rest der Zutaten bereite. Klößchen und Ähnliches kann ich vielleicht aufbraten und in einem ➔Ragout, in einer kräftigen Soße zusammen mit etwas von dem aufgebratenen Fleisch und würzigen Zutaten (Oliven, Kapern) wieder schmackhaft machen. Von einem großen Suppeneintopf lässt sich so viermal etwas Verschiedenes essen: Zuerst den Eintopf, dann die »Ropa vieja« (→Kichererbsen): Gemüse, Fleisch, teigige Einlagen oder Kichererbsen angebräunt, in →Tomate geschmort und vielleicht auch noch mit geschlagenen und gestockten Eiern bedeckt. Das dritte ist ein Reisgericht oder die Fideuà, beim Reis ist je nach Zutaten ein gebackener →Reis – bei Hülsenfrüchten! – oder ein →Risotto geeignet. Im Fall von einer Linsensuppe ohne viel Flüssigkeit kann ich auch an einen →Pilaw denken. Das vierte Gericht, wenn endlich alles Fleisch verzehrt ist, Reste von Brühe und Gemüse aber immer noch vorhanden sind, ist eine Cremesuppe. **Cremesuppen**, auch Püreesuppen genannt, sind im Prinzip nämlich nur das: püriertes Gemüse mit Brühe oder Milch verflüssigt und manchmal mit etwas Sahne abgeschmeckt. Eine normale glatt gerührte Kartoffelsuppe gehört in diese Reihe. Angenehm kann bei diesen Suppen auch die Zutat von einem Ei oder Eigelb sein, das ich hineinrühre, nachdem ich die Suppe von der Flamme genommen habe. Zu Püreesuppen kann ich fast alle Gemüse verarbeiten, nur sehr faserige scheiden hier aus. Auch Linsen-, Bohnen-, Erbsenpürees verwandeln sich in wohlschmeckende Cremesuppen. Evtl. doch übriges Fleisch sollte man allerdings nicht pürieren, es bekommt dann oft einen muffigen Geschmack. Besser ist es, es mit Zwiebeln aufzubraten und auf die Suppe zu streuen. Reste von Cremesuppen verarbeite ich, wenn sie sehr sämig sind, mit Ei verrührt in Gemüsepuddingen (→Avocado), dünnflüssigere Suppen mit Brot in Teigen von →Aufläufen, mit Mehl in Teigen von →Pfannkuchen, in →Béchamel. Diese Béchamel mit Eigelb und Eischnee verrührt und gebacken, ergibt dann wieder ein Soufflé. Oder ich nehme sie für Kroketten. Oder zum Überbacken. Für die hier nicht besprochene Fischsuppe siehe: →Fisch.

Süßwein. Ist nicht einfach süßer Wein. Sondern – im Bestfall – ein süßes alkoholreiches Aromenkonzentrat von dunkelbrauner bis hellgelber Farbe. Es gibt freilich auch fürchterlich schlechten. In Ausnahmefällen kommt roter Süßwein vor, meist ursprünglich als Messwein hergestellt. Durch ihren hohen Zucker- und Alkoholgehalt sind Süßweine lange haltbar und verlieren, kühl und dunkel aufbewahrt, auch in der geöffneten Flasche nicht so schnell an Qualität. In den glorreichen Jahren des Hawaii-Toasts kam der Süßwein als Südwein an fast jedes deutsche Essen (West), sogar an Rotkohl, wo sich aber mit etwas Wein und ein paar Apfelstücken ein durchaus ähnlicher Effekt erzielen lässt. Außerhalb der Nachtischbereitung ist Süßwein ein in Tropfen einzusetzendes Gewürz, hauptsächlich für →Soßen. Die einfachste: Im selben Öl oder Fett, in dem ich ein Stück Fleisch – besonders gut: Lamm- oder Kaninchenleber – gebraten habe, ein paar Blätter frischen Salbei kross werden lassen. Mit einem Gläschen (doppelter Schnaps) Süßwein ablöschen, unter Umständen mit etwas Fond (konzentrierter Brühe) aufkochen, mit etwas süßer Sahne binden, salzen und durch ein Sieb geben. Siehe auch: →Bratensaft.

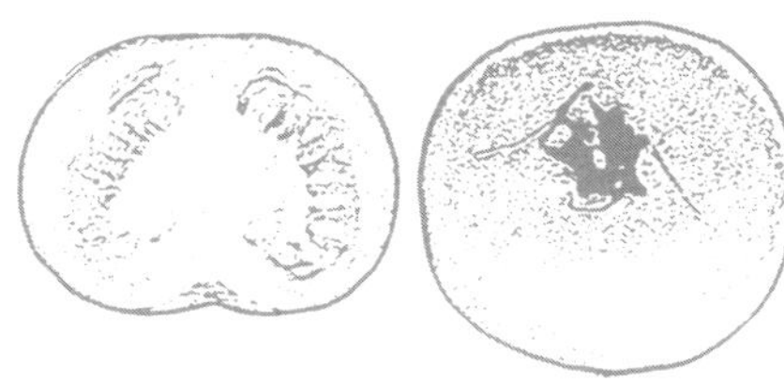

T

Talg. →Bratenfett, auch: →Hefeteig, →Niere, →Plumpudding.

Taschenkrebs. Eine Gemeinheit, dass ich immer nur Schalen oder ausgesaugte Beine und Köpfe abbekomme! Glauben Sie mir, mein Beruf lohnt nicht. Zurück zu: →Fisch und Meeresfrüchte.

Tauben. →Fleisch. Ich werde nie verstehen, warum die umweltpolitischen Anstrengungen in großen Städten nicht ihren gemeinsamen Fluchtpunkt darin finden, zu erreichen, dass die Stadttauben wieder für den menschlichen Genuss geeignet sind. Die grauen Fassadenscheißer sind bislang zu dreckig, um im Kochtopf zu landen. Das ist bei einem so hervorragenden Speisevogel jammerschade.

Teigtaschen. Füllungen für Teigtaschen sind die anspruchslosesten, die existieren. Sie brauchen nicht zusammenzuhalten und können nicht oder nur schwer auslaufen. Im Normalfall reicht es, ihre Zutaten ein wenig zu hacken und zu würzen. Allerdings: Die Zutaten müssen gar sein oder wenigstens so schnell gar werden wie ein Stück Bratwurst. Und sie dürfen nicht allzu feucht sein. Eine Liste der hier in diesem Buch erwähnten möglichen Zutaten befindet sich unten am Schluss dieses Artikels. Kaum anspruchsvoller ist die Herstellung eines Teiges für die Taschen. Zwei der möglichen Teige wird man in der Regel vorfabriziert kaufen, den →Blätterteig und den für →Börek. Der dritte ist ein einfacher →Hefeteig. Um den vierten geht es hier. Für sechs bis acht handtellergroße Teigtaschen nehme ich ungefähr 350 g Weizenmehl, das ich für salzige Füllungen meist mit einen Teelöffel Paprikagewürz färbe. Dann erhitze ich 10 Esslöffel Öl, bis es leicht raucht, und gebe es mit einem Schwung an das Mehl in der Schüssel, verrühre sofort und verknete den Teig mit zehn Esslöffeln Wasser zu einer glatten Masse. Der Teig lässt sich später besser verarbeiten, wenn ich ihn unter einem feuchten Tuch im Kühlschrank durchkühlen lasse. Das heiß zugefügte Öl macht ihn ungeheuer geschmeidig und einfach zu handhaben. Dieses Grundrezept ist leicht zu variieren: Anstatt Wasser kann ich Wein nehmen oder Milch, anstatt Paprika andere Gewürze. Der Teig lässt sich auch leicht süßen und mit etwas Schnaps würzen, hervorragend ist ein Gläschen Ouzo. Eine süße Tasche gefüllt mit zerbröckeltem Frischkäse, wie unter →Milch beschrieben, oder →Quark, vermischt mit Mandelmehl und geriebener Zitrone, wäre ein Beispiel einer süßen Teigtasche. Alle Teigtaschen aus diesem Teig sollten nicht belegt und eingerollt, sondern geklappt werden. Der Teig, in den ich am besten einrollen kann, ist Hefeteig. Zum Klappen schneide ich entweder den ausgerollten Teig in Quadrate und klappe über Eck oder ich steche mit einem großen Glas Kreise aus, die dann Halbmonde werden. Die Ränder muss ich gut andrücken. Am besten geht das, indem ich beim Klappen die obere Seite nicht genau auf den unteren Rand lege, sondern ein paar Millimeter davor, und dann den unteren Rand nach oben über den anderen schlage und fest drücke. Ich kann die Teigtaschen vor dem Backen mit Ei oder Eigelb einpinseln, was sie hübscher macht. Bei süßen Teigtaschen ist für den gleichen Zweck auch Zuckersirup nicht schlecht. Den hier beschriebenen Teig kann ich auch als Boden für Gemüsekuchen benutzen, an Stelle eines Mürbeteigs. Wenn ich den Rand des Bodens über den Rand der Backform hängen lasse, mir einen Deckel ausrolle, ihn auf die Füllung lege und dann den überhängenden Rand des Teigbodens nach oben umschlage und festdrücke, erhalte ich einen gedeckten Gemüsekuchen; bei ihm entfällt die Notwendigkeit, ihn mit einem Ei-Sahne oder -käseteig zu übergießen, um ihn gegen Austrocknung zu schützen (→Gemüsekuchen, auch: →Rotkohl). Mögliche Zutaten für Teigtaschen aller Sorten, soweit in diesem Buch ausdrücklich erwähnt, sind ohne Anspruch auf Vollständigkeit: →Algen, →Äpfel, →Babybrei, →Bolognese, →Chinakohl, hart gekochte →Eier, →Fleisch, →Frischkäse, →Gemüse, →Honig, →Keimlinge, →Mais, →Möhren, →Oliven, →Pastinaken, →Quark, →Ragout, →Ratatouille, →Rosinen, →Schafskäse, →Spinat, →Thunfisch, →Tomaten, →Zwiebeln. Siehe außerdem: →Füllungen.

Thaicurry. Unterscheidet sich von indischem Curry dadurch, dass es mit einer speziellen Thaicurrypaste, mit Zitronengras und frischem Korianderkraut zubereitet wird. Es kommt meistens recht flüssig auf den Tisch. Die Gemüsezutaten sollten knackig bleiben und in recht viel mit Kokosmilch angereicherter Brühe schwimmen; abrunden mit einer Prise braunen Zucker, Sojasoße, Ingwer. Gewürzpasten für Thaicurrys bieten Asienläden an, sie halten sich im Kühlschrank eine Ewigkeit. →Zitronengras lässt sich durch Zitronenverbene, ein Eisenkrautgewächs, leicht ersetzen, Kokosmilch durch Milch, in der ich Kokosflocken habe aufkochen und etwas ziehen lassen, Koriander kann ich mir im Blumentopf ziehen. Ein einfaches Thaicurry, nur aus geschmorten Zwiebeln, Knoblauch, Gewürzen und Kräutern, Kokosmilch und Gemüsebrühe bestehend, gibt eine gute Soße, um ein paar im Kühlschrank vergessene und im Normalfall nicht recht zusammenpassende Gemüse – etwa: Rotkohl, Chicorée, Spinat und Radieschen – bissfest zu garen und miteinander zu vermählen. Auch: zum Aufwärmen eines Restes →Fleisch oder →Fisch oder zum Garen einer gefüllten →Paprika. Die ersten Schritte beim Bereiten eines Thaicurrys entsprechen denen des indischen →Currys. Siehe auch: →Gemüse, →Kokos.

Thunfisch. Aus der Dose gilt als besonders belastet. Ich weiß nicht, ob es deshalb ratsam ist, sich zu Corned Beef oder anderem Dosenfleisch zu retten, wer weiß, was die da rein verarbeiteten Viecher alles zu sich genommen hatten. Warum aber nicht zu Ölsardinen? Deshalb: Dosenthunfisch erinnert mehr an Fleisch als an Fisch, ist aber leichter als Fleisch. Vor allem, wenn er nicht in Öl, sondern in Wasser eingelegt ist. Eine praktische Zutat zu vielen Restegerichten: mit Gemüsen vermischt in →Teigtaschen eingebacken, als Extra auf der →Pizza oder auf dem →Zwiebelkuchen, bei letzterem besonders gut zusammen mit schwarzen Oliven. Ferner in: →Omelett und Tortilla, mit einem Rest Soße in →Pfannkuchen, →Maultaschen usw. Dosenthunfisch rettet aus vielen kleinen Verlegenheiten, wenn ohne ihn an einer Füllung etwas Masse und etwas Herzhaftes fehlen würde. Gebratenen frischen Thunfisch, etwa in Tomatensoße, kann ich ganz genauso verwenden. Da er selbstverständlich viel besser schmeckt als der Dosenthunfisch – es sei denn, ich habe ihn aus lauter Angst, er könne nicht durch sein, gebraten, bis er strohig war –, werde ich ihn wahrscheinlich in Teigtaschen oder Maultaschen verarbeiten, weil er in ihnen am saftigsten bleibt.

Thymian. →Kräuter.

Tintenfisch. Der Kopffüßer sind drei: →Kalamar, Sepia (→Fisch- und Meeresfrüchte) und der Oktopus oder der Krake. Einen gekochten Kraken in mundgerechte Stücke geschnitten, mit groben Salz und süßem Paprika gewürzt, mit Olivenöl benetzt – es ist sehr unwahrscheinlich, dass davon ein Rest bleibt. Und bliebe er, ich äße ihn beim nächsten Hunger kalt. Ist der Rest dafür zu groß, wird das Beste sein, ihn in einem hohen Gefäß ganz unter Öl zu setzen, vielleicht mit einem kleinen Spritzer Essig und einer einmal durchgeschnittenen Zehe Knoblauch, und ihn über Tage als Vorspeise zu nehmen. Wer aber dem Kraken durchaus Gewalt antun will, der kann die mundgerechten Stücke in Tomatensoße wärmen, in ein →Risotto oder eine →Fideuà rühren oder unter →Fisch- und Meeresfrüchte nach anderen Alternativen suchen.

Eiweiß schmeckt nach Nichts. Geschmacklich ist Tofu sehr nichtshaltig. Ein aus →Milch gewonnener Frischkäse schmeckt etwas süßlich nach gekochter Milch, aber sonst ebenfalls nach Nichts. Was ich mit ihm anstelle, stelle ich auch mit Tofu an: zerbröckelt in →Frikadellen, in →Füllungen, in Stücken gewürzt, gemehlt und gebraten, auch paniert und gebraten. Tofu ist eine gute Ergänzung für viele in diesem Buch vorgeschlagene Gerichte, z. B. anstelle von Käse. **Tofu.**

Tomaten. »Mir ist unbekannt, warum man den Anbau dieser würzenden Frucht in Deutschland vernachlässigt«, klagt Rumohr 1822, nachdem er in Italien schon besser gegessen hatte als daheim. 180 Jahre später gibt es Treibhaustomaten, so viel man möchte. Und man möchte durchaus nicht. Solange die Freilandtomaten nicht Saison haben, lebt man mit guten Dosentomaten besser und billiger. Sobald die Freilandtomaten Saison haben, wird in Deutschland das Schälen der Tomaten vernachlässigt. Sicher gibt es Zahnseide und ihr Gebrauch hat sich ungeheuer popularisiert. Dennoch sind die kleinen spitzen Röllchen Tomatenschalen, die so viele Soßen bevölkern, eine Belästigung. Zumal das Schälen der Tomaten keine ist. Sehr selten, dass man mal eine Sorte erwischt, deren Schale sich nicht durch halbminütiges Bad in kochendem Wasser bereitwilligst abpellt. Die geschälten Tomaten, wie die aus der Dose, benutze ich gehackt zum **Wärmen** von Resten. Dafür muss ich manchmal bestimmte Dinge zuvor aufbraten, →Fleisch vor allem. Oder ich habe das Bedürfnis, meine Reste um angebratene Zutaten zu ergänzen, Speck (→Schinken) kommt in Frage, →Zwiebeln, →Paprika, →Pilze. Mit diesen Zutaten beginne ich: in Öl, in einer Pfanne, auch im Topf. Dann gebe ich die Tomaten dazu und lasse sie mitschmoren. Wenn ich befürchten muss, mein zuvor Angebratenes würde zu weich, zu schlapp werden oder könnte auseinander fallen, habe ich es beiseite getan, bevor ich die Tomaten ins heiße Öl gebe. Brauche oder habe ich keine anderen Zutaten zum Anbraten, beginne ich mit Öl, erhitze es, aromatisiere es, wenn ich will, mit Knoblauch, Salbei, Petersilie oder Ingwer und schmore die Tomaten darin. Die Tomatensoße sollte etwas sämig werden; ich darf den

Deckel nicht schließen, sonst gerät sie wässrig. Sie wird besser, wenn sie auf kleiner Flamme langsam einkocht. Hat sie die Konsistenz, die ich wünsche, gebe ich meine Reste in Stücke geschnitten dazu, lasse sie ein wenig mitköcheln und heiß ziehen. Das Verfahren ist optimal zum Wärmen gebratener Reste, Bratkartoffeln, Bratklopse, aber auch für die meisten Gemüse. Weitere Zutaten: mit den Tomaten etwas Wein und/oder Brühe einkochen lassen, Lorbeer, Kräuter (Thymian, Oregano), Kumin, Muskat, auch eine Spur Zimt. Ferner Oliven, Kapern. Variante: Wenn ich die Tomatensoße sehr einkochen lasse, beginnt sie zu rösten. Bei gröberen Gemüsestücken, vor allem aber bei Bratkartoffeln, Pommes etc., die ich wärme, lege ich es auf dieses Rösten an. Ich wende meine Zutaten in der dicker werdenden Soße und brate sie zusammen mit einer nicht zu kleinen Zutat Paprikagewürz an. Auch eine Prise scharfer Paprika tut gut. Das Gemüse bzw. die Kartoffeln sind danach von einer roten, leicht scharfen Tomatenpaste umgeben, hundertmal besser als jeder Ketschup. Aus bis zum leichten Anrösten eingekochten Tomaten (je nachdem mit Zwiebeln, Knoblauch, Petersilie, Paprikagewürz) besteht auch das **Sofrito** der mediterranen Küche, ein unübersetzbares Wort, in dem »so« (= unten) und »frito« (= gebraten) steckt. Das Sofrito aus Tomaten bringt Farbe und Geschmack an eine Unzahl von Speisen. Ich beschränke mich auf die in diesem Buch genannten Anwendungen: In das Sofrito gebe und röste ich den ➔Reis für einen gebackenen Reis, für einen Arròs a banda (➔Fisch), wenn der Risotto tomatiert sein soll, auch den des ➔Risottos, bevor ich ihn mit Brühe versetze. In der gleichen Weise erhitze ich im Sofrito die Nudeln für die ➔Fideuà, bevor ich mit Brühe ablösche. Ein Sofrito kommt auch an gekochte ➔Hülsenfrüchte, entweder in ihr Kochwasser, um sie zu würzen und in eine einfache nicht zu dünne Suppe zu verwandeln. Oder an aufgebratene ➔Kichererbsen oder ➔Linsen. Mit einem Sofrito binde ich ferner Füllungen aus Resten für ➔Teigtaschen, für mit ➔Béchamel überbackene und ähnliche Speisen. In der Resteküche von Interesse ist außerdem, dass **Tomaten** sich **füllen** lassen. Und zwar kalt und warm. Als kalte Füllungen kommen Gehäcksel aus Fisch, Eiern oder Geflügel und Gemüse bzw.

Salatzutaten in Betracht, gebunden mit Joghurt, Mayonnaise, durch ein Sieb passiertes hartes Eigelb etc. Warme Füllungen ziehen mit der Tomate durch, die ich dazu mit der Öffnung nach oben in einen weiten Topf mit Deckel oder in eine Bratenpfanne in den Ofen stelle. Gefüllte Tomaten können nicht im eigenen Saft garen, da das zur Voraussetzung hätte, dass sie zerfallen. Ich muss sie also mit Brühe oder Wein angießen. Füllungen für Tomaten sollten nicht kompakt sein oder werden. Lecker geraten Fleisch- oder Fisch- und Gemüsereste in etwas Béchamel gemengt und in die Früchte gefüllt; ebenso leichte Auflaufteige aus ➔Brot. Diese letzte Füllung ist besonders reizvoll mit einer Currysoße. Ich schäle die Tomaten auch, wenn ich sie gefüllt dünsten will. Übrige **Tomatensoße** und **Tomatensuppe** kann ich an dieselben Speisen tun, an die ich auch das Sofrito täte, jedenfalls solange sie aus nichts als pürierten Tomaten, Brühe und Gewürzen bestehen. Enthalten sie Sahne: zu süßlichen ➔Currys und zu Hülsenfrüchten. Sind sie mit Mehl angedickt: an Stelle von Milch im Teig für ➔Pfannkuchen. **Angeschnittenen rohen Tomaten** entferne ich den Strunk und reibe sie über die Küchenreibe, bis ich nichts als die Schale in der Hand habe. Geriebene Tomate kann ich überall einsetzen, wo ich auch gehackte Tomate brauchen würde. Mit etwas Olivenöl verrührt und gesalzen auf geröstetes Weißbrot gestrichen, ist sie ein wunderbarer Brotaufstrich an Stelle von Butter. Siehe ferner: ➔Äpfel, ➔Döner, ➔Pizza, ➔Ratatouille.

Törtchen.

Kleine Böden aus Mürbeteig, mit Rand gebacken, um soßige Füllungen, ➔Frikassee, ➔Haschee, ➔Ragout, aufzunehmen. Törtchen setze ich ein, wenn meine Resteragouts aus irgendeinem Grund präsentabel erscheinen müssen. Oder einfach, weil es gefällt. Törtchen sind billig und schnell gemacht (zum Teig: ➔Gemüsekuchen). Sie sind auch süß zu gebrauchen, mit Obstsalat oder Obstgrütze gefüllt.

Tsatsiki.

Joghurt, geriebene Gurke, Salz, Dill und Knoblauch. Eine kalte Soße. Wie alle Joghurtsoßen gewinnt Tsatsiki etwas mehr Substanz durch Verrühren mit ➔Quark. Und kann dann, wie unter diesem Stichwort für pikante Quarkspeisen beschrieben, verarbeitet werden. Gurkenstückchen muss ich unter Umständen zuvor pürieren, dadurch entstehende Feuchtigkeit mit etwas rohem Kuskus ausgleichen (→Joghurt). Ferner: Wie andere übrige Joghurtsoßen, vor allem auch stark gewürzte, um Fleisch darin marinieren zu lassen. Siehe dazu ebenfalls: →Joghurt.

V

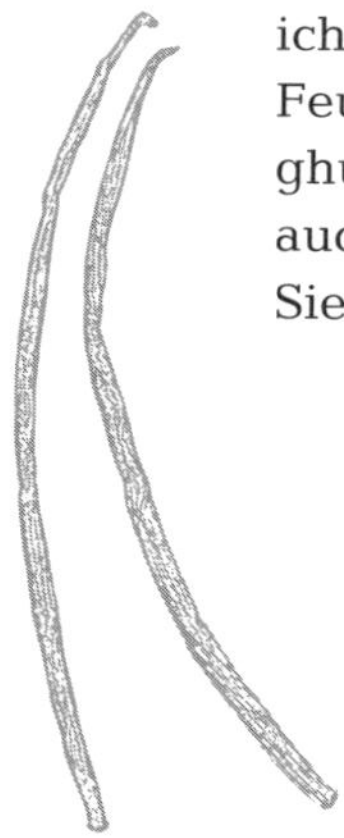

Vanillepudding. Ein Rest Vanillepudding in einen süßen Quark gerührt, dazu ein Fruchtpüree als Soße: ein neuer Nachtisch. Außerdem: →Scheiterhaufen. Ansonsten: →Pudding.

Vanillesoße. Angedickte, mit Vanillin oder echter Vanille aromatisierte Milch. Tüten- oder Kartonware hat ihren gelben Farbton durch beigesetztes Betakarotin. Das Betakarotin in der selbst gemachten stammt aus dem nach dem Aufkochen eingerührten Eigelb. Übrige Vanillesoße, so unwahrscheinlich es auch immer sein mag, dass sie vorkommt, wie Milch bei der Bereitung von Süßspeisen einsetzen: im →Auflauf aus →Brot; mit →Quark und Ei, auch Eigelb und Eischnee, verrührt als Quarkfüllung für Kuchen oder als Quarkdecke für Obstkuchen; im →Pfannkuchenteig; im Flammeri wie unter →Pudding beschrieben.

Verlorenes Huhn. Ist ein Eierstich (mit Brühe verschlagene Eier in einer flachen Form im Wasserbad gegart, in Würfel geschnitten als Suppeneinlage für klare Suppen), dem gekochtes Hühnerfleisch in Stückchen beigegeben wurde. Ein leicht abwandelbares Rezept für Fleisch- und auch Fischreste, selbst für Gemüsereste. Proportionen: auf zwei Eier 1/8 Liter Fisch-, Fleisch-, oder Gemüsebrühe, je nach Zutaten.

Vinaigrette. In der schon Salat gewesen ist und die deshalb durch Säfte und Wasser verdünnt ist: durch ein Sieb passieren, im

Schraubglas geraume Zeit haltbar. Zum Einlegen von übrigen gebratenen Sardinen oder anderen Blaufischen (→eingelegter Fisch), zum Anmachen eines Kartoffelsalates oder in einem →Chutney verkocht.

Vogelspinne. Sie ist schwierig zu jagen. Der Griff, mit dem man sie packt und so hält, dass sie ihre Giftblase entleert, kann schlecht am lebenden Objekt geübt werden – Irrtümer hätten hier fatale Folgen. Kundige Vogelspinnenjäger haben deshalb über Generationen ein kompliziertes psychotechnisches Verfahren entwickelt, das vom Urtümlichen faszinierte Ethnologen – die Gehalt beziehen und sich Fleisch kaufen können, wann immer sie welches essen wollen – gern als animistisches Zauber- und Tanzritual beschreiben, ohne bemerken zu wollen, dass die Nachahmung der Spinnenbewegungen im Tanz ein kühl kalkuliertes Training dafür ist, die Reaktionen des gefährlichen Tiers in die körperliche Erinnerung zu bekommen, um so Fehlgriffe möglichst auszuschließen. Der weiche Hinterleib der Vogelspinne wird ausgedrückt, der entweichende Brei gerinnt gebraten oder gebacken ähnlich wie Ei. Rumpf und Beine des Tiers werden in ihrem Chitinpanzer gebraten oder gegrillt und später wie bei Krustentieren ausgelutscht; die Beine gelten als die leckersten Bissen der Mahlzeit. Für eventuell vorhandene Reste der Delikatesse halte man sich an Rezepte für Taschenkrebse, etwa »Taschenkrebs, englisch«, wofür das übrige Spinnenfleisch zerpflückt, dann mit einer leichten Senfmayonnaise gebunden und mit Petersilie dekoriert wird. Da der Panzer der Vogelspinne keine harte Schale sondern eine lederne, mit Haaren überwachsene Haut ist, verbietet es sich, die Spinnenfleischfarce in ihr zu servieren. In Hälften hart gekochter Eier gefüllt und mit dem Eigelb überstreut, wird das Gericht aber immer Beifall erregen.

W

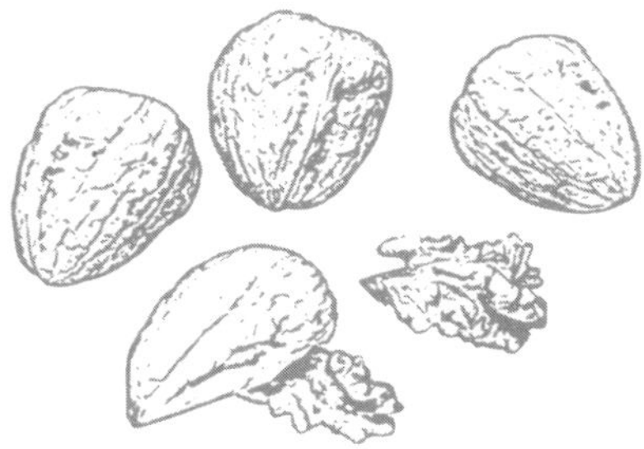

Waffeln. Übrige Waffeln abwechselnd mit süßer Quarkmasse wie für gefüllte Pfannkuchen (→Quark) in eine gefettete Form schichten und backen. Dass sich teilweise schon Marmelade auf dem Gebäck befindet, ist kein Grund, diesen Vorschlag nicht zu befolgen. Im Gegenteil. Aber bei Schokoladensoße ist es besser, Sie lesen den Artikel →Eis. Lappige Waffeln aus der Keksfabrik: →Keks und Kuchenkrümel.

Wal. Das einzige Rezept für Wal, das ich auftreiben konnte, gefällt sich darin, den Wal ganz und mit einem Propheten gefüllt aufzutragen. Die jüdischen und frühchristlichen prophetischen Bewegungen sind recht gut erforscht. Man weiß daher, dass den meisten von ihnen Körperpflege als ein Zeichen von Eitelkeit, Weltzugewandtheit und Unkeuschheit galt. Ein ungewaschener Prophet im Wal könnte die Speise aber nur verderben. Und zwar so gründlich, dass sogar ich keine Lust mehr hätte, mich mit ihren Resten zu beschäftigen. Wahrscheinlich gibt es in Norwegen oder Japan auf Walfleisch spezialisierte Kochbücher. Bis die übersetzt sind, die Nachfrage danach wird klein sein: →Fleisch. Wegen der Nahrung der großen Säuger, die bestimmt den Geschmack ihres Fleisches beeinflusst, auch: →Fisch.

Walnüsse. Wenn nicht auf oder in Kuchen und anderen Süßspeisen: entschieden eine Nuss für Salate. In der Resteküche besonders in kalten, gekräuterten und gewürzten Pürees aus Hülsenfrüchten. Dazu: →Bohnen. Siehe auch: →Joghurt. Auf ein Rezept bin ich gestoßen, das zwar kein Resterezept ist, aber doch in den Zusammenhang dieses Buches gehört, Turrón del pobre, Weihnachtskonfekt des Armen: getrocknete Feigen der Länge nach halbieren, eine geschälte Walnuss hineinlegen und die Feigenhälften wieder aufeinander drücken, dass die Nuss nicht mehr zu sehen ist.

Wein. Im unteren Preissegment gibt es mehr junge Weine als alte. Der Ausbau des Weines, dass er reifen kann, die Monate, unter Umständen Jahre im Fass, das lange Nachreifen in der Flasche, das alles schlägt sich im Preis des Weins nieder, mal abgesehen davon, dass kein Winzer und keine Kellerei so viel Aufwand mit einem Most treiben würden, der nicht von vornherein von besserer Qualität wäre. Doch dann bekommen wir plötzlich einen Moselriesling eines renommierten Winzers angeboten, erheblich billiger als der junge Wein aus dem gleichen Haus, fünf Jahre alt oder älter, Lagerware. Das Alter schreckt, der Preis lockt. Also kaufen. Wenn wir Glück haben, fließt der überaltete Mosel goldgelb ins Glas, riecht gut, schmeckt gut, seine Säure und gute Lagerung haben ihn erhalten. Viele, auch teure jung ausgebaute Weine haben nie eine höhere Lebenserwartung gehabt als ein Jahr und verwandeln sich gegen Winter in fabelhafte Sonderangebote, andere Weine nach zwei, drei oder erst fünf Jahren. Mit all denen kann ich Glück haben. Was aber, wenn nicht? Leicht oxidierte Weine schmecken nicht mehr im Glas, können aber am Essen immer noch gefallen. Die größte Menge Wein – von einer Flasche oxidierten Wein habe ich nur einen Schluck genommen – brauche ich für Marinaden und für im Ofen in Wein gebackenes Fleisch. Marinaden sind das sichere Schicksal fehlgekaufter Rotweine. Rindfleisch und Wild und viele Gewürze, Suppengrün und Zwiebeln können darin durchziehen (auch: ➔Sauerbraten). Ein Spritzer Sherry-Essig an die Marinade veredelt die durch die Oxidation entstandenen Nebenaromen des Weins. Für leicht oxidierten Rotwein, der noch gut riecht, kommt auch ein Coq au vin in Frage. In vielen Rezepten für Coq au vin wird der Vorschlag gemacht – oder es wird vorgeschrieben –, die angebratenen Hähnchenteile vor dem Ablöschen mit Rotwein mit Weinbrand zu flambieren. Hat der Rotwein, wie hier vorausgesetzt wird, einen kleinen Stich, sollte man dem Vorschlag unbedingt folgen. Dazu ist nicht mehr nötig, als den Schnaps über das Fleisch zu gießen und ein brennendes Streichholz in den Topf halten. Ist kein Weinbrand im Haus, tut's auch ein Rum. Weiß- und Roséweine mit einem kleinen Stich sind besonders für im Ofen gebackenes Fleisch noch zu gebrauchen. Für dieses Essen eignen sich größere, von einer Fetthaut überzogene Stücke Fleisch, z. B. Geflügelkeulen oder Lammschulter. Die Haut öle ich ein, lege das Fleisch in eine flache offene und ofenfeste Form, die eingeölte Haut nach oben. Dann fülle ich mit Wein auf, die Haut des Bratenstücks muss zu circa zwei Dritteln frei bleiben, und backe es im Ofen, bis das Fleisch sich vom Knochen löst und die Haut braun ist. Mit in den Wein gebe ich ein paar Knoblauchzehen, ein Kräutersträußchen, Gewürze (z. B. Pfeffer, Piment, Muskat, etwas Zimt). Wenig Salz, da der Wein stark einkocht. Verdampft zu viel, fülle ich mit Brühe oder Wasser auf. Variante: das Fleisch auf ein Bett von Wurzelgemüse und/oder Zwiebeln legen, die ich vorher, wenn ich mag, etwas anbraten kann. Oder mit Champignons. Beilage: Eiernudeln, Kuskus, Knödel aller Art. Reste: ➔Risotto. Weitere Anwendungen für leicht oxidierten Wein: mit gutem Essig und Brühe mit Gelatine zu ➔Gelee verarbeitet und über Stücke gekochtes Fleisch (Schwein, Geflügel) gegossen, kurz, für Sülze. Oder mit Knochen und Gemüse zu Jus bzw. hellem Fond verkocht, Rezept siehe: ➔Knochen.

Weinblätter. Zum Füllen kurz überbrühen und abschrecken. Als Füllung dient in der Regel Reis, der etwas kleben sollte, z. B. ein Rest ➔Risotto oder gebackener ➔Reis, mit Fleischresten, Schafskäse etc. verarbeitet. Man formt kleine Kugeln, schlägt sie in die Blätter ein, deren glänzende Seite liegt nach außen. Damit die Weinblattpakete nicht aufgehen, setzt man sie dicht an dicht in einen Topf oder eine Kasserolle, füllt mit Brühe an und stellt einen flachen Teller auf die Blätter. So eine Weile kochen, bis die Brühe gut eingekocht ist.

Weiße Rüben. Mairüben, Teltower Rübchen und viele andere. Eine formenreiche Art, im Geschmack etwas süßer und milder als Radieschen oder Rettich. Lassen sich wie ➔Kohlrabi gekocht aushöhlen und füllen, wenn sie dick und rund genug sind. Übrige weiße Rüben sind leicht angebräunt eine gute Zutat in ➔Ragout, ohne anzubräunen in ➔Frikassees, aber auch in einem gebackenen ➔Reis. Püriert vermischt mit Kartoffelpüree als Beilage.

Weißkohl. Ein Eintopfrest. Weißkohl, eingesotten mit vielen Gemüsen (➔Bier), auch Lamm- oder gepökeltes Schweinefleisch, Speck, Wurst etc., seltener in Hälften oder Vierteln zusammen mit Fleisch oder nur in etwas Brühe langsam gedünstet oder gebacken. Eine von dieser Norm abweichende Bereitung findet sich unter ➔Curry. Im Gegensatz zu vielen anderen Gemüsen aus einer Suppe ist Weißkohl kein Gemüse, das püriert in mit Sahne abgeschmeckter Brühe gefiele. Selbst gebackener Weißkohl, die Bereitungsart, bei der seine natürliche Süße am stärksten hervorkommt, verlangt noch nach Kontrasten in der Textur, geschmacklich nach säuerlichen und scharfen Noten. Für einen etwas größeren Rest Weißkohl lohnt es, ➔Teigtaschen zu machen. Dafür muss ich den Sud des Kohls ablaufen lassen, bevor ich ihn in den Teig schlage. Besser als Speck sind in einer Teigtasche mit Weißkohl einige Bröckchen angebratenen Rinderhacks und gewiegte frische Petersilie. Alternative: ➔Gemüsekuchen. Sehr nah am Gemüsekuchen ist die Lösung, den Weißkohlrest auf einem ➔Zwiebelkuchen unterzubringen; der Rest sollte dafür allerdings nicht zu groß sein. Für beide Kuchen sind Speck und Wurst geschmacklich gute Ergänzungen. Ferner: scharf gewürzt als Füllung für Paprikaschoten, deren oberstes Drittel mit Hackteig oder Mett gefüllt ist (➔Paprika). Einfacher: mit anderen Eintopfresten in einem gebackenen ➔Reis. In England ist es üblich, übrigen Kohl in Streifen geschnitten mit gestampften kalten Kartoffeln zu vermischen und als kleine flach gedrückte Puffer in der Pfanne zu bräunen, ein auf der ganzen Insel populärer Imbiss. Bei übrigem Krautsalat empfiehlt es sich, die ➔Puffer aus rohen geriebenen Kartoffeln zu machen, ergänzt wenn möglich durch eine geriebene Möhre, der Süße wegen. Gewürz: Oregano. (Siehe dazu außerdem: ➔Gyros). Für Rouladen aus Weißkohl siehe: ➔Krautwickel.

Wirsingkohl. Verglichen mit anderen Kohlarten ein zartes Blattgemüse. Gerät gedünstet oder geschmort mild, leicht süß, mit an Rosenkohl erinnernden Noten. Püriert in Suppen mit Kartoffeln. Zwischen →Kartoffeln oder Schichten von Kartoffelbrei mit Béchamel oder Ei überbacken, auch zwischen →Nudeln. In Tomatensoße (→Tomaten) z. B. mit Fleisch gewärmt, auch gratiniert. Mit einem Rest Hackfleischsoße oder Thunfisch und Crème fraîche zu einer Farce verarbeitet und in Pfannkuchen, z. B. aus Maismehl, eingerollt serviert. In einem gebackenen →Reis. Siehe außerdem: →Weißkohl. Für Rouladen aus Wirsingblättern: →Krautwickel.

Wurst. Ist Fleischzutat und Gewürz in einem. Von daher immer gern gesehen: beim Verwenden von Gemüseresten in Brotaufläufen, in Omelett, Tortilla oder Rührei, Gemüsekuchen und Teigtaschen, auf Pizzas, Cocas, Zwiebelkuchen, mithin überall, wo ich auch →Schinken und Speck verwenden würde. Außerdem: zum Mitbacken am Stück in einem gebackenen →Reis. Sehr harte Zipfel taugen dafür nicht, sie werden ausgekocht (→Brühe). Siehe auch: →Leberwurst.

Y

Yogitee. Wie →Früchtetee verwenden. Da Yogitee ein Aufguss von Gewürzen ist (Zimt, Kardamom, Ingwer etc.) verändert ein Rest Yogitee den Geschmack einer Speise stärker als Früchte- oder Kräutertee. Das ist durchaus nicht immer ein Nachteil.

Yorkshire Pudding. Ein im Ofen gebackener Kuchen aus Pfannkuchenteig, der besonders flauschig wird, wenn ich das Fett (Öl oder Rindernierenfett) sehr heiß, fast rauchend, an das Mehl gebe. Mengen: rund 125 g Mehl auf ein halbes Glas Milch und drei Eier; drei bis vier Esslöffel Fett. Der Teig kann außer mit Salz und Muskat auch mit Petersilie abgeschmeckt werden und sollte in der Form vor dem Backen etwa zwei Zentimeter dick sein. In der Resteküche erscheint der Yorkshire Pudding nur der Abwechslung halber und damit der Yogitee nicht so allein ist. Ein Rest dieses Puddings in der Pfanne leicht angeröstet ist eine leckere Beilage.

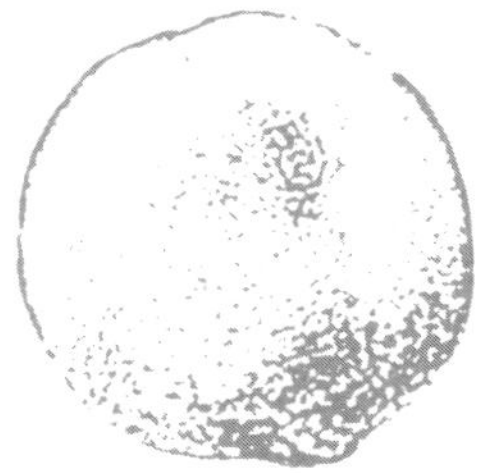

Z

Ziegenkäse. →Käse, →Pizza, →Schafskäse.

Zimt. Bevor ich das jetzige Motto zu meinem Buch fand, habe ich lange mit dem Gedanken gespielt, ihm nichts voranzustellen als: Alles Zimt! Es muss an der Verarbeitung von Resten liegen. Denn ob in Tomatensoße oder an mit Zwiebeln und Sahne gewärmten Gemüse und Fleisch, ob in Frikadellen aus Hülsenfrüchten, ob im Risotto oder Pilaw: Eine Spur Zimt rundet nicht ab, sie veredelt. Es versteht sich, dass diese Aussage ein sehr privates Bekenntnis ist und dass ich nicht davon ausgehe, jedermann und jedefrau müssten meine Wertschätzung für das braune Pulver teilen.

Zitronen. Die sieben goldenen W-Fragen der Kriminalistik: Wer, was, wo, wann, wie, womit, warum getan habe, bezogen auf die drei goldenen S der Fischzubereitung: Säubern, Säuern, Salzen, ergeben: Così fan tutte, an allen Fischen, in allen Küchen, immer, unbedacht, mit dem Messer, mit Wasser, mit Zitrone, mit dem Salzfass – aber warum? Warum muss an den Fisch Zitrone? Wenn der Fisch frisch ist und nicht faserig trocken überbraten, ist die Zitrone nur der große Gleichmacher, vollkommen überflüssig. Etwas anderes ist es, in dem Öl, in dem ich den Fisch gebraten habe, ein Kraut und ein paar Scheiben Zitronen anzubraten, mit ein paar Löffeln Fischbrühe, auch Wein abzulöschen, die Soße mit Sahne zu binden und durch ein Sieb zu geben. Fast immer passt Zitronensaft gut zu den vielen →Panaden aus Semmelbröseln und den Backteigen, die ich in der Resteküche herstelle, um übriges →Gemüse von der Artischocke bis zu Zucchini zu gebratenen oder frittierten Leckerbissen zu machen. Ebenso, wenn ich übrige Gemüse, auch Fleisch mit ➔Zwiebeln aufbrate oder in gedünsteten Zwiebeln wärme. Hier kann eine Zutat von Säure die Geschmäcker sehr heben. Außerdem: Unter ➔Babybrei steht ein Rezept für überkrusteten Fisch mit Zitronenstückchen. Ferner: für Süßspeisen und Gebäck. Siehe auch: ➔Zitronenschale, ➔Orangen.

Zitronengras. Kann man im Topf halten, braucht Sonne und Wärme. Zitronengras wächst wie Lauch aus einer halb aus der Erde stehenden Knolle. Die Blätter sind ineinander steckende Röhrchen, die auf halber Höhe aufgehen und sich wie lange, breite und sehr harte Grashalme abspreizen. Gegessen wird normalerweise die Knolle, denn sie wird beim Kochen weich. Topfzitronengras wächst dafür jedoch zu langsam. Den harten Grashalm, abgeschnitten und zu einem Ring geschlungen in der Soße mitgekocht, kann man danach zwar nicht mitessen, aber sein Aroma hat er dem Essen dennoch mitgeteilt. Im ➔Thaicurry.

Zitronenmelisse. ➔Kräuter.

Zitronenschale. Unentbehrliche Würze für Quarkspeisen, Süßspeisen und vieles Gebäck. Während noch vor zehn Jahren unbehandelte Zitronen manchmal schwer zu bekommen waren, gibt es sie mittlerweile eigentlich überall. Ob es von daher lohnt, sie wie ➔Orangenschalen einzuzuckern, sei dahingestellt.

Zucchini. Ist oft Bestandteil der ➔Ratatouille; noch öfter der südlichen Variante der Ratatouille, des Pistos, das von vielen regelrecht als ein Zucchinigericht definiert wird. Weniger häufig geschieht es dagegen, dass Zucchini unvermischt als gedünstetes oder geschmortes Gemüse zubereitet werden. Gesetzt den Fall, es geschehe: Zucchini püriert, vermischt mit etwas pürierter Kartoffel, mit Brühe und Milch aufgegossen, mit Sahne und vielleicht Ei, Eigelb gebunden, gewürzt mit ein wenig Knoblauch und Muskat – eine der angenehmsten Cremesuppen überhaupt. Dasselbe, aber mit Fischgeschmack, mit dem die Zucchini sich gut vertragen. Ein typischer Rest dafür wären etwa ganz leicht angebräunte Kartoffeln und Zucchiniwürfel, die mit Lachsstücken in etwas Fischbrühe gar gedünstet wurden (die Kartoffeln waren 20 Minuten in der Pfanne, die Zucchini 10, der Lachs, nach einem kurzen Anbraten höchstens 1 1/2) – Kartoffeln mit Zucchini wie oben zu Püreesuppe verarbeiten, mit dem zerbröckelten Lachs und Petersilie bestreuen. Auch mit Weißfisch, was farblich leider weniger hübsch ist. In der Regel werden die Zucchini aber in irgendeiner Form in Öl, weniger oft in Butter **gebraten** als Rest anfallen: in Öl gebräunt und gesalzen; in Bröselpanade; dasselbe, aber zusätzlich mit Käse; im Backteig frittiert; mit Salz etwas entwässert, durch Mehl gezogen und frittiert. **Ohne Überzug** oder nur in Mehl gewälzte gebratene oder frittierte Zucchini kann ich in einen ➔Pilaw geben. Oder klein geschnitten mit eingeschmorten ➔Tomaten mischen, die heiß oder kalt sein können: zu Nudeln heiß, auf eine Coca (➔Hefeteig) oder Pizza verteilt, vor dem Backen besser kalt. Variante: mit einem Rest Fisch oder Fleisch, auch Dosenthunfisch und einem Esslöffel gehacktes hart gekochtes Ei als Füllung für eine ➔Teigtasche. Zucchini **in Panade** oder im Backteig schichte ich abwechselnd mit angeschwitzten Tomaten und Reibekäse in eine ofenfeste Form und überbacke sie. Gewürze: Knoblauch, Kräuter. Zucchini eignen sich recht gut zum Füllen. Um kleinere Früchte besser aushöhlen zu können, koche oder dünste ich sie der Länge nach halbiert ein wenig an. Bei großen, reifen Früchten kann ich die Kerne mit dem Löffel entfernen. Bei ihnen ist die Haut oft hart und ich muss sie abschälen. Auch die Kerne sind nicht mehr wie bei den jungen Früchten gehackt für die Füllung zu verwenden. Für große Früchte nehme ich ➔Füllungen, die durchgaren müssen, aus gekochtem Reis, Getreide, Käse, Ei, Teige aus eingeweichtem Brot und Ei oder solche mit rohem Hackfleisch. Kleine Früchte sind besonders gut zum Überbacken mit Käse und/oder Béchamel über Gehäckseln aus Zucchinifruchtfleisch, Fleisch- oder Fischresten, die ich nach Bedarf mit Eigelb binden kann. Kleine Reste von Zucchini unabhängig von ihrer Zubereitung grob gehackt im ➔Rührei, sofern mit Soße oder Tomate gehackt auch als Füllung im ➔Omelett.

Zuckersirup. Wer das Kochen des Zuckersirups nach allen Punkten beherrscht, hat einen großen Schritt auf der Leiter in den Süßspeisenhimmel gemacht. Zu meinem Erstaunen findet der Zuckersirup in meiner Resteküche nur beim Bereiten eines Sorbets aus verschmähter ➔Bowle oder ➔Kaltschale Verwendung. Es steht zu befürchten, dass ich auf meiner Leiter in den Süßspeisenhimmel noch nicht so hoch hinauf gekommen bin, wie ich wünschte, ich wäre es.

Zunge. Scheibchenweise kalt essen. Aber so eine Kalbs- oder gar Rinderzunge ist groß. Ein Zungenragout auf Basis einer Zwiebel-Rotwein-Soße mit ein paar Pilzen drin? ➔Ragout. Ein Zungenfrikassee in weißer Soße mit Kapern? ➔Frikassee. Am köstlichsten sind übrigens Lammzungen, die es manchmal überaus billig eingefroren gibt. In einem griechischen Restaurant hat man mir schon einen »Leberteller Prometheus« serviert. Ich schlage einen »Lammzungenteller Philomele« vor. Ein sehr menschliches Essen, besonders der Anblick der stumm an der Soße leckenden Fleischstückchen macht schadenfroh. Laden Sie bloß keinen Heldensopran oder eine Tragödin dazu ein! Übrigens: Zungenfleisch ist eine Ausnahme von der Regel, dass Fleisch beim Aufwärmen besser wird, wenn ich es noch einmal anbräune. Einfach so in der Soße warm ziehen lassen.

Zwiebelkuchen. Zwei Zwiebelkuchen mache ich, je nach Rest, der in den einen hinein oder eben auf den anderen hinauf soll. Der erste ist eine Zwiebelquiche: ein Mürbeteig mit hohem Rand, viele gedünstete Zwiebeln, eine Sauerrahm-Ei-Decke oben drüber (➔Gemüsekuchen). In diesen Kuchen passen Gemüsereste in weißer Soße oder Sahnesoße. Ich kann sie in den Zwiebeln verschwinden lassen oder unvermischt als Schicht hineingeben: Wirsingkohl, Weißkohl, Wurzelgemüse, aber auch Zucchini, rote Paprika und andere. Von Fleischresten würde ich absehen. Wurst, Speck, Schinken gehen natürlich, von den Fischen wäre geräucherter am passendsten. Der andere Zwiebelkuchen ist eine Wähe, ein Blechkuchen mit Zwiebeln, dessen Boden ich in der Regel aus Pizzateig bereite. Dieser Zwiebelkuchen muss nicht unbedingt eine Sauerrahm-Ei-Decke haben, kann aber. Flexibler für das Aufnehmen von Resten ist er meist ohne: gegarte Gemüse in dünnen Scheiben, aufgeschnittene Bratklopse, ein paar Kleckse Hacksoße, übriger Brathering, schwarze Oliven, Kapern. Auf den Teig als Bett für meine Reste lege ich hell angedünstete Zwiebelringe oder -scheiben, gewürzt mit etwas Knoblauch, Pfeffer, Salz; eine Spur Nelke ist sehr gut. Ich beträufele den fertig belegten Kuchen mit etwas Olivenöl und backe ihn. Es ist alles wie bei einer Pizza. Nur, der Variation halber, ohne Tomaten und Käse. Reste von Zwiebelkuchen auf Pizza-Art sind angenehm in einem ➔Semmelknödel. Dafür nehme ich den Belag ab und brate ihn kurz mit den übrigen für den Semmelknödel bestimmten Zwiebeln; evtl. vorhandene nichtzwiebelige Stücke des Belags habe ich vorher beiseite gelegt. Auch bei Rand und Boden des Kuchens ist es oft besser, ihn mit einem Teil des Semmelbrotes oder der Brötchen anzurösten, je angetrockneter der Kuchen war, umso mehr.

Zwiebeln.

Was im Norden die Zwiebel, ist im Süden – nein, nicht der Knoblauch: die Tomate. Jedenfalls, wenn es ums **Wärmen** geht. Wie die Tomate setzt die Zwiebel beim Schmoren Saft frei, welcher dann das Milieu ist, in dem meine empfindlichen, weil garen Zutaten sanft erhitzt und manchmal zart angebräunt werden. Freilich hat die Zwiebel weniger Saft als die Tomate. Wärme ich im Zwiebeldunst, werde ich den Deckel auflegen, sobald die Zwiebeln glasig und weich und meine Zutaten im Topf sind. Ob ich meine Reste in Zwiebeln oder in Tomaten wieder erhitze, ist wahrscheinlich mehr Launen und Gewohnheiten geschuldet als allem anderen, vielleicht auch dem Umstand, dass es zuverlässig öfter gute Zwiebeln als gute Tomaten zu kaufen gibt. Allerdings verführt die Zwiebelmethode, weil sie das Gewärmte doch recht trocken lässt, immer wieder dazu, zum Sahnetöpfchen zu greifen (➔Sahne). Erhitzen muss ich meine Reste aber auch, wenn ich sie nicht als leicht soßiges Ragout oder Frikassee, sondern in einer Tortilla eingebacken essen will. Dafür ist das Wärmen in Zwiebeln ideal (➔Omelett). **Gebräunte Zwiebeln** sind ein Gewürz, das eine herzhafte Süße an viele Resteessen bringt, so an ➔Semmelknödel, in ➔Füllungen, besonders wenn ich Innereien verarbeite, an

→Gemüsekuchen, insbesondere, wenn ich ihn mit Resten von Kohlgemüse fülle. Auch Fleischreste gewinnen oft, wenn ich sie kurz zu weich geschmorten Zwiebeln gebe und sie mit ihnen anbräune (→Fleisch). So verfahre ich, will ich Fleisch für einfache Füllungen verwenden, etwas mit Gemüsen vermischt und in Pfannkuchen eingerollt, in Teigtaschen und vielem mehr. Ebenso, um es in eine schon fertige Soße zu geben, etwa zu einem →Ragout. Oder: mit Zwiebeln wieder angebratenes Fleisch auf eine Cremesuppe gegeben (→Suppe), auf Kartoffelpüree oder anderen Gemüsepürees, auch zu Himmel und Erde (→Apfel). Um **Zwiebeln** zu **füllen**, koche ich geschälte Gemüsezwiebeln in Salzwasser halbgar, etwa 10 Minuten. Je nach Füllung schneide ich entweder einen Deckel ab oder die Zwiebeln waagerecht in zwei Hälften und höhle sie mit dem Löffel aus. Als →Füllungen kommen alle Typen in Betracht, mit Reis und Hackfleisch, mit Reis, Ei und Käse, mit Béchamel oder Eigelb gebundene Gehäcksel. Zwiebelhälften sind besser, wenn ich die Füllung oben mit Käse überbacken möchte, die Zwiebeltöpfchen, wenn ich soßige Füllungen habe, egal ob sie durch das Backen oder Dünsten fest werden oder nicht. Zum Backen und evtl. späteren Gratinieren der gefüllten Zwiebeln setze ich sie auf ein Bett aus dem gehackten Zwiebelinneren und ein paar Esslöffel Wein oder Sahne in eine flache Form. Sie backen im nicht vorgeheizten Ofen rund eine halbe Stunde. Die Zwiebeltöpfchen dünste ich in Brühe, Wein, auch Kokosmilch etc., in einem gut schließenden Topf.

Angeführte Literatur

Aal, Melone, Oblate, Pilaw, Tomate. Karl Friedrich Freiherr von Ruhmohrs *Geist der Kochkunst* erschien 1822. Die Ausgaben des letzten Jahrhunderts haben einigen Sammlerwert, aber alle zwanzig Jahre kommt eine Taschenbuchausgabe auf den Markt und mit der hätte man den Klassiker billig im Haus.

Eicheln. Rainer Horbelt, Sonja Spindler, *Die deutsche Küche im 20. Jahrhundert,* Frankfurt am Main, 2000.

Fett. Verglichen habe ich u. a. die Rezepte, die Rainer Horbelt und Sonja Spindler in ihrer *Die deutsche Küche im 20. Jahrhundert* anführen, mit denen, die Emilia González Sevilla in ihrem Werk *El fogón del pobre* beschreibt (Madrid, 1996).

Hamster. Erzählung in: Jaroslaw Hašek, *Drei Mann und ein Hai,* aus dem Tschechischen von Gustav Just, Berlin und Weimar, 1971.

Hülsenfrüchte. Michael Scharang, *Das jüngste Gericht des Michelangelo Spatz,* Reinbeck bei Hamburg, 1998. In demselben, sehr witzigen und klugen Roman sei Feinschmeckern vor allem der Anfang des zweiten Kapitels ausdrücklich empfohlen.

Arno Schmidt, *Tina oder über die Unsterblichkeit,* Zürich, 1986.

Georg Büchner, *Werke und Briefe in einem Band*, München, 1965.

Igel. Johannes Borbrowski, *Levins Mühle,* Berlin, 1975.

Kapern. In Von Aal bis Zabaione, Basiswissen für Gourmets, verschiedene Autoren, München, 2000.

Ketschup. So Erhard Gorys in seinem, im übrigen empfehlenswerten *Das neue Küchenlexikon,* München, 1994. Ihm folgend auch: Gertrude Fein in *Von Aal ...,* vgl. Hinweis zu Kapern.

Margarine. Karl Marx, Friedrich Engels, *Werke,* Bd. 8, Berlin, 1951.

James Krüss, *Tim Thaler oder Das verkaufte Lachen,* Hamburg, 1962.

Mensch. Karl Marx, Friedrich Engels, *Werke*, Bd. 23, Berlin, 1983.

Mohn. Beweise für Novalis` Opiumsucht führt Peter Hacks in seinem Essayband *Zur Romantik* an (Hamburg, 2001).

Pesto. Rubén Darío, *Sonatina.* Zitiert nach Guillermo Aparicio, *Poesía eres tú - Wenn die Sprache sich verdichtet, Spanisch für Besserwisser,* Bd. 6, Stuttgart, 2002.

Plumpudding. A. S. Neill, *Die grüne Wolke, Den Kindern von Summerhill erzählt.* Deutsch von Harry Rowohlt, Reinbeck bei Hamburg, 1971.

Radieschen. Kurt Tucholsky, *Werke in 10 Bänden,* Reinbeck bei Hamburg, 1978.

Wal. Tim Krohn in der Züricher Zeitschrift *entwürfe,* Nr. 21 vom März 2000.

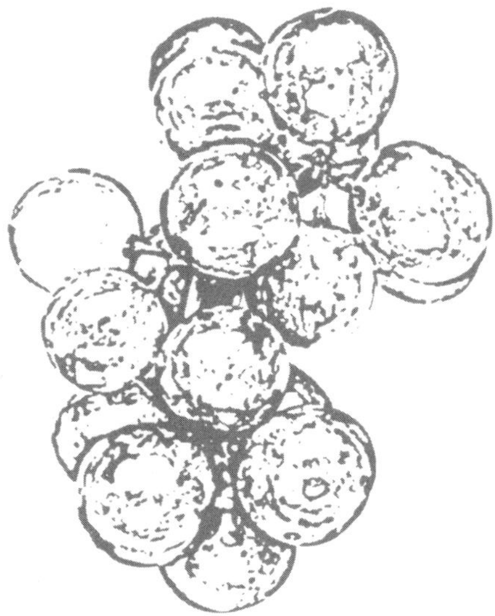

Nachbemerkung des Autors

Um meine Zukunft besorgte Menschen sagen mir, die Leser, für die ich schriebe, könnten sich mein Buch nicht leisten. Was hätte ich davon, sie als Wettbewerbsverlierer, Habenichtse oder halb von der Wohlstandsbahn geschlidderte junge Eltern anzusprechen? Ich solle, fordern sie, in wohlverstandenem Eigeninteresse weniger mitfühlend mit mir und meinesgleichen sein und mit einem Lexikon über das Verwerten von Essensresten in der Küche lieber die überfütterten, nach den authentischen Geschmäckern ärmerer Küchen begierigen Gourmets ansprechen. Das seien die Leute, die Geld hätten und Bücher kauften. Sie übersehen bei ihrer Kritik dreierlei: Zum einen haben vierzig Jahre allgemeiner Reichtum in der westlichen Welt ein durchschnittlich hohes Bildungsniveau hinterlassen, zum andern hat derselbe Reichtum, gerade weil er immer auf wenige Weltteile beschränkt war, zu einem immensen Angebot an billigen Nahrungsmitteln geführt. Und zu guter Letzt, dass mein Buch ein Nachschlagewerk ist.

Nachschlagewerke, zu denen sie alltägliche Fragen immer wieder zurückführen, sind für Leser, was in der Küche Reis mit Bohnen oder Linsen sind: Nahrung, mit der sich zur Not auskommen lässt, die man im Haus haben muss. Aber natürlich ist das öde, immer Reis mit Bohnen, immer Lexika. So weit es im Rahmen dieses Buches möglich war, habe ich mich deshalb bemüht, mit allerlei gebratenen Kleinigkeiten, mit Rosinen, Knoblauch, Gewürzen zu reizen und zu necken. Sollte jemand mehr Literatur und Politik als einem Kochbuch zuträglich in meinem Werk finden, so überlese er es freundlich und halte sich an das Praktische, auf das ich das Hauptgewicht gelegt habe. Die viele nebenbei einfließende schöne Literatur kann als autobiographisches Schmuckwerk vielleicht verziehen werden. Wie die meisten Autodidakten bin ich ein wenig vorlaut mit meinem Bücherwissen. Auch die sozialpolitischen Spitzen können als Reflex abgetan werden, der sich aus meiner eigenen Biographie erklärt. Die Beunruhigung, die entsteht, wenn man wenig besitzt, vor allem keine Sicherheiten, aber allerorten

Reden gegen das Anspruchsdenken vernehmen muss – ich bin durch vielerlei Erfahrungen unfähig geworden, sie aus einem Werk, in dem es um sparsamen Umgang mit Lebensmitteln geht, herauszuhalten. Zumal in den letzten zehn Jahren ja nicht bloß Sozialabbau betrieben wird, sondern ganze Bevölkerungen nächstliegender Staaten kaltschnäuzig ins Elend gefahren und in Kriege verwickelt werden. So kommt es, dass mir ein Restekochbuch, das sich gleichzeitig als Krisenkochbuch lesen lässt, näher an der Zeit zu sein schien als ein rein praktisches, locker unverbindliches Nachschlagewerk für Menschen in Lebensphasen, in denen sie vorübergehend knapp bei Kasse sind – obwohl ich natürlich hoffe, dass ich auch für sie Anregungen biete.

Zu Dank verpflichtet bin ich Paula Ortiz und Luís Bollaín in Jalón/Alicante, Teresa Broseta und José Bellés in Valencia, Guillermo Aparicio in Winnenden bei Stuttgart sowie Silvio Huonder in Ferch bei Potsdam für ihre Literaturhinweise, Rezeptideen und Bemerkungen. Für ihre vielen punktgenauen kritischen Anmerkungen außerdem Dr. Martin Kirsch in Berlin und Dorothee Wahl in Frankfurt. Und natürlich meiner Familie, schon allein der Vorurteilslosigkeit wegen, mit der sie die Produkte meiner Versuchsküche immer akzeptiert hat.

Berlin, im Dezember 2002

Der Autor:

Karl Kirsch, geboren auf dem Höhepunkt des Babybooms, wurde schon als Kind dazu angestellt, die Eintöpfe seiner Mutter mit Kräuterzugaben zu verbessern. Das hat ihm als Heranwachsenden das Gefühl gegeben, perfekt kochen zu können. Er hat lange gebraucht, herauszubekommen, dass dem gar nicht so war. Ersten handfesten Unterricht erhielt er 1979 durch Lise Saeter, eine Bäuerin bei Oslo, in deren Beeten, Vorratskellern und Speisekammern er zehn Zutaten fand (Rote Rüben, dicke Rüben, Mohrrüben, Kartoffeln, Zwiebeln, Getreide, Käse, Milch, Eier und Kräuter), dazu verdonnert, damit über drei Wochen bis zu zehn Personen mit möglichst unterschiedlichen Mahlzeiten zu versorgen. Den letzten Schliff erhielt seine Küche gut ein Jahrzehnt später durch Jochen Blass, der, ohne gelernter Koch zu sein, in verschiedenen Spitzenrestaurants am Herd gestanden hatte, außerdem Weinfachmann ist sowie einen Restaurant- und Imbissführer auf seiner Publikationsliste stehen hat. Kirschs Hang zur Resteküche verdankt sich keinem Spleen, sondern einzig häuslichen Umständen.
Von Beruf ist Karl Kirsch Gas-Wasser-Installateur. Später hat er zeitweise Quizfragen fürs Fernsehen geschrieben, Deutschkurse gegeben oder ist Hausmann gewesen. Er hat ein Kriminalhörspiel, Radiogeschichten für Kinder und Zeitungskolumnen veröffentlicht. Momentan arbeitet er an einer Romankomödie über den Himmel. Er lebt mit seiner Familie in Berlin und in der Extremadura, Spanien.